洞察力2.0
驱动营销新增长

宇见◎著　安捷◎插画

电子工业出版社
Publishing House of Electronics Industry
北京·BEIJING

序
Preface

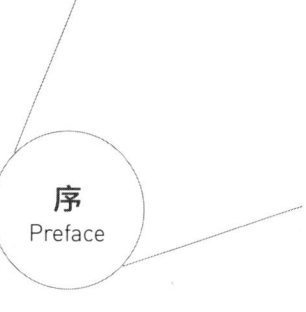

圣-埃克苏佩里在《小王子》中写下了这样一句话："如果你想造一艘船，不要抓一批人来收集材料，不要指挥他们做这个做那个，你只要教他们如何渴望大海就够了。"

为了吸引大家更好地探索"营销"这片海洋，激发创业者与品牌管理者再次燃起找寻品牌"新蓝海"的决心，我也心潮澎湃地向大家发起了这次"营销大航海"的诚挚邀请：请你和我一道，去参与一场伟大冒险！去经历一次从"太空漫游"到"异星航海"的非凡之旅，在那颗拥有着五个"月亮"、充满着异域风情的瑰丽星球上，借着神秘智者的眷顾与引导，穿越重重谜题，尝试解锁到目前为止尚不为人所知的制胜商业智慧。

等一等！还是让我们将无尽的想象先收拢回来，用更理性的方式来谈谈现在你手中的这本书究竟要为大家呈现些什么吧。

从内容主旨来说，本书与我的前作——《洞察力：让营销从此直指人心》（下文简称《洞察力》）一样，都将"用户洞察"这个课题置于核心，探讨如何以洞察驱动系统性的营销创新，实现品牌增长。

但是，与前作明显不同的一点是，为了尽可能跳出"专业类书籍难免令人乏味"的怪圈，响应一些读者给出的"商业类内容不仅要有料，更要有趣"的建议，本书大胆地选择了向一本"故事书"延伸的尝试。简单来说，

洞察力 2.0：驱动营销新增长

在这本书中，大家即将看到的内容将是由"知识线"与"故事线"共同交织着推进的。（本书故事纯属虚构，仅为提升内容趣味性所设。）在这里，我衷心希望自己的此番尝试能够给读者带来耳目一新的体验。

在构思、写作本书的数年间，尤其是2020年以后，大家身处的商业环境发生了不小的变化。然而，与各行各业快速变化中的顾客需求相比，我心中感触最深的一点却始终未变：营销专家西奥多·莱维特早在20世纪就提出的"营销近视症"（Marketing Myopia），在我看来依然是今天严重困扰着各个领域的普遍"顽疾"——企业不恰当地把主要精力放在了产品或技术上，而不是放在对消费者需求的理解上，结果导致自己逐渐丧失了竞争力。

这样的体会让我更笃定地相信：洞察，尤其是用户需求洞察，仍然是今天绝大多数品牌决策者、营销从业者、产品经理和运营人员亟待"恶补"的课题，并且重要性与紧迫性远超从前。如果说一本书就像一个人一样，也应该在其身处的历史时期肩负起一个重要使命的话，那么我相信这就是本书的使命所在。

在我撰写的这两版《洞察力》中，我始终将"洞察力"定义为创业者和品牌决策者基于以需求理解为核心的用户洞察，获得对品牌"自我价值"的深刻发现，进而驱动品牌创新增长的能力。同时，我也将此种通过用户洞察来持续引领品牌成长的逻辑，视为营销实践中不能被忽略，更不能违背的"第一原理"。

尽管拥有上面这些我认为至关重要并视如珍宝的感悟，但在这些思考与营销人的真实工作之间，仍显著存在一条需要跨越的实践鸿沟。于是，为了将"以洞察驱动营销创新"的理念落地为一整套可运用的系统性方法，我在2015年正式提出了"SDi方法论"（又名"宇见营销方法论"）。从内容上看，本书正是自上一本《洞察力》之后，对该方法论的又一次迭代升级：相比前作，在引入大量新鲜案例之余，我还对SDi的各个层面，尤其是"洞察"与

"交互"这两个环节进行了更多扩展,如"五维洞察法"的提出,以及"原型研究"与"CCRO交互四步法"的扩充等。

除此之外,在本书的撰写过程中,我还发现某些想法就像有了生命一样,迫切地想要从键盘中蹦出来与大家交流,其中最明显的两点如下:

第一,我们的行业热衷于研究如何快速促成交易,却相对缺乏对消费者长远需求的关注,尤其是对情感、文化需求的关注。不仅如此,我时常会感叹,营销领域很多珍贵的人文元素如今正变得稀缺,行业就像一位奔跑失速的巨人,对未来的狂热让他忽视了"回望"。

在如今这个数字化时代,以大卫·奥格威为代表的那一代广告人所秉持的质朴创意观,以及通过访谈交流等方式来深入理解消费者,进而驱动品牌有效增长的人文洞察方法,似乎就像那些即将失传的手艺一样,已经越来越乏人问津了。每念于此,一种"为往圣继绝学"的思绪就会油然而生。对于上述这些备受冷遇,但仍有巨大应用前景的方法,我希望在未来能与大家一起,结合全新的信息交互方式,对其加以传承和创新。

第二,我是从写影视文案入行的。回顾过去,我经常会想到自己与同行大多是靠着阅读国外的营销理论书籍成长起来的。市场营销的舶来品属性,让我们很少能够从自己的文化中汲取养分。然而,近年来,我却越来越多地从博大精深的中国文化中获得营销启发,同时不断尝试将其中的精华采撷到"SDi方法论"当中。

举例来说,从"独立不改,周行不殆"的哲学思考中,我体悟到了营销应该是一条以"价值"为本质,以"创造价值—传递价值—传播价值—交付价值"为主线的"价值流";借易学中的"六爻"智慧,我又将"价值流"进一步整理为"发现""洞察""表达""交互""植入""交付"六个实践环节;遵循"君子务本,本立而道生"的古训,未来我希望继续以这六个环节所组成的方法论为"本",不断吸收营销新知与实操经验,用持续吐故纳新的方式来实现方法论的更新升级。

最后，还有一点要说明的是，本书之所以能对"SDi方法论"进行重大升级，还得益于从上一本《洞察力》出版至今，我们有幸与李宁YOUNG、vivo等众多优质客户合作的经历，合作伙伴来自家装、口腔护理、服装、手机与时尚饰品等多个领域。众多合作项目恰如角度各异的"试金石"，让SDi在现实运用中，在促进品牌成长的同时，也得到了进一步的打磨与锐化。借着这篇序言，我要向所有合作伙伴，向过去与我们一起交流、探讨过SDi的朋友们，以及本书的编辑黄菲老师、插画师安捷老师，表达自己最衷心的感谢！

宇见

目录
Contents

第一章　飞向"营销"星球　/ 001

    01　开启营销航海新历险　/ 002

    02　营销世界的五位智者　/ 006

    03　营销五宗　小K登场　/ 010

    04　营销的本质　/ 014

    05　营销的"二元"　/ 018

    06　用"六"的智慧重构营销　/ 021

    07　中心思想是洞察　/ 027

  宝物解锁　/ 031

第二章　起航"发现"之旅　/ 035

    08　M星航海计划速览　/ 036

    09　创业起点　价值发现　/ 039

    10　营销考古学特别行动　/ 042

11　许下你的第三个愿望　/ 045

12　左脑品牌与右脑品牌　/ 049

13　CV=TFC　/ 055

14　价值发现随堂考试　/ 059

15　巧避暗礁夜间特训　/ 064

宝物解锁　/ 068

第三章　探索"洞察"奥义（上）/ 071

16　来自智者的考验　/ 072

17　用户洞察的三大误区　/ 075

18　究竟什么是洞察　/ 079

19　喜得五维洞察罗盘　/ 082

20　虚怀若谷的洞察态度　/ 086

21　截然不同的两幅画像　/ 090

22　三种用户画像法　/ 094

23　用户旅程八字诀　/ 100

24　三类关键行为洞察　/ 105

宝物解锁　/ 110

第四章　探索"洞察"奥义（下）/ 113

25　用户洞察　心法胜手法　/ 114

26　认知洞察　品类加品牌　/ 116

27　心理洞察　快思和慢想　/ 120

目 录

28 需求洞察 想要与需要 / 127
29 用户功能需求洞察 / 133
30 用户文化需求洞察 / 140
31 神奇的品牌十五原型 / 146
32 学会"品牌原型研究" / 155
33 生活方式研究+ / 164
宝物解锁 / 170

第五章 感悟"表达"艺术 / 173

34 价值表达 用一个声音说话 / 174
35 仰望星空 感悟表达 / 179
36 设计品牌文化原型 / 186
37 品牌内容的五种类型 / 190
38 实用型与文化型内容 / 194
宝物解锁 / 199

第六章 北寻"交互"技艺 / 201

39 开启M星"北寻之旅" / 202
40 设计最佳的触达策略 / 206
41 优化触达的三点洞察 / 211
42 如何写好推介型内容 / 218
43 如何运用情感型内容 / 225
44 如何设计互动型内容 / 230

　　　　45　用户关系的五项精进 / 235

　　　　46　社会心理学优化交互 / 243

　　　宝物解锁 / 251

第七章　求解"植入"之法 / 253

　　　　47　一切从"Inception"说起 / 254

　　　　48　迈及瑞指点"心感知" / 258

　　　　49　品牌三元认知（FAC） / 262

　　　　50　认知心理学优化植入 / 268

　　　　51　四层联动　创建认知 / 275

　　　宝物解锁 / 284

第八章　领悟"交付"智慧 / 287

　　　　52　尾航Ｖ字雨林 / 288

　　　　53　寻找有"意义感"的工作 / 292

　　　　54　"收到爱"的方法论 / 296

　　　　55　从中国文化的源头看营销 / 301

　　　宝物解锁 / 311

后记　"功夫在诗外"的四点感悟 / 315

参考文献 / 319

关于SDi方法论 / 321

SDi方法论水平测试 / 323

Chapter
01

第一章
飞向"营销"星球

01

开启营销航海新历险

从国外历史画卷中的航海探索，到中国诗词中的"水何澹澹，山岛竦峙"；从电影《加勒比海盗》中的冒险故事，到金庸小说《倚天屠龙记》中的冰火岛奇观……长久以来，人类对大海的好奇、向往与赞叹，一直被我们的文化忠实地记录着。

从文化学的眼光来看，航海向来与"探索"和"可能"有关。星巴克与众不同的双尾海妖商标，和它那源自小说《白鲸》的品牌名一道，为门店的消费体验平添了一层神秘的浪漫气息，同时还委婉地表露着自己四海制霸的商业雄心。

在古希腊神话中，海神波塞冬（Poseidon）挥动三叉戟，就能在瞬间掀起滔天巨浪。或许正是因为这种无所不能的神力，后来，人们用其名字的前三个字母来表达"可能"（Possible）。

大海与"探索""可能"之间的这层文化联系，构成了本书的一个重要隐喻：如今，要想在瞬息万变的商业世界中取得成功，我们也必须一次又一次走出去，踏入未知领域，持续探索新的可能。

第一章 飞向"营销"星球

在前工业时代,虽然人类的航海运动轰轰烈烈,但当时水手的境遇十分值得同情——苦闷的航程、囚徒般的生活、恶劣的天气与糟糕的饮食,统统对他们构成了威胁。反观今天,当品牌管理者也纷纷起航,想要去商业世界探索"新蓝海"时,他们面临的情况,似乎也没有比当年的水手好多少。

当今,虽然移动互联网的普及为营销实践提供了更大的便利,但是从另一个方面来看,我们对新媒体急剧涌现的恐慌、对顾客注意力极度分散的无奈、对获客成本不断抬高的焦虑、对海量数据无从下手分析的困扰,也都让品牌寻找"新蓝海"的前景变得扑朔迷离。

更令人焦虑的是,随着新冠疫情(下文简称"疫情")等一系列新挑战的来临,人们的生活方式与消费心态都发生了不小的改变。曾经我们自信满满,认为坚如磐石的那些商业逻辑,如今却正像地球北极的冻土层那样,出现了松动的迹象。"动荡时代最大的危险不是动荡本身,而是仍然用过去的逻辑做事。"一如管理大师彼得·德鲁克所说,今天的品牌管理者能否及时洞察到这些变化?我们的适应速度又能否赶上变化的速度呢?

当然,以上这些只是相对外部的问题,再从营销实践者自身的情况来看,在终日与数据为伴的乏味日常中,在逐年增长的业绩压力之下,"工作的乐趣"似乎早已变成了一个陌生的概念。厌倦之余,一种深深的"无意义感"时常会涌上心头,让大家不禁扪心自问——我们究竟是在追求什么?工作与营销在我们的生活中又具有怎样的真实价值?

以上种种,都提示着今天的营销实践者已经来到一个必须通过"自我清零",然后借着对营销的再探索,来让自己和自己的品牌得以重塑,让品牌得以实现新增长的全新阶段了。

没错,说的就是你!

为了探寻上述问题的答案,在此,我真诚地发出召唤,邀请你加入本次"营销大航海"的遨游之旅。在探索营销新增长可能的同时,我相信,这次旅程也将让你从一个前所未有的角度，对自己的职业生涯与生活方式重新展开审视。

受那些航海故事及科幻电影的启发，为了让本次探索更加有趣，接下来，我会先请大家以"太空漫步者"的姿态，乘飞船前往一颗熠熠生辉的"营销"星球，并在那里展开一段充满挑战的奇幻冒险之旅。在之后的篇章中，大家应该还会看到本书虚构的不少角色和场景，这样做的原因在于，我相信有故事为伴，大家会更容易理解某些专业问题。

接下来，就让我们一起打开头脑中的"想象力开关"，来关注一下即将前往的这颗"营销"星球——M星吧（如图1-1所示）。

图1-1

在某个静谧的夜晚，当我们抬头仰望星空时，大家或许很难想象，在遥远的神秘星系，还存在一颗与地球极其相似的瑰丽星球：同样是被大片海域包裹，同样不乏山川、河流与峡谷，更为重要的是，这里和地球一样，也存在高等智慧生命。

在刚刚发现该星球时，学术界在如何为其命名方面，可真是经历了一番

第一章 飞向"营销"星球

波折。后来大家达成共识，决定取英文"市场营销"（Marketing）一词的首字母，将其命名为"M星"。专家普遍认为，这种命名方式不仅简洁，而且最能反映这颗星球的传奇经历。

是什么经历呢？其实说起来也很简单：很久很久以前，M星曾因为过度膨胀的商业私欲而导致生态环境遭到破坏，气候急剧变化，辉煌的文明岌岌可危。幸好，在经过长期而艰苦的修复之后，最终，M星发展出了一种更加成熟的商业智慧，这才让星球的命运从此被改写，让星球的面貌也焕然一新。

今天，M星商业智慧中的大部分还不为人所知，但有一点可以肯定，在品牌塑造、品牌经营方面（也就是地球文明所定义的"市场营销"领域），尤其是在商业的可持续发展问题上，该星球已经取得了突破性的成就，这就是M星名称的由来，也是吸引我们前往M星探索的主要原因。

从目前掌握的情况来看，M星上的营销智慧被有意识地隐藏在了该星球的不同神秘区域。接下来的一段时间，我将会和大家一同前往该星球，通过寻宝的方式，对这些区域逐一展开探索。作为本次航行的船长，我衷心预祝大家在这次旅程中收获满满！

准备好了吗？我们这就出发！

02

营销世界的五位智者

"Do not go gentle into that good night.
（不要温和地走进那个良夜）

Rage, rage against the dying of the light……
（怒斥，怒斥那光的消逝）"

在克里斯托弗·诺兰导演的电影《星际穿越》中，当勇敢的探索者开启太空之旅时，老科学家深沉地吟诵起了这首《不要温和地走进那个良夜》。今天，当我们伴着隆隆的轰鸣声，乘飞船前往M星时，不知道大家心中又会升腾起怎样的思绪呢？

《星际穿越》中的老科学家气质儒雅，颇有风度，完美对应着我脑海中的智者形象。在人类历史中，智者的地位非常高，因为他们是那些阅历丰富、见识过人、能为后来者指引方向的人。谈到这里，我突然想到，或许可以利用目前飞往M星的这段航程，来对营销领域的几位智者进行一次有趣的探讨。

20世纪至今，在我个人看来，一共有五位营销学大师对今天的商业实践

第一章 飞向"营销"星球

产生过深远影响。就像历史上那些伟大的航海家一样，在我们这颗星球上，这五个人也曾在遨游营销海洋的过程中，取得过意义非凡的重大成就，推动过不同营销流派的形成。花些时间梳理他们的营销思想，在我看来是非常值得的，因为这不仅有利于大家看清营销的"来时路"，拓宽今后解决问题的思路；而且会使我们在未来与不同知识背景的从业者沟通营销问题时，变得更加游刃有余。

言归正传，我们的讨论应该从哪儿开始呢？从时间维度看，我想我们应该先来谈谈第一位营销智者大卫·奥格威。

20世纪中叶，在纽约麦迪逊大道的高楼大厦里，经常会亮着通宵达旦的灯光。奥格威探索营销的时间段，恰逢美剧《广告狂人》所描绘的那个美国广告业迅猛发展、一派繁荣的年代。生逢其时的奥格威于1948年创办奥美广告，并一手将其打造为行业标杆。

如何为企业推销更多商品？这是奥格威等早期广告人探索营销的出发点。在奥格威的身前左右，还有克劳德·霍普金斯、李奥·贝纳、罗瑟·瑞夫斯等多位大师，他们共同为市场营销的早期发展奠定了坚实的广告学根基。就奥格威本人来说，他为我们留下的宝贵经验可以用"讲事实、重调研"来总结。

具体而言，在广告创作方面，奥格威坚决反对使用浮夸的言辞，主张展现产品的真实情况。例如，他曾为劳斯莱斯汽车公司撰写过一条在当年引起不小轰动的长标题广告——"60英里时速下，这辆新款劳斯莱斯汽车上最大的噪音来自它的电子钟"。通过有趣的事实细节打动消费者，这正是奥格威作品的显著特点。

那么，怎样才能讲出打动人心的事实呢？

这就要谈到奥格威创意观中的第二块基石——"重调研"了。曾有过专业市场调研工作经历的奥格威，非常重视将调研与广告创作相结合，无论了解顾客如何看待产品,还是找出最具影响力的承诺,奥格威都认为调研是创意的根基,并给出过"调研先于准备方案"的中肯建议。他的这些心得方法,在《一个广告人的自白》和《奥格威谈广告》中得到了很好的归纳和总结。

作为营销从业者,大家千万不要认为奥格威的经验已经过时。就拿这些年火起来的直播来说,我们如何在其中展现产品细节?如何归纳产品卖点?又如何通过调研,设计出更容易打动消费者的话术?这些困惑,其实都可以在奥格威的研究中找到答案。

接下来要谈到的第二位营销智者,是以管理学视角探索营销的菲利普·科特勒。这位著述颇丰的大师,对市场营销最重要的贡献之一,就是将4P理论发扬光大。4P理论帮助营销实践者摆脱了"广告唯一"的视角,强调要对"产品""价格""渠道""促销"进行全面思考,有力地促进了营销与管理的融合。因此,科特勒被很多人誉为"现代营销学之父"。

科特勒的营销视野极具广度,是那些希望从企业经管角度来学习营销知识的人们所应该重视的。另外,由于与管理大师彼得·德鲁克的思想有许多共通之处,因此,除了阅读科特勒的《营销管理》等著作,大家还可以通过阅读德鲁克的著作,来进行更深入的学习。

第三位即将谈到的营销智者,对中国本土的营销实践影响颇大,他就是定位理论的提出者——艾·里斯。

作为一套时至今日仍然备受业界追捧的营销理论,于20世纪70年代提出的定位理论,选择了将心理学作为营销探索的起点,坚持认为管理者应该将主要精力放在争夺消费者的认知之上。同时,该理论还强调企业的营销行为必须符合消费者的心智规律,以及要基于竞争对手来给自己"定位"。

用心理学指导营销实践的关键是让营销行为贴合消费者的心智规律。在此,我向大家推荐几本相关著作。除了《定位》系列,还有罗伯特·西奥迪尼的《影响力》等。另外,从触类旁通的角度来看,丹尼尔·卡尼曼的《思考，快与慢》也同样值得推荐。从我的经验来看，凡是与消费者进行沟通、互动的岗位，尤其是传播、运营岗位的从业者，都应该格外重视心理学在营销中的作用。

迈进新世纪后，如果说还有哪位营销智者能够以一种全新的姿态提出观点独到的营销学说，那就一定要来谈谈第四位营销智者道格拉斯·霍尔特，以及他所提出的品牌文化战略理论。

以《文化战略》一书为代表作，品牌文化战略理论格外重视发掘品牌的文化价值，在该理论看来，营销并不仅仅是通过产品去满足顾客的功能性需求，还必须通过创新的品牌文化去满足消费者的感性需求，从而帮助企业在同质化的"功能红海"之外，找到"文化新蓝海"。

显然，与前面分别从广告学、管理学和心理学探索营销不同，文化战略理论的根基是文化研究。随着社会文化的变迁，如何及时捕获消费者的感性需求？如何为自己的品牌创造与众不同的文化价值？如何将高感性设计运用到品牌表达之中？霍尔特的研究将有助于我们解锁这些问题的答案。

第五位营销智者，代表了一股颇为新兴的营销力量，由他提出的"增长黑客"理论，先是被林林总总的互联网企业奉行，后来又逐渐影响到更多行业。他的名字就是——肖恩·埃利斯。

近十年来，得益于信息技术的高速发展，"增长黑客"十分流行。在应用层面，它将"全新的信息交互方式"作为关注重点，同时建议企业成立跨部门的增长团队，充分利用数据分析、技术开发、快速测试等方式，来对企业的增长瓶颈予以"爆破"。

如今，从国外舶来的"增长黑客"理论与国内的"运营"概念叠加、融合在一起，发生了微妙的"化学反应"。从书籍到课程，派生出的内容可谓极其丰富，但也鱼龙混杂，建议大家在涉猎时还要多加鉴别。

03

营销五宗　小K登场

在金庸小说《射雕英雄传》中，武功登峰造极的几位大宗师，被分别冠以"东邪""西毒""南帝""北丐""中神通"的称号。对此，我想起了知名导演、编剧徐浩峰在其《刀与星辰》一书中的有趣观点，其类似情节设定恰好与中国文化中的"五行之说"暗合。

上一节谈到了营销世界的五位智者，以及他们背后的五个营销学派——广告学、管理学、心理学、文化学和信息技术学派。现在仔细想来，这五个学派其实很像"金木水火土"，是构成今天这个营销世界的五类元素。对此，我们不妨把它们合称为"营销五宗"。

在社交媒体上，经常有人问："营销是一门什么学科？"

在我看来，这个问题之所以很难用三言两语讲明，正是因为营销学背后的知识谱系至少会涉及上述五个学派。而今时今日之营销，恰恰可以被视为由"营销五宗"相互影响，共同"发酵"而成的一门知识体系广博的学科。

在《射雕英雄传》的世界里，桃花岛的武功追求飘逸灵动，而降龙十八掌则讲究浑然有力。在武侠的世界里，每个流派都有自己的武学要旨，用今

第一章 飞向"营销"星球

天的话说,就是都有关于自家这门功夫的"底层逻辑",不了解这些,你就入不了门。

营销世界的情况也类似,在商务沟通中,大家之所以会遇到一些"鸡同鸭讲"的情况,究其原因,常常是我们不了解对方是何"流派",不了解对方脑海中的营销概念,不了解营销逻辑是如何展开的……

"请等一下,亲爱的船长!"

说到这里,我突然看到太空船分享大厅后排,一位同学高高举起了手。他是我刚认识的一位学员,名叫"小K"。

小K是此次探索之旅中为数不少的95后学员之一,他加入此次旅行的背景也十分有趣。

小K目前就职于一家本土企业,得益于与老板的亲戚关系,大学毕业后不久,他就被安排进公司负责运营,而在同事眼中,这份差事其实更像"打杂"。

小K也很快意识到了这一点,他发现,老板并不会把重要的工作交给自己,而那些表面上热情的同事,更是巴不得把活儿都攥在手上,好让自己的工作看起来"够饱和",这让小K在公司里显得很多余。

按理说,这次营销大航海,本该由小K的老板亲自带队参加,但因为忙于新品上市推广,这才不得不委派公司里最有空的小K来单独参加。对此,老板给他的指令是:"你必须将此次旅程中的收获原原本本地带回公司分享。"小K就是在这样一种"临危受命、诚惶诚恐"的情况下加入本次旅程的。

"你有什么想问的吗?"我问他。

"是的,"这个看上去有些微胖的男孩,在周围投来的目光中,略显羞怯地说道,"刚才您提到,因为不了解别人的营销逻辑而无法沟通,这确实让我很有同感。我现在从事运营,为了更好地跟同行沟通,加强工作表现,请问我应该重点学习哪个营销学派的知识呢?我的一位刚毕业不久的朋友,目前在一家公司负责对外传播，他又应该重点关注营销的哪些方面呢？"

我告诉小K："做运营要尝试将心理学和信息技术这两个营销学派的研究成果，多多应用于营销实践，通过借助用户心智规律，以及创新的信息交互方式，来提升运营转化率。而传播岗位的那位同学，则可以多多关注文化学、广告学这两个营销学派，因为能从中学到不少如何讲好品牌故事，如何进行有效沟通的技巧。"

"哦哦，那太棒了！"小K继续说道，"我还有一个疑问，那就是像我这样的职场新人，要学习地球上的营销知识都感觉压力很大了，现在还要汲取M星上的营销智慧，真有点儿担心自己的脑容量不够，这该怎么办呢？"

小K的提问引发了现场一阵大笑。

"这个你不用太过担心，"我告诉他，"其实这两个星球上的营销智慧，是同根同源的一种智慧！只不过从我们目前了解到的情况来看，由于M星的营销探索起步较早，历时较久，因此，在某些方面，尤其是一些我们过去不太重视的业务板块，如在地球上被定义为'用户洞察'的专业领域，M星已经取得了令人惊叹的成就。尽管如此，这两个星球上的营销智慧却基本上是完全一致的。换言之，我们要汲取的营销智慧其实只有一种，而不会有两种。"

"那就是说，两个星球上的营销智慧，只有发展程度和侧重方面的不同，却没有本质差异，我可以这样理解吗？"小K继续追问道。

"确实是这样的，"为了找出一个更贴切的比喻，我停下来略加思考后，继续对大家说，"如果说宇宙中的营销智慧就像中国传统文化中的'道'的话，那么，M星与地球可以说都是在探索'道'，虽然经历了不同的探索过程，取得了不同的探索成果，但毕竟'道'本身并无二致。'真理决不会因为有人不承认它而感到苦恼'，同样，真理也不会因为探索者不同而有所改变。所以我们说，两个星球上的营销智慧其实是同一种，而并非两种。"

第一章 飞向"营销"星球

借该问题，我还告诉大家："其实对于营销的本质与底层逻辑，我们与M星人的认知水平已经非常接近了，而目前的差距主要体现在应用层面，如何通过这次探索之旅去解锁M星上特定营销实践环节中最先进的一系列策略、方法和技巧，其实才是吸引我们前往最主要的原因。"

"嗯嗯，我大概听明白了。最后一个问题，"小K补充道，"既然说两个星球对营销本质的理解都已经非常接近了，那请问营销的本质究竟是什么呢？"

"这个问题相当重要，为了让大家更好地理解，我们不妨先休息一下，稍后再来一起探讨。"我回答小K。

04

营销的本质

　　驶向M星的飞船继续在太空航行，经过适度休息，下面，让我们认真地探讨一下小K的疑问——营销的本质是什么？

　　"'营销的本质？'这么重要的问题，不是应该等降落到M星后再去探索吗？"

　　面对学员突然提出的这个问题，我向大家解释说，其实不妨将当前旅行想象成一次出国学外语的经历。在此过程中，有关营销的本质与底层逻辑，就像语言学习中的基本知识和基础词语一样，是不能等出国后再去学的，必须在出国前就进行充分积累。这样，到了国外，再结合语境不断巩固、提升，就能让外语水平突飞猛进。同理，既然我们与M星对于营销的本质与底层逻辑的认知已经非常接近了，那如果我们能利用这段航程，先将这些基础知识掌握好，等降落M星后，再通过亲身探索融会贯通，就一定能取得更好的学习效果。

　　理解了这一点，接下来转入正题，聊到"营销的本质"这个宏大的题目时，我的思绪也有些飘忽起来。望着窗外的浩瀚宇宙，我首先想到的还是在

第一章 飞向"营销"星球

我们自己的星球上，在探索宇宙万物和事物规律方面，东西方文化之间的相似与不同。

此时此刻，我的脑海中自然而然地蹦出了"universe"（宇宙）这个单词，我想起了这个单词中的两个部分，其中"uni"表示"一"，例如，大家熟悉的"unique"（唯一的）就含有这个词根；而"vers"代表"转""转变"，例如，"做广告"（advertise），其实就是要"把顾客的注意力给转过来"。

从词根上看，"universe"的意思似乎是"基于一而运转变化"，这就与中国文化中的"道生一，一生二，二生三，三生万物"相映成趣，非常接近了。

东西方虽然对于宇宙运行看起来有着相似理解，但是在探索宇宙万物的具体方式上，好像又走上了不同方向。其中，西方文化似乎更在意"vers"，更乐于研究事物的运转、变化；而东方文化则更看重"uni"，更重视"一"及对事物本质、本源的探究。

这种文化差异，曾被学界总结为，西方文化更重视演绎法，习惯将事物不断细分，例如，把物质分为分子、原子，把人体分为器官、细胞，一层层向下研究；而东方文化则更看重归纳法，习惯一层层往上，从总体中提炼事物本质，把握问题要领，例如，认为读书要抓中心思想，而不必在乎细枝末节，认为治病时应把人体视为整体，看到症状之下的根源所在，而不能片面地"头痛医头，脚痛医脚"，等等。

回到探索、学习营销这件事情上，我的一个小小感慨是，这么多年来，我们似乎一直都在用西方的营销理论，透过演绎法来理解营销，大家将"营销"细分再细分，催生出了无数的热门领域与流行概念，却很少想到用东方惯用的归纳法对营销的本质加以概括。这种视角的缺失，给今天的商业实践带来了很大困扰。

比如，在演绎法视角下，由于我们更热衷于关注"变化"而非"不变",这就使得信息大爆炸时代的营销人也纷纷变身手游中的"贪食蛇",努力将围绕在身边的每条新信息、每种新概念囫囵吞下。然而,与每天都要应付的海量信息相比,我们的工作效率却没有得到显著提升,甚至越来越多的从业者迷失在了"多则惑"的信息汪洋之中。

另一个不容忽视的问题是,由于不重视归纳营销本质和凝聚营销共识,企业的各个业务部门也早已习惯"各自为战",只看到自身业务的"特性",习惯用自己的一套逻辑来处理问题,彼此之间缺乏理解,这就非常容易导致企业内耗,这也成为企业经营效率低下的根源之一。

对于营销,几年前,我在威廉·科恩的《跟德鲁克学营销》一书中读到了一句意味深长的话:"营销思想的发展并不一定始于西方,因此,在其他地方也可以发现重要的营销思想,而且在研究营销思想的发展历程时,不能忽略亚洲。"

这个观点让我深受触动,在我看来,这似乎在提示营销实践者,中国文化中强调化繁为简、关注事物本质的归纳法,或许恰恰是当下的营销实践所迫切需要的。从这个角度来说,全球的营销从业者,其实都需要关注中国文化;而中国的营销从业者,则更应该具有文化自信。

那么,说了这么多,营销的本质究竟是什么呢?

现在一提到营销,很多人都会优先想到传播、推广,认为这就是营销。也有人从4P理论出发,会想到产品、渠道、价格、促销,能够意识到营销是包含着这些的整体。但是,大家很少意识到,其实上述所有这些都只是"vers",是不断转变着的不同阶段的工作而已,而唯有一个万变不离其宗的"uni",那个作为本源的"一",是你要为用户创造的价值。因此,如果要用归纳法来对营销本质加以概括的话,在我看来,完美的答案应该就是——价值。

说一千,道一万,营销始终摆脱不了"理解用户需求,为用户创造价值"这个基本命题,而价值是"营销五宗"共同反映的营销本质(如图1-2

所示）。为什么这么说呢？下面让我们来依次分析一下。

图1-2

首先，从广告学的角度来看，无论理性的产品功能价值，还是感性的品牌文化价值，广告始终是对特定价值的表现与传播，这一点并不难理解。

其次，从管理学的视角来看，什么是营销呢？营销其实就是要对企业创造价值、传递价值、传播价值、交付价值的全过程进行科学、有效的管理。

再次，从心理学的角度来看，价值与心理有什么关系呢？答案就在于，我们只有充分理解用户心理，基于用户的心智规律来做事，才能让用户更好地认知产品（品牌）价值，从而选择我们的品牌。

从次，从文化学的视角来看，营销从业者看待价值的眼光必须更加完整，不能只局限在功能价值层面，还应该格外重视发掘品牌的文化价值。

最后，从信息学的角度来看，大家之所以要对新媒体和全新的信息交互方式保持敏感，正是为了借助它们，来实现更高效的价值传递与传播。

通过以上分析，我们不难看出，不论从哪个立场来看，营销都离不开"价值"这个基础。甚至可以说，营销就是基于价值这个"一"（uni）而不断运转着的"小宇宙"（universe）。至此，借助东方文化的思考方式，我们终于拨开了笼罩在"营销"概念上的层层迷雾，得以真正看清它的本质——价值。

05

营销的"二元"

组织这次营销大航海，涉及许多筹备工作，收集信息是其中的重要一项。过去几个月，在研究M星历史资料时，我发现了不少极具启发性的小故事，以下就是其中之一。

根据记载，在M星商业智慧启蒙之初，这个星球上的居民对自己生活范围以外的事物还知之甚少。当时，该星球南半球上一些较先进的部落，对商业活动的理解是"创造商品，改善生活"，由于将"用心创造"写进了自己的文化，这里诞生过许多伟大的发明家。

而与之相反，生活在M星北半球上的部落，由于采用游牧式的生活方式，对商业活动有着完全不同的看法。与发明创造相比，这些部落更愿意研究如何推广东西，如何在迁徙中让更多星球的居民意识到某些东西的价值。他们围绕着要推销的东西设计话术，研究演示方法，并赋予其独特的象征意义，让杰出的"沟通者"找到了施展自己才华的乐土。

后来随着交通的发展，M星南北半球交流频繁，这两种商业文化也逐渐融合。M星人开始意识到，商业的内涵不仅在于如何研发商品、创造价值，还在于如何沟通价值、传播价值，市场营销要将这两方面完美地结合起来。

第一章 飞向"营销"星球

再后来,为了纪念商业思潮的成熟,M星人就将其商业文化交融的这段时期命名为该星球历史上的"营销大发现"时代。

略加回味之后,我发现,这个故事显然不是M星流传甚广的那些故事当中最为精彩的一个,但它与本节的主题息息相关。

在前文,既然我们已经开启了一段用东方文化的视角来解读营销的旅程,不如就索性坚持下去,继续对营销的底层逻辑进行学习。如何继续呢?其实上一节中提到的中国文化中的"道生一,一生二,二生三,三生万物",就为我们提供了一个很好的学习框架。

具体而言,在上一节,结合"营销五宗",我们归纳出了营销的本质——价值,这其实就对应了"道生一"。而本节将要介绍"一生二",也就是从价值当中进一步衍生出"营销二元"的问题。

什么是"营销二元"呢?其实围绕着价值这个"一",在营销中是存在如下两大工作单元的:

(1)如何为用户创造出价值;

(2)如何让用户认知到价值。

概括来说,前者是"创造价值",后者是"创建认知";前者是"做出好东西",后者是"让人意识到这种东西好"。这就是我们所说的"营销二元"。从价值这个"一"当中细分出"创造价值"与"创建认知",这就是"一生二"的变化。基于该变化,营销可以用一个简单公式表述为:

$$营销 = 创造价值 + 创建认知$$

现在,请大家牢记这个公式,因为它将是我们在后面继续细分出一系列营销环节的基础。

从中国传统文化来看,"创造价值"与"创建认知"就是营销的"阴阳",两者相互依存,缺一不可。如果脱离了"创造价值",产品就不能很好地满足顾客需求,那么无论后端的传播如何用力,都很难有良好的销售转化;如果脱离了"创建认知",顾客就意识不到产品的价值所在,那么产品本身再优秀,也很难成为顾客的选择。

回到本节开篇的小故事,"营销二元"恰好与M星的历史出现了巧合。正如在M星上擅长"创造价值"与"创建认知"的两个半球通过交流,最终发展出了更加成熟、完整的商业智慧一样。今天,大家也可以从M星的这段历史中获得启发,从而对营销建立起更完整的认知。

这意味着,我们眼中不能只有单点上的"用户洞察""产品""传播""运营"或者"销售",而应该将营销理解为串联起这一切的,从为用户"创造价值"到围绕着这种价值,最终在用户心中"创建认知"的完整过程。

对于这一点,我一度觉得,地球上的广告公司就像曾经居住在M星北半球上的那些游牧部落,因为他们满脑子想的,似乎都是用何种精妙创意来让消费者更好地认知品牌(产品)价值,却较少参与前端的价值创造,如参与客户的产品研发讨论,或者开展有针对性的消费者调研。

相对而言,互联网公司则更像M星往昔岁月中南半球上的那些部落,他们非常擅长捕捉用户需求,研发优质产品。但早期的互联网企业,并不擅长"创建认知",在公关传播、广告推广方面存在短板。

不过这个比喻在今天看来已经不太适用了。如今,广告公司也在积极介入"咨询业务",充分体现出了向"创造价值"方向发展的决心;而互联网企业,通过持续的能力培养与人才引进,在"讲故事"方面也变得越来越擅长。

机构尚且如此,作为个人,我们更需要对营销的完整性建立起认知,以利于职业成长。例如,一名销售人员,在做好沟通,让顾客意识到产品价值的本职工作之外(创建认知),如果还能配合"创造价值"的相关工作,如每次都先将顾客反馈认真记录下来,再结合自己的思考,协助产品部门持续优化产品,那么其在职场上的成长空间就将更为广阔。俗话说"不想当将军的士兵不是好士兵",而在我看来,拥有将军一样的全局视野,才是最关键的。

06

用"六"的智慧重构营销

看完前边的内容，你心中或许会有一个疑问，知道了营销的本质和"二元"，接下来该如何做呢？如何把这些运用到工作中呢？

别着急，本节就来解答这个谜题。

还记得吗，在飞向M星的太空船升空后不久，我们就同步开启了一段用东方文化来解读营销的旅程，并依托中国文化中的"道生一，一生二，二生三，三生万物"，和大家依次探讨了营销底层逻辑中的"道生一"与"一生二"。接下来飞船即将全面提速，请大家务必打起精神，因为我们马上就要进入十分关键的"二生三"部分的探讨了。

"二生三"之所以至关重要，是因为这是我们的探索，从营销底层逻辑向实际工作过渡的关键一步。换言之，"二生三"将能够对营销工作给出一个清晰而具体的结构化指引。

什么是营销中的"二生三"呢？

答案很简单，就是由"创造价值"与"创建认知"的"营销二元"又各自细分出了营销实践的三个落地环节。

首先，由"创造价值"单元细分出三个环节：价值发现、价值洞察、价值表达。

（1）价值发现：谈到为用户创造价值，我们首先要发现待创造的价值，以及定义自己要去创造的价值。这就是营销实践的第一步——价值发现。怎么发现呢？这一步，大家首先要通过内心聆听，结合自己的创业初心，用心打磨创业构想，深入思考自己"究竟要为什么人做什么"。

（2）价值洞察：通过上述努力就一定能获得价值发现吗？答案是否定的。除了"向内看"，我们还必须练就"向外看"的功夫：直面用户，开展用户洞察。只有这样，才能对用户需求形成更深刻的理解，让创业构想得到印证或修正，从而获得真正意义上的价值发现。这就是营销实践的第二步——价值洞察。

（3）价值表达：在前两个环节的基础上，我们需要将所发现的价值呈现出来，让用户有机会体验到，这就是营销实践的第三步——价值表达。在这一步，品牌的名称、标识、口号、产品及内容，都应该被视为价值表达的载体。在实践中，它们必须反映同一种价值，做到"用一个声音说话"。

接下来，我们再来看"创建认知"单元细分出的三个环节：价值交互、价值植入、价值交付。

（1）价值交互：当品牌对价值有了具体的呈现、表达之后，营销工作就需要从"创造价值"迈向"创建认知"了。围绕着如何让用户更好地认知品牌价值，进而选择我们的品牌，我们首先需要与用户进行沟通互动，这就是整个营销实践的第四步——价值交互。

价值交互的工作，具体包括搭建销售渠道、信息沟通渠道，设计增长策略，开展传播推广，以及进行用户关系运营等。简言之，所谓"交互"，就是通过与用户打交道，来促进品牌增长的相关工作。

（2）价值植入：与追求增长的价值交互环节不同，营销实践的第五步——价值植入,其所追求的是提升品牌的"心智显著性"。这要求我们着眼长远,通过一系列举措,努力将品牌所代表的价值植根于用户心中,构建出卓越的品牌认知并对其加以维护。

(3)价值交付:在完成上述工作后,营销工作并未完结,我们还必须高度关注用户体验,努力消除经营活动中有可能侵害用户的行为,持续优化、净化品牌价值;同时积极响应市场需求变化,适时推动品牌创新自我核心价值,踏入全新的发展周期,这就是价值交付环节的相关工作。[①]

值得注意的是,价值交付之所以成为"创建认知"单元的最后一环,是因为一个品牌向用户交付价值的表现(如用户体验的好与坏)将直接影响用户的品牌认知。由此,我们不难看出价值交付与"创建认知"之间的内在联系。

下面将营销实践的这六个环节及其含义依次列出:

① 价值发现——定义品牌核心价值。
② 价值洞察——开展用户洞察研究。
③ 价值表达——呈现品牌核心价值。
④ 价值交互——沟通传播运营增长。
⑤ 价值植入——构建品牌价值认知。
⑥ 价值交付——优化创新品牌价值。

再将这六个环节共通的"价值"二字省略,就得到了由笔者原创提出的

[①] SDi方法论中的"交付",是指品牌让消费者体验到价值而实现的"价值交付"(如顾客从所购汽车中感受到动力强劲,而非"产品交付"(如4S店将汽车售卖给顾客)。由于品牌向顾客交付产品,获取回报,是与用户进行"价值交换",因此属于SDi方法论中的"交互"环节。简单来说,"价值交付"要关注用户从品牌这里获得的价值体验,并对其加以持续优化、净化和创新。

洞察力 2.0：驱动营销新增长

"SDi方法论"的结构图（如图1-3所示）了。①

在图1-3中，营销六环节自下而上排列，体现了每个品牌的发展都是这样一个自下而上的成长过程。下方三个环节和上方三个环节分别隶属于"创造价值"与"创建认知"这两个单元，因此，用分列于左右的文字来体现它们的不同。

关于SDi，它是什么的缩写？又代表了什么呢？从图1-3中可以看到，SDi是Self-Discovery inception的缩写，是Self-Discovery（自我发现）

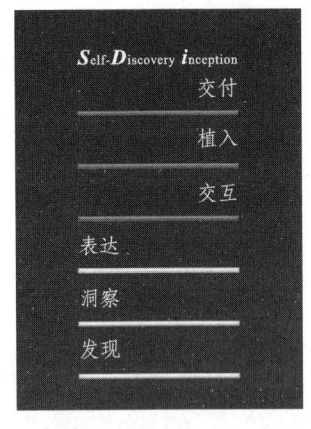

图1-3

和inception（植入）的结合。我们希望以此来呼应"营销二元"，其中Self-Discovery呼应"创造价值"，意在提醒品牌创建者通过自我探索、自我发现，来决定要为用户创造何种价值；而inception则受电影《盗梦空间》的启发，用"植入"的概念（将想法放入别人脑海）来呼应在用户心中"创建认知"。

关于SDi，还有一个小故事要跟大家分享。在我提出该方法论的早些年，我设计的结构化表达并不是今天这样的，而是用到了一个横竖交叉的坐标图。2018年，由于越来越多地受到中国传统文化的影响，我才将SDi结构图迭代为今天这样一个六线谱形态。

你也许会好奇，从坐标图升级到六线谱，这与中国文化有什么关系呢？

大家可别忘了，用"六"来诠释事物，是中国文化了不起的创举，最直观

---

① 作为一种从"价值"角度看待营销的观念，SDi方法论自2015年由笔者正式提出以来，前后经历了数次迭代。本书是继《洞察力》出版后，笔者对该方法论的最新迭代，结合了近年来服务客户的经验，融入了最新探索成果。如果读者接触到的有关SDi方法论的相关内容，在时间上早于本书，请均以本书中的内容为准。

的体现就是我们的文化源头——《易经》。《易经》是如何展现这个复杂世界的呢？其用了或虚或实的六条横线，这在易学中被称为"六爻"。

为什么不是五爻或者七爻、八爻呢？

对此，国学大师南怀瑾曾在《易经杂说》中谈及，《易经》中的古老智慧意识到，事物的发展本质上不超过六个阶段，如果还有第七个阶段，那就是进入了新的发展周期。结合营销来看，其实就是走过了六个环节的品牌，需要再度审视用户需求的变化，来重新探索并更新品牌的核心价值。

我的灵感源于《易经》的六线结构，这比其他表达方式好在哪里呢？其中很重要的一点就在于它非常便于表现营销工作之间的内部联系，从而帮助我们摆脱那种"头痛医头，脚痛医脚"的狭隘思维。

举例来说，在用SDi方法论服务客户的过程中，客户经常会向我们寻求帮助，他们非常希望解决产品无法吸引年轻人，以及运营投入大、销售转化率低的问题。

这时我会提醒客户，在这些"症状"之下，真正的"病根"是什么？会不会是对年轻人的需求不够了解？或者运营方式不符合年轻人当前的生活方式呢？不难看出，想要推出吸引年轻人的产品（表达层），提高运营转化率（交互层），就不能只关注这两个层面本身，还必须向下寻求洞察的支撑。我们应该通过洞察研究找准问题，对症下药，这样才能从根本上优化产品与运营（如图1-4所示）。

在打磨SDi方法论的过程中，我经常会想起"君子务本，本立而道生"的古训。其实，进行营销实践，同样需要先建立起自己的"根本"，然后兼收并蓄，才不至于迷失方向。正

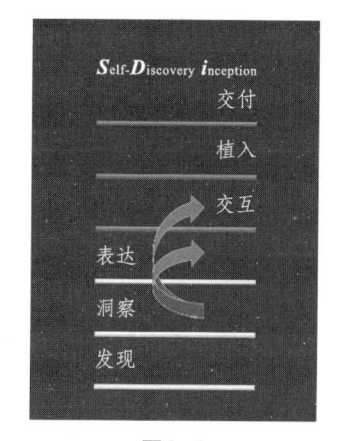

图1-4

如SDi方法论是以中国文化为本，再对西方营销理论加以有针对性的借鉴、吸收一样，接下来，我们还将继续以这套方法论为本，来对M星的营销智慧进行探索与吸纳。

至此，关于营销的本质与底层逻辑，借着"道生一，一生二，二生三，三生万物"的脉络就基本上讨论完了。你可能会说，不是还有"三生万物"尚未谈及吗？

其实，就像六爻用上下两个"三"的变化诠释这个复杂世界一样，在SDi结构图的上、下两个"三"当中，也蕴藏着创新营销的无限可能，这不就是"三生万物"吗？

07

中心思想是洞察

和大多数年轻人一样,学员小K对事情的反应总是直接而坦率。例如,在上一节分享刚结束时,他就向我抛出了这样一个疑问:"既然学习就是为了实践,那为什么我们不直接讨论具体工作,而要先学习营销方法论呢?"

我告诉他,正所谓"有道无术,术尚可求;有术无道,止于术"。之所以介绍SDi方法论,是因为希望先让大家对营销的完整轮廓建立起认知,了解营销的底层逻辑与深层结构,然后以此为基础,去探讨每个局部的具体工作,这样更顺理成章、水到渠成。

随后小K又追问道:"以前在公司里,我经常会听老板说起定位理论,说其核心就在于抢占顾客心智,请问对于SDi方法论来说,它的中心思想又是什么呢?"

我告诉小K,这套方法论的中心思想特别简单,就是"洞察",说得更具体一些,就是"以洞察驱动营销创新"。

接下来的几个问题,来自几位首次接触SDi的同学,他们的提问颇具代表性,下面将这些问题与我的回答一并列出,以便大家参考了解。

问题一：在SDi方法论中，"发现"与"洞察"有什么区别？

答："发现"是指品牌决策者意识到品牌要去创造何种价值，而"洞察"则是帮助决策者获得这个"发现"的过程。除此之外，"洞察"还有其他使命。简单来说，在"发现"与"洞察"的关系中，"洞察"是手段，"发现"是目的，通过"洞察"获得"发现"，这就是两者的基本关系。

问题二：在SDi方法论中，"交互"与"植入"有什么区别？

答："交互"是与用户沟通、打交道，"植入"是在用户心中构建品牌认知。这两者的区别，用大家熟悉的"品效合一"就很容易厘清——"交互"的目标是"效"，而"植入"的目标是"品"。在营销实践中，脱离了"品"的"效"难以持久，脱离了"效"的"品"华而不实。从"品效合一"的角度看，"交互"与"植入"是一种相互促进而又相互制约的微妙关系。对此，我们还将在后边进一步探讨。

问题三：您能用具体例子来说明一下SDi方法论的实际操作吗？

答：下面从几种不同的典型情况来举例说明。

首先介绍一个意大利定制家具品牌，其针对的是中国一线城市的高端客户。该品牌早期的价值发现，是要满足客户高度个性化、品质化的家装需求；在感性价值层面，主打的是一种"享受尊贵人生"的品牌文化。不过近年来趋于疲弱的业绩，让公司高管对品牌核心价值产生了怀疑，这就需要通过洞察来寻找答案了。

通过开展用户洞察，该品牌意识到，随着生活节奏的加快，高端客户越来越期待"所见即所得"，故而对动辄要等上数月的定制家具逐渐失去了耐心；同时客户的审美情趣也与那种繁复奢华的欧式风格渐行渐远，转而追求简洁与多元。这些消费端的态度转变，如果从更高一层的感性需求角度来分析，则很容易发现，新生代顾客与过去那种"享受尊贵人生"的品牌文化，早已产生了严重的情感疏离。有了前面这些洞察，就能为该品牌的升级指引

第一章 飞向"营销"星球

方向了。

如图1-5所示，假设该品牌在用户洞察的基础上获得了全新的价值发现，重新定义了品牌核心价值（洞察—发现，图1-5中A步骤），那么接下来，该品牌就需要在每个营销层面，基于全新的"发现"来进行升级了（图1-5中B步骤）。具体举措如下：优化品牌标识设计与门店形象，提出更符合用户感性诉求的品牌口号，推出风格简洁的产品（表达层）；

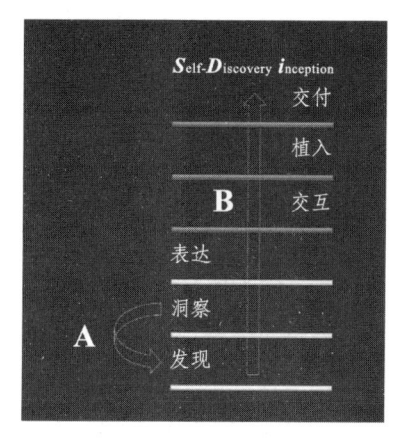

图1-5

进军电商，优化沟通推广策略（交互层）；开展一系列主题传播，刷新用户认知（植入层）；进一步优化用户体验，例如，提升入户安装人员的专业素养等（交付层）。

看完品牌升级的例子，我们不妨再来假设一个新创品牌的工作场景。

在中国美丽的西南边陲——云南，有一种叫作"稀豆粉"的特色美食。假设受从云南旅游归来的朋友的启发，一直心心念念打算开一家连锁拉面馆的老王突然意识到，创立一个稀豆粉品牌，是更令人激动的创业新方向。为此，老王开展了一系列洞察研究，例如，关注不同地区食客对稀豆粉的认知情况、接受程度与口味评价等。

随着这些洞察的深入，老王进一步发现，新品牌必须在原来这个品类让顾客感觉太过"街边"、太过"廉价"的基础上，提供品质更高、做法更加精致且富有创意的产品，例如，将稀豆粉与另一种云南特色美食——饵块进行创意搭配，让食客的每一天都从"赞叹有巧思的简约美好"开始。以上这些就是老王从开展用户洞察到获得价值发现的大致过程。

基于这个"发现"，老王还必须考虑接下来的一系列工作，如门店形象如何设计（表达层），推广方式如何选择（交互层），顾客认知怎样建立（植入层），以及如何收集顾客反馈和持续优化顾客体验（交付层），等等。

随着新的信息交互方式不断涌现，现在越来越多的创业者开始加入内容创业的大潮。假设有一位Kevin老师，想通过一档语言学习类的短视频节目来打造个人品牌，他该如何考虑自己的创业项目呢？

研究同类型节目自不必说，Kevin老师还必须在此基础上结合用户洞察，搞清楚自己品牌的核心价值究竟是"日积月累地点滴成长"，还是"极具娱乐性的学习体验"，抑或是"持续地鼓励与情感伴随"，然后才是对内容呈现、分发渠道、品牌认知、用户体验等各个方面的逐层思考。

在这里，之所以从品牌升级、连锁品牌、个人品牌三种情况举出上述三例，目的其实只有一个，那就是希望提醒大家——无论你在哪个行业创业，也无论创业的规模大小，开展有针对性的消费者研究或者说用户洞察，一定是品牌创建者获得品牌价值发现，进而在经营中做对事的前提。因此可以说，"洞察"是品牌增长的核心驱动力。

第一章 飞向"营销"星球

宝物解锁

在飞往M星的飞船上,我们一起完成了此次营销大航海的热身。现在,不妨来对前边学到的知识做个简单总结。

如图1-6所示,沿着"道生一,一生二,二生三,三生万物"的脉络,在这段航程里,基于对"营销五宗"的讨论,我们首先归纳出了"价值"这一营销本质;然后从中细分出了"创造价值"与"创建认知"这两个营销工作的基本单元;最后由这两者继续细分出了两个"三"——"发现""洞察""表达"和"交互""植入""交付",组成了营销实践的六个落地环节。通过这三步,大家一起完成了对营销底层逻辑的学习,并对SDi方法论有了大致了解。

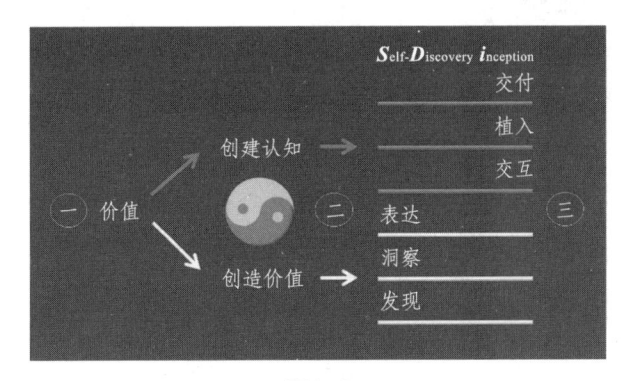

图1-6

接下来，有一个好消息要告诉大家，那就是在本次探索之旅中，每一个学习阶段的末尾都会有一个激动人心的宝物解锁环节。

现在我们解锁的宝物是一幅对于接下来的旅程至关重要的"M星航海地图"。这幅地图的获得过程是这样的：

那天，当我们乘坐的飞船接近M星，众人就几种登陆方案各抒己见时，我们的大副——J，突然跑进来告诉大家，飞船意外地拦截到了一个小型飞行器，并在其中发现了一个宝箱。

打开宝箱，首先找到的是一封书信。用翻译器捣鼓了半天，大家才弄明白，原来信件的大意是，得益于拥有高度发达的商业智慧，M星人经常会乘坐飞船去往不同星系，帮助外星居民提升商业技能。然而，不巧的是，上一次，M星人在大规模出动去往某神秘星系时，竟意外遭遇宇宙风暴，导致他们很可能要在外滞留数百年。

对此，为了继续履行帮助其他智慧星球的使命，M星上的留守居民只得执行另一项"B计划"——不断向不同星系发射飞行器，邀请外星居民主动前往M星，自行探索所需要的商业技能。我们拦截的飞行器恰好就是其中之一。

紧接着，在书信下面，大家发现了一幅被包裹得格外严密的"M星航海地图"，图上清楚地标注出了隐藏着M星营销智慧的六个区域（如图1-7所示），并附上了关于这些区域的一系列重要信息，以及探索这些区域所需要的关键线索。

虽然我们很难判断这幅地图究竟存在了多久，相同的地图还有几幅，但已遗落的卷轴和

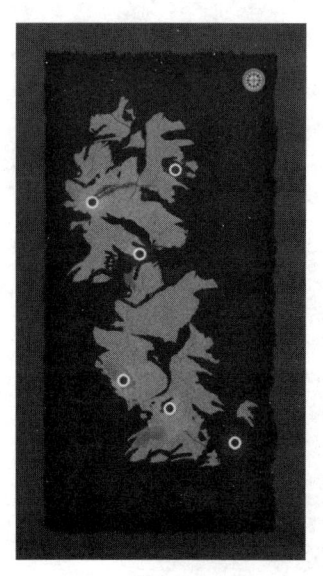

图1-7

第一章 飞向"营销"星球

磨痕满布的画面，仿佛都在诉说着它的不凡经历。大家不难想象，过去探索M星的宇宙先民，或许曾在它的引导下展开过惊心动魄的航海历程。在接下来的旅程中，这幅地图也将一路陪伴我们，为本次大航海提供全程指引。

在神秘莫测的营销星球上，大家将经历哪些奇遇？M星上的营销智慧，又将如何颠覆我们的想象？让我们一起登陆M星，去一探究竟吧。

Chapter 02

第二章

起航"发现"之旅

08

M星航海计划速览

位置、速度、降落方式……一切都与想象中的分毫不差,在如梦如幻的亮光中,我们刚刚降落在了美丽的营销星球——M星上。打开舱门,一大片异类飞禽被飞船的巨响声惊起,从大家的头顶上呼啸而过……

你肯定还记得,在降落之前,我们刚刚获得了一份珍贵的M星航海地图,深入分析图中的信息后,大家发现,从深不可测的海沟,到蔚为壮观的峡谷,从直入云端的山脉,到清新繁茂的雨林,地图中所标注的这六个区域竟然隐藏着与SDi六个环节一一对应着的M星营销智慧。

了解到这一点,着实令我们欣喜若狂,因为这不仅证实了早先谈到的M星与地球上的营销智慧同根同源,而且说明M星人对营销的底层逻辑、深层结构乃至核心要素的理解,与我们的理解,以及SDi方法论的总结是高度接近的。此外,这也进一步印证了我们的设想,看来以SDi方法论为"本",去探索、汲取M星的营销智慧是完全合理、可行的。

几天讨论下来,我和团队终于就本次大航海的诸多细节达成了共识,并根据航海地图提示的六个区域所分别隐藏着的营销智慧,以及各个区域的典

第二章 起航"发现"之旅

型特征和有趣背景，再结合我们心中的想象与特定情愫，我们对这六个区域逐一进行了命名，最后委托大副J，绘制出了如图2-1所示的航程表。

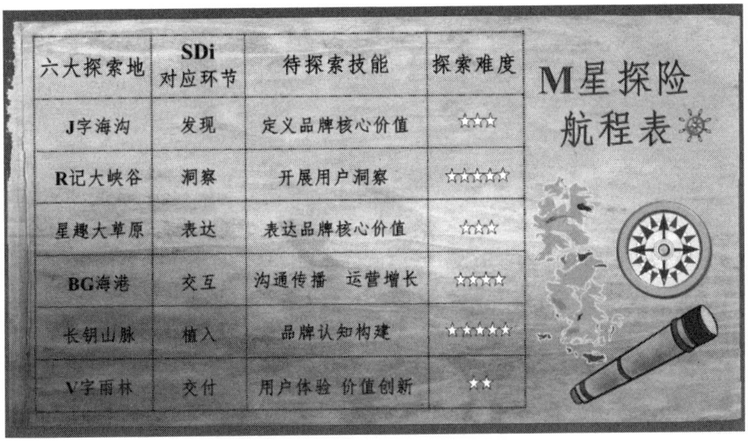

六大探索地	SDi对应环节	待探索技能	探索难度
J字海沟	发现	定义品牌核心价值	☆☆☆
R记大峡谷	洞察	开展用户洞察	☆☆☆☆
星趣大草原	表达	表达品牌核心价值	☆☆☆
BG海港	交互	沟通传播 运营增长	☆☆☆☆
长钥山脉	植入	品牌认知构建	☆☆☆☆☆
V字雨林	交付	用户体验 价值创新	☆☆

图 2-1

这份表单向大家详细展示了本次探索之旅将要前往的六个重要区域（我们称之为"六大探索地"），标注了在各个探索地中有待大家探索的营销智慧与技能及其与SDi各环节的对应关系。最后，根据现在所掌握的信息，对这六个区域的探索难度进行了预估。希望通过这份航程表，大家能对此次大航海做到心中有数。

说了这么多，我突然想到，好像一直还没抽出空来，向大家介绍一下那位终日忙碌的大副J。其实除了绘制航程表，J还负责本次探索之旅的大量筹备工作，是大航海的核心策划成员之一。不过，就像足球比赛中那些优秀的裁判员经常被人忽略一样，由于J低调的个性和不露声色、细致妥帖的做事风格，大伙儿常常忽视了她的存在。

J对营销尤其是广告创意有丰富的经验，这主要得益于她过去的广告从业经历。不过随着时光流逝，J对那种工业流水线式的创意方式逐渐感到厌倦。按她自己的话说,"就像是在使用我们飞船上那台老旧的全自动咖啡机一样,创意工作似乎只剩下了先放杯子,再按开关的乏味过程,很难让人感受到超预期的惊喜"。

了解到这次大航海计划后,正在筹划创业的J很快就决定报名参加,并表示愿意主动分担一部分工作。在此之前,她将更多时间花在了阅读克劳德·霍普金斯、大卫·奥格威等早期广告人的作品,以及阅读小说、观看电影和纪录片上,因为她觉得从这些东西当中更容易感受到创作者对人、对生活的真诚关切,从而给创业带来灵感。

对这次探索之旅,J最大的期许就是想知道M星可否为她指明一条"不被算法、套路和数据过度裹挟"的,更具手艺人情怀和真诚态度的人文营销之路。

虽然我不确定有多少朋友怀着与J一样的诉求,但在我看来,一个人的问题可以获得何种解答,不仅取决于问题本身,还取决于我们对答案的渴望。用心去探索,满怀期待地去体会,我相信,无论你的提问看上去多么普通,所获得的答案也一定会别具深意、与众不同。

09

创业起点　价值发现

欢迎大家搭乘"宇见营销号"游轮！随着营销大航海的正式开启，现在，在船只右舷，M星天空第三颗"月亮"（M星天然卫星之一）的指引下，我们正"披星戴月"地穿越洋面，驶向J字海沟所属的海域。

J字海沟是此次探索之旅的第一站。从航海地图上看，它位于M星南半球的海底，根据提示，这里隐藏着与"寻找价值发现，定义品牌核心价值"有关的营销智慧。因此，我们对该区域的探索，在整体上对应着SDi方法论中的"发现"环节（如图2-2所示）。

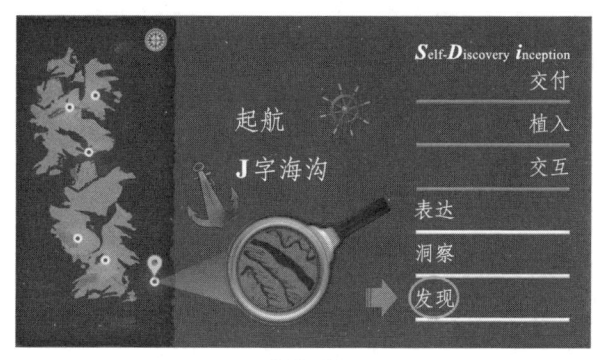

图2-2

大家或许会好奇,为什么J字海沟会隐藏着与价值发现有关的营销智慧呢?对照航海地图中的线索提示,由于价值发现是品牌至关重要的根基,因此,这方面的营销智慧也被M星人有意识地隐藏在了这颗星球的海底最深处。

什么是品牌的价值发现?简单来说,它指的是创业者对自己的品牌"要为什么人创造什么价值"这个问题所获得的内心发现及所形成的深刻意识。也可以说,所谓价值发现,其实就是创业者、品牌决策者对自己品牌的"核心价值"是什么,在经过一番探索后所取得的发现和给出的定义。

创业始于寻找价值发现,这个观点与很多人的直观理解不同。谈到这一点,我想起在过去,每每询问创业者"你觉得创业是从哪儿开始的?",得到的回复多数是"创业嘛,当然是从琢磨产品开始的,把产品想清楚了,一切问题都会迎刃而解"。这种回答虽然不能说有什么错,但在我看来并未接近本质,因为从根本上说,用户需要的其实并非产品,而是蕴藏在其中的价值。因此,更好的回答应该是"创业是从思考自己可以创造何种独特价值开始的"。

关于这一点,在上一版《洞察力》中,我们就援引过彼得·蒂尔在《从0到1》当中的一句话:"所有成功的企业都是基于鲜为人知的秘密创立的。"在我看来,这个"秘密"就是品牌的价值发现,它是品牌差异化的根基,是竞争对手一时难以意识到,或者就算意识到了,也很难比你做得更好的品牌精髓。这个"秘密"被发现之后,行业人士就喜欢将其称为品牌的"核心竞争力"。

每个成功品牌都拥有与众不同的价值发现,也就是自己的"秘密"。如何才能了解这些"秘密"呢?这就引出了本节的另一个话题点——"营销考古学"。

"营销考古学"是我们对"如何向成功品牌学习"的一种态度。具体来说,在行业中,对于"究竟要不要学大品牌"这个问题,我们的看法是,由

第二章 起航"发现"之旅

于创业公司与大品牌在体量、所处阶段及竞争环境等诸多方面都存在明显差异，因此，如果贸然学习其现在的营销做法，很可能会非常危险。

那么怎么学才更科学呢？在我看来，正确的做法是，用一种"溯源"的思路去关注成功品牌在和你的企业一样弱小时，尤其是在品牌初创期，它们获得了怎样的价值发现，又在此基础上做对了哪些事情。这就是我们更加主张的，用"营销考古学"的思维去学。

聊到这里，游轮上响起了悦耳的铜铃声，提示着我们已经抵达了J字海沟，下面请和我一起带上专业潜水装备，沿着海沟两侧的峭壁一路下潜，前往尘封多年的海底营销世界做些钩沉考据。让我们一起去看看，能否用"营销考古学"成功发掘一些知名品牌的早期"秘密"吧。

10

营销考古学特别行动

本次"J字海沟—营销考古学"特别行动将从我们熟悉的品牌——星巴克开始。

在上一版《洞察力》中谈到价值发现的相关问题时，我们曾将星巴克作为研究对象，并谈到该品牌的价值发现源于管理者对意大利咖啡市场的一次深入体验。对此，星巴克CEO霍华德·舒尔茨曾在其自传《将心注入》中这样写道：

"就在那一天，我发现了意大利咖啡吧的仪式感和浪漫风情。它们是如此普及，如此美好生动……你的周围都是动人的音乐节奏，意大利歌剧正在上演。你可以听到人们初次见面时彼此间的招呼……那些咖啡吧，给大家提供的是一个舒适的、社区似的、从家庭扩展出去的空间……当看着这一切时，我心里产生了创新性的念头。"

简单来说，通过这次咖啡之旅，舒尔茨获得的价值发现是：该品牌应该为顾客打造一种精致、浪漫的享用氛围，且带有前工业时代手工艺特征的咖啡体验，并积极赞美人与人之间的亲切社交，以及那份由咖啡勾连着的亲密情谊。舒尔茨所定义的品牌核心价值，使得星巴克能够区隔于美国人过去那种每天几大杯寡淡速溶咖啡的生活方式。而这恰恰就是我们上一节所说的成功品牌的早期"秘密"。

不过在上一版《洞察力》中并未将上述研究推进得更深入，没有谈及这种价值发现是如何影响星巴克日常经营的，而一旦脱离了这种"发现"，背离了品牌核心价值，情况又会怎样？这就是今天"考古"时所要补学的功课。

就像打开了历史的放映机，透过J字海沟峭壁上五光十色的"时空幻镜"，我们无意中瞥见了星巴克在21世纪第一个10年里的经营情况。穿越时空的回放让大家看到，彼时的星巴克在增长欲望的驱动下，曾一度采取了许多激进举措。例如，引入自动化咖啡机，并使用预先研磨的咖啡粉来制作饮品。这些改变不仅导致产品口感下滑，而且令顾客不再饶有兴趣地观看咖啡制作过程，同时，咖啡调配师与顾客间的亲切互动也大受影响。

更严重的是，为了追求业绩，星巴克还将加热的三明治等食品，甚至唱片等商品，也扩充到自己的销售范围之中。这不仅影响了品牌标志性的咖啡香味，降低了运营效率，破坏了优雅惬意的门店氛围，更冲击了"咖啡权威"的品牌形象。一系列与品牌核心价值渐行渐远的举动，最终导致星巴克业绩下滑，步履维艰。2008年的全球金融危机，更是给其经营蒙上了一层阴霾。

也是在2008年，眼看着大厦将倾的舒尔茨不得不重新掌舵，对品牌进行"回归核心价值"的大力整顿，具体措施如下：调整产品结构，重新向咖啡聚焦；加强咖啡新品研发，让员工重新接受咖啡培训；恢复使用现磨咖啡豆，令久违的咖啡香味、新鲜口感和浪漫氛围回归，等等。在舒尔茨的有力举措下，星巴克的业绩开始明显好转。

一个有趣的现象是，就像失而复得的东西往往会让人更加珍惜一样，重新回到正轨后的星巴克，对呵护品牌核心价值似乎也变得更加在意了。

近年来，我们注意到该品牌的一项重要举措，就是在普通门店之外，其还推出了不少带有"R"字标识的臻选门店。在这类门店中，顾客不仅能品尝更为小众的咖啡豆，近距离观看咖啡制作过程，还能体验到与众不同的门店空间设计。臻选门店的策略，在我看来恰恰是星巴克对自己核心价值中手工艺性与人文属性的加强。

还有一些我们熟悉的小细节，如在门店内放置一些方便顾客自行挪移、拼接的桌椅，以及店员会在杯子上写下顾客姓名，由此创造出些许轻松互动等。凡此种种，都是对"亲切社交"这一品牌核心价值的巩固。

不知道通过这次"营销考古学"特别行动，大家都从星巴克的历史中领悟到了什么？以下是我个人体会较深的几点。

首先，星巴克在21世纪初的那段至暗时刻，清晰地展现了价值发现在品牌经营中的重要地位，任何偏离品牌核心价值、动摇品牌根基的举动，都有可能招致灾难性的后果。同时，它也再次印证了对品牌来说，所有事情都可以变，但核心价值不能轻易改变的商业原理。

其次，星巴克的故事告诉我们，品牌打造者一个很重要的责任就是，为品牌明确地定义出自我核心价值，同时必须在经营中持续呵护和坚决捍卫这种价值。

最后，结合对疫情等不利商业因素的思考，以及通过对2008年国际金融危机下的星巴克展开讨论，我还得到了一层意义特殊的启示，那就是尽管品牌有时候难免会受到一些不确定因素的影响，但那些敢于坚守核心价值，积极寻求用创新方式来接续品牌核心价值的企业，往往更容易走出困境。星巴克用自己的经历证明了这一点，相信大家也同样有能力做到。

11
许下你的第三个愿望

回首过去，我们付出了许多努力，很多时候无非是为了更好地看清自己，成就理想中的自己。

其实仔细想想，品牌也是这样。品牌想要达成理想状态，同样需要先看清自己，看清自己要为用户创造的价值。这就是我们一直在讨论的"价值发现"。

在SDi方法论中，价值发现是所有营销环节的根基——"洞察"是为了探索"发现"，"表达"是为了呈现"发现"，"交互"是为了沟通"发现"，"植入"是为了让"发现"深入人心，"交付"是为了优化用户对"发现"的体验。从这个角度来看，营销的所有事其实只是一件事，那就是要在品牌的每处细节中贯彻价值发现。

现在，在对价值发现有了一定了解之后，让我们一起来探讨关于如何获得"发现"的问题。

创业者如何获得价值发现呢？熟悉SDi的朋友肯定会说，应该通过"洞察"来寻找"发现"。对这个说法，我当然是百分之百赞同的，不过在这里还想提醒大家一点，那就是不要在这个过程中忽略了"我"这个前提。

这么说是什么意思呢？其实请大家静下心来想想看，你为什么选择某个创业方向，而非别的方向？为什么你会关心某类用户需求，而非别的需求？为什么你想做某类产品，而非其他产品呢？在这些背后，不都是"我"在起作用吗？如果没有把自己的兴趣、爱好及愿望代入创业，那么我们创建的品牌，就会像一个冷冰冰的商业工具，这样的创业方式在我看来是不值得采纳的。

更进一步说，创业者对品牌核心价值的发现，诚然会源于对用户需求的深刻洞察，但我们也不应该忽视了"自己"，忽略了"我想给世界带来什么"这个前提。星巴克之所以能发展成"咖啡帝国"，离不开舒尔茨对经营咖啡店的热情；乔布斯时代的苹果之所以独步天下，同样离不开乔布斯对伟大科技产品的执念。实际上，在每一个成功品牌的价值发现当中，我们是无法将创始人的"初心"剥离出去的。

"初心"是一个内涵丰富的概念，它指向了我们的某种愿景，某种内心冲动，像是感受到使命召唤般跃跃欲试，使我们有想要去做些什么的内在渴望。SDi方法论中经常会提到"Self-Discovery"（自我发现），其实也是希望提醒大家，寻找价值发现一定要先"向内看"，从聆听内心并充分感悟自己的"创业初心"开始，只有经过这一步，我们的脑海中才更容易迸发出有内在生命力的创业构想。

说到这儿，我还想借机回答一个过去曾被问到的非常有代表性的问题——既然SDi方法论主张通过"洞察"来寻找"发现"，那为什么在SDi方法论中，不是"洞察—发现"这样的顺序，而是"发现—洞察"呢？

通过上文的介绍，相信大家已经能在一定程度上理解，其实对创业来说，并非一开始就能洞察，如果没有创业构想，"洞察谁呢？""洞察什么呢？"连最基本的洞察方向也不会有。换句话说，洞察也是需要有指引

第二章 起航"发现"之旅

的，只有通过内心聆听，感悟到自己的创业初心，形成初步的创业构想之后，才能据此开展洞察。

因此在我看来，创业者获得价值发现的过程，更像一个基于自己的初步"发现"（创业构想），通过用户洞察，去印证、调整，甚至推翻初步的创业构想，最终获得一个新"发现"的过程。在此过程中，向内的自我发现和向外的用户洞察，彼此环抱，相互启迪，恰如最终达到平衡的"阴阳"，不能顾此失彼。品牌价值发现的过程需先自下而上，由我及人，再自上而下，由人及我，循环一次或多次，最终让创业者获得内心笃定的"发现"。这就是"发现"在前，而"洞察"在后的原因（如图2-3所示）。

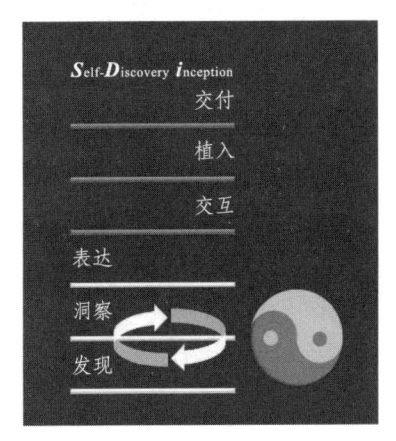

图2-3

以上讨论了寻找品牌"价值发现"的大致脉络，并强调了创业初心的重要性。最后，为了让大家对创业初心有更多的思考与感悟，我还想邀请各位到"宇见营销号"的甲板上参加一个"心愿放飞"的小活动。

在参加这个小活动时，请大家在纸上先写下三个愿望，然后把其装入祈愿灯中放飞大海，让这颗美丽的营销星球——M星，来保佑大家的心愿都能实现。此外，在写下最初的三个愿望之后，你还可以再想一想，并有一次修改愿望的机会。

现在就请拿出纸和笔，把自己的心愿写出来吧。写完之后，再看看是否需要做出调整。

/心愿放飞活动时间/

都写好了吗？现在让我来猜猜看，你心中的愿望会是什么。

你的具体愿望我显然无从得知，不过我大体上能猜到的是，当你第一次写下三个心愿时，它们或许都是一些你迫切想要实现的个人愿望。

但是，当第二次考虑自己的心愿清单时，从过去的经验来看，一些人会悄悄地将他们的第三个愿望修改成一个有"利他"属性的心愿——或许是希望人们免受疾病困扰，或许是希望生态环境变得更好，或许是让流浪动物得到保护，等等。无论具体是什么，这个愿望都体现了许愿者渴望为他人、为世界解决一些麻烦，以及对未来充满某种期待。

如果你的情况恰好是这样的，那么当你某一天准备创业时，在探寻品牌价值发现的过程中，请不妨多想想今天这个游戏中自己许下的"第三个愿望"。

12
左脑品牌与右脑品牌

将时空指针重新拨回1997年。有这么一天，一个男人正慵懒地半躺在自家沙发上，双手无意识地摸着什么。突然，他从一摞杂志下抓起了一盘逾期未还的"阿波罗十三号"录像带，一想到可能要交的罚金和老婆那刀锋般的眼神，他顿感万分沮丧。随后他心生一念：为什么影片租赁业务不能采用互联网会员模式来经营呢？在经过一番写写画画后，一家名为Netflix的公司诞生了。这个男人正是Netflix的创始人——里德·哈斯廷斯。

Netflix这个广为流传的创业故事和前面"第三个心愿"的小活动，都是想向大家说明，当你内心萌生了解决某个问题的冲动，并形成了初步构想时，就一定要善待内心这颗"种子"，说不定某天它就能长成参天大树。

如果说创业构想是价值发现的"种子"，那么用户洞察就是给"种子"浇水的过程，从而使创业者能够印证、充实（也可能是调整，甚至推翻）自己的早期构想，进而生成更加成熟的有关品牌核心价值的意识。这就是前面所说的价值发现的过程。

那么，具体怎么"浇水"，怎么做洞察，才能获得足够好的价值发现呢？这是后边R记大峡谷（本书第三、第四章）将要介绍的内容，这里暂不展开。但现在，我们必须先把做这件事的逻辑结构向大家交代清楚，以便为后边的探索做好铺垫。具体而言，既然说价值发现是创业者对品牌核心价值的发现与定义，那么它应该符合什么标准？或者说，合格的价值发现应该包括哪些要素？为了获得这些要素，应该从什么方向开展洞察？下面，我们就来探讨这样几个问题。

首先，承接上节谈到的，探索价值发现是要先"向内看"，提出创业构想；再"向外看"，洞察用户需求。现在，为了讨论价值发现的构成，我们就需要聊聊用户需求了。

用户需求主要有两大类，一类是用户的功能需求或者说理性需求，以下用英文"function"（功能）的首字母"F"表示，例如，我们在购车时，会留意汽车的各项性能数据；另一类是用户的文化需求或者说感性需求，它涵盖了用户在精神、情感、心理等方面的需求，以下用英文"culture"（文化）的首字母"C"表示，例如，在购车时，消费者也会留意品牌的态度、调性等感性表达，有些个性突出的购车者，常常会被MINI这个品牌"我行我素，特立独行"的文化调性所吸引。

"F"与"C"这两类需求从根本上决定了我们可以为用户创造的两类价值——理性价值与感性价值，或者说功能价值与文化价值。因此可以说功能价值（F）与文化价值（C）就是品牌价值发现当中的两个核心要素。

对于"F"与"C"这两个要素，如果创业者能通过用户洞察，发现自己可以创造的独特价值，并且能将"F"与"C"完美融合，那么就可以认为自己获得了理想的"发现"。否则，我们至少应该在其中一个方面意识到自己可以实现的差异化，只有满足这个最低条件，才能认为自己的价值发现是合格的。

搞清楚了这一点，我们也就搞清楚了"如何用洞察来寻找发现"（洞察—发现）的关键脉络，那就是要分别洞察用户的功能需求与文化需求，从而让自己形成涵盖"F"与"C"的品牌核心价值意识（相关方法，让我们一起期待R记大峡谷的探索）。

在现实中，由于行业、品类及创业者自身情况的不同，品牌价值发现的差异也是很大的。事实上在价值发现中，能完美兼顾"F"与"C"的品牌是不多见的。更普遍的情况是，多数管理者都会侧重于以其中之一（尤其是"F"）来定义品牌核心价值。

更具体一些来看，在今天的商业世界中，存在着这样两类品牌。其中一类对用户需求的理解，乃至对品牌核心价值的定义，会更多地基于功能角度，我们把这类品牌称为"左脑品牌"，它们是以功能创新驱动增长的品牌。

与之相对的，还有一类品牌会更多地从文化视角来理解用户需求并定义品牌核心价值，我们把这类品牌称为"右脑品牌"，它们是以文化创新来驱动增长的品牌（左、右脑品牌划分的灵感，源于脑科学研究中的"左右脑分工理论"。相关研究认为，人类左脑负责理性思维，右脑负责感性思维）。

左脑品牌常常是新技术、新模式的率先实践者，从谷歌到特斯拉，这类品牌在科技领域最为普遍。左脑品牌从功能视角理解商业的思维特征，以致于其创新方式也常常表现为对功能优势的持续提升。像3M、戴森这类品牌，总能凭借强大的研发能力在产品端不断推陈出新，就表现出非常明显的这一特征。

从国内的商业实践来看，近年来，喜茶就是一个比较典型的左脑品牌。在创业早期，通过推出芝士茶，该品牌开创了一个以产品新颖、种类更新快、用料时令性强、包装精致、门店装修有档次为典型特征的新茶饮品类，给顾客带来了与街边奶茶店全然不同的体验。

又如，在构思上一版《洞察力》的2016年前后，我做了几个烘焙品牌的策划案。当时我通过调研发现，有一种将传统欧式面包的外观与国内消费者偏爱的松软口感相结合的软欧包，其正是那些年烘焙市场上刮起的品类旋风的代表。在华北、华南市场上分别崛起的原麦山丘、奈雪的茶等品牌，都在一定程度上借到了这阵"东风"。由此可见，进行技术与品类创新，常常是左脑品牌切入市场的一种主要方式。

上文探讨了左脑品牌，下面来介绍右脑品牌。

与功能创新驱动的逻辑不同，右脑品牌通常都不是新技术、新模式、新品类的开创者。这些品牌往往是在一个既有品类当中通过塑造一种全新的品牌文化来实现增长的。

举例来说，请大家回忆一下，在上一章"营销世界的五位智者"这部分，我们提到了道格拉斯·霍尔特。在他看来，耐克就是一个通过文化创新而成长为世界级品牌的典型。

霍尔特曾大胆指出，耐克的成功并不是因为创造了"更好的跑鞋"。早期的耐克、阿迪达斯等品牌，在功能上可以说难分伯仲，耐克之所以拥有巨大魔力，还要归功于它创造性地提出了"JUST DO IT"的口号。

在霍尔特看来，"JUST DO IT"完美迎合了那个时代人们的精神向往。该口号于20世纪80年代提出，从美国当时的社会文化背景来看，"二战"后经济蓬勃发展的势头逐渐远去。这一时期，很多美国人开始意识到，过去那种花园野餐般的好日子要告一段落了，勤勉与拼搏的意识又开始复兴。正因如此，慢跑运动开始变得流行起来。

耐克敏锐地捕捉到了这一契机，并借由"JUST DO IT"来表达："无论你是谁，处于什么状况，拥有怎样的社会地位，你都可以像运动员一样，依靠个人拼搏来激发潜能、改写人生。这不需要什么理由，只要你立刻付诸行动！"这就是"JUST DO IT"的精神内涵。通过将体育赛场上的拼搏精神指向人们的现实生活与向往，耐克比其他运动品牌更好地建立了与顾客的情感联系。

第二章 起航"发现"之旅

上述案例启发了我们，右脑品牌的创新逻辑就在于，通过文化需求洞察，让品牌顺应顾客对某类"意义"的追寻。因此，尝试这种创新方式就要求我们思考自己可以在消费者的"固有人生剧本"中扮演何种"新角色"。

国内近年来的营销实践中，也有不少成功的右脑品牌涌现。江小白、内外都是这方面的典型。

以江小白这个品牌为例，过去，我曾多次和大家讨论其产品口感，得到的反馈见仁见智。但毋庸置疑的是，当谈到江小白时，大家普遍觉得这个品牌是"有个性"的，是与其他品牌相比"挺不一样"的。

其实总结来看，江小白的成功并没有太多神秘之处，最重要的一点就是在白酒品类"享受尊贵人生"的文化主流之外，创造性地提出了"简单生活"的价值主张，在一定程度上缓解了当代年轻人普遍存在的紧张、焦虑情绪，迎合了他们向往真实、纯粹生活的感性需求。

再来看"内外"这个以"关注女性身体感受"为产品策略，并因其出色的"舒适性"而收获无数拥趸的女性内衣品牌。很多商业观察者曾将其视为一个凭借"产品体验创新"而快速成长的典型。

然而，我们看到的却是另一个更接近"品牌体验创新"的故事。通过社交媒体扫描，我们发现很多人提到"内外"时都会提及该品牌与众不同的态度。实际上内外在这个品类中，也正是在以一种"女性不该被大众审美束缚"的文化态度，对"性感至上"的品类主流观点表达着不同意见。

千篇一律的"完美身材"真的值得追求吗？内外给出了不一样的答案，它的文化拒绝迎合世俗评价，更鼓励女性"勇敢追求身心自在"。为了准确表达这一态度，其邀请杜鹃、王菲、谭元元代言，输出了不少与品类传统表达截然不同的内容。在我看来，恰恰是这些文化创新有力地促进了该品牌的增长。

为什么本节要用这么多篇幅来探讨左脑品牌与右脑品牌？这样做的初衷

是想提醒大家，功能价值（F）与文化价值（C）是构成品牌核心价值的两个关键要素。一个合格的价值发现，必须在"F"与"C"其中之一上，意识到自己可以实现的差异化。当然，如果能将这两者巧妙结合，这样的价值发现往往会更为理想（相关案例请见下一节）。

如果把今天的商业竞争想象成一次大航海的话，就我的观察而言，左脑品牌似乎早已习惯了在"功能红海"中竞争，却常常对"文化蓝海"的召唤视而不见。对于这类被自己的习惯限制了商业想象力的品牌，我衷心希望其管理者可以在文化创新的航道上考虑一下自己的商业策略能否变得更好。

13

CV=TFC

上一节我们通过左脑品牌和右脑品牌的讨论，介绍了品牌价值发现中的两个核心要素——功能价值（F）和文化价值（C）。这又引出了营销实践中的另一组"阴阳"——"FC"，它们分别代表营销中的理性与感性、技术与人文。

既然将"FC"比作"阴阳"，相信大家马上就能意识到，在营销实践中，理想状态应该是让这两者成为相辅相成的整体。具体而言，如果创业者能够基于"F""C"其中之一，意识到自己可以去开创的独特价值，那么就可以说创业者取得了价值发现，但很难说这种价值发现是最理想的。

怎样的价值发现才更理想呢？

答案是，如果创业者能通过功能与文化需求洞察，获得一个将"FC"完美融合的价值发现，那么此种价值发现就有可能是更理想的。如果仍然用"左右脑品牌"的比喻，相较于单纯的左脑或者右脑品牌来说，一个"F+C"的"全脑品牌"，通常会更强大。

在现实中，什么样的品牌称得上全脑品牌？所谓将"FC"完美融合，这个"融合"又该如何理解呢？下面结合案例来具体分析。

关于全脑品牌，我们来看一个大家熟悉的饮料品牌——红牛。在进入中国市场的早期阶段，红牛是一个典型的左脑品牌，因为它向顾客传播的始终都是"困了累了喝红牛"的功效信息。但是，随着"你的能量超乎你想象"的口号升级，该品牌开始向全脑品牌"进化"。因为此时红牛已经开始有意识地塑造一种充满能量、不断挑战自我极限的文化态度。

从红牛今天在市场上尤其是海外市场上的表现来看，一方面，该品牌会通过产品来满足人们补充体能的功能需求，创造功能价值（F）；另一方面，该品牌会通过内容与赛事赞助等方式来满足人们对"活力人生"的向往，创造文化价值（C）。不难看出，在红牛为消费者创造的价值当中，"F"与"C"是一种"你中有我，我中见你"、互为背书的关系。

以红牛为参照，不知道在大家心中将"FC"融合得最完美的品牌是哪一个呢？我个人认为做得最好的，是乔布斯时代的苹果。乔布斯对苹果的价值发现，完美地涵盖了"F"与"C"。这一点，从乔布斯重新回归苹果后，力排众议地推出了"Think different"广告这件事最容易看清。

乔布斯为什么要执意推出"Think different"这样一支完全不提及产品的广告呢？在推出该广告前的一次演讲中，乔布斯谈到，世界太嘈杂，一个品牌要想被顾客记住，就必须非常清楚自己想要让人们了解什么。对苹果来说，这个品牌的核心价值并不只是"创造了能更好工作的盒子"，苹果还代表着"相信充满激情的人可以改变世界"这一价值观，这才是"Think different"想要传递的信息。

通过这番谈话，再结合乔布斯的过往演讲，不难梳理出苹果的品牌核心价值，在功能层面对应着"创新的人文科技"，在文化层面对应着"用创造力改变世界"的文化态度。在该品牌理性与感性价值的关系中，大家会发现，"F"向用户说明了"买什么"，而"C"则阐明了"购买的意义"；或者说,"F"为"C"提供了"性能证言",而"C"则成为"F"的"态度宣言"。这两者相得益彰,构成了我们所说的更好"发现"。

乔布斯对营销的深刻理解,曾对我思考SDi方法论带来巨大启迪。在这里再告诉大家一个小秘密,即为什么我们会将大航海的首站命名为"J字海沟"。其实除了这个海沟本身是"J"字形的,还有一个重要原因,那就是要向乔布斯和他在那次演讲中谈到的"营销学讲的是价值观"致敬。因为这短短一句话,在我看来已经点破了品牌价值发现的奥秘——创业者不仅要思考产品功能,还要思考品牌的人文价值,然后凭借卓越的品牌文化、品牌价值观,与消费者建立起稳固的情感连接。

有了前边这些铺垫,下面和大家分享本书最为重要的一个知识点——由SDi方法论,为大家总结出的价值发现公式:

$$CV = TFC$$

在这个公式中,"CV"代表创业者要去探索的品牌核心价值(Core Value),即价值发现;"T"代表目标用户(Target Users);"F"与"C"分别代表品牌的功能价值与文化价值。价值发现就是创业者基于这三点,从创业构想出发,经过持续洞察所形成的综合意识。简言之,价值发现就是"TFC"的结合。

下面让我们更具体地探讨一下TFC三要素。首先,在探索价值发现的过程中,创业者一定会遇到"我们要服务于谁"这个基本问题。正所谓"各花入各眼",由于不同用户对"价值"的理解差异极大,因此,在现实中,我们是不能脱离了"为谁"这个前提,来谈论品牌核心价值的。换句话说,只有明确了目标用户——"T",完成了用户画像,品牌的价值发现才能变得完整(用户画像的相关方法,将在"R记大峡谷"部分重点探索)。

其次,对于"F"与"C",前文已多有介绍,在此不再赘述。不过为了方便记忆，我想或许可以用"从哪里来，到哪里去"这句话，对这两个要素予以补充概括。

具体来说，"从哪里来"（F）是创业者对自己要为用户解决什么问题，创造何种功能价值的思考；而"到哪里去"（C）则是要回答基于这样的功能，品牌要去激发何种文化精神、要和用户一起去追求什么。以此观之，"价值发现"其实就是创业者对品牌"从哪里来，到哪里去"的内心答案。

至此，通过一连番航海探索，我们又在J字海沟的漫漫沉沙中惊喜地找寻到了一支失传已久的"价值发现之锚"，如图2-4所示。

图 2-4

在英文中，"锚"（anchor）与"角"（angle）同源，一支锚最重要的就是它的三个角，因此，在我看来，这支"价值发现之锚"带来的启示就在于，想要获得珍贵的价值发现，准确锁定理想的品牌核心价值，我们就必须基于以"T"为中心，以"F"和"C"为两翼的"铁三角"结构来思考，三者缺一不可。

另外，"anchor"作为动词，在英文中还有"下锚""固定"之意，所以，"价值发现之锚"还似乎暗示着大家只有尽早确定品牌核心价值，才能相继确定各项营销工作，才能避免品牌随波逐流，在纷乱的商海中始终保持自己的定见与远见。

14
价值发现随堂考试

解锁了价值发现公式,又得到"价值发现之锚",值得庆祝的是,现在我们已经基本完成了对SDi方法论首环节——"价值发现"的探索了。下面结合图2-5,让我们来对寻找价值发现的过程进行一次简要复习。

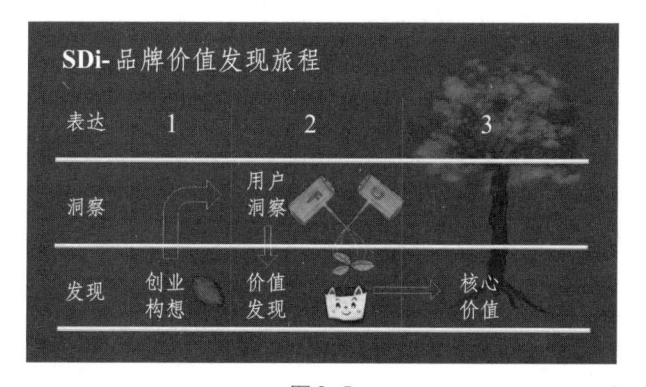

图2-5

细心的读者可能已经注意到了,图2-5是对SDi结构中"发现""洞察""表达"这三个环节的局部放大。图2-5将探索品牌价值发现的旅程总结为三个阶段。

> » 在第一阶段，当创业者内心萌生创业构想时，应该先尝试将其变为具体描述。
>
> » 带着这样的"初步发现"来到第二阶段，创业者应该从功能需求与文化需求两方面，迅速跟进用户洞察，这就相当于从"F"与"C"两个方向给创业构想这颗"种子""浇水"的过程，以使其能够"长成"完整的价值发现。在图2-5中，我们用"新芽"来代表创业者通过洞察获得的"发现"，同时用它的三片叶子来代表一个理想"发现"应该涵盖的"TFC"三要素。
>
> » 在第三阶段，当品牌的价值发现，即品牌核心价值稳定下来时，它就会成为品牌的根基，帮助品牌在"表达"层结出产品、内容等丰硕果实。

完成了对"价值发现"的学习，接下来，大家是不是可以去放松海钓了呢？还不行！因为下面就到了作为船长的我来检验大家学习成果的时间了。为了达到这个目的，我特意在"宇见营销号"游轮上准备了一次随堂考试，希望以此加深大家对"价值发现"的理解。

考题——你品牌的"价值发现"是什么？

这次随堂考试的题目非常简单，就是让大家试着写写品牌的价值发现是什么。

首先，如果你是品牌的创始人或者高管，那么，请根据你对前文内容的理解，试着将自己心中的"价值发现"写出来，换句话说，就是请你来谈谈"自己品牌的核心价值是什么"；其次，如果你是公司职员，请尝试写出你所就职公司的品牌核心价值；最后，如果你是乙方从业者，则不妨将某个客户作为对象，来归纳其品牌核心价值。总之，在回答此问题时，请将一个与你

第二章 起航"发现"之旅

关系最密切的品牌作为思考对象。在完成答题后,我还将提供四条标准,帮助你检验自己的回答质量。

小提示:请在写好答案后,再来阅读下面的内容。

好了,看到这里,相信你已将答案写好,接下来请对照以下四条标准来评估一下自己的学习效果吧。

标准一:你的价值发现指向了"用户价值"吗?

过去,当向企业管理者询问他们对品牌核心价值的定义时,经常会听到这样一类回答——"我们的核心价值是诚信、严谨与创新。"

显然,这并不是我们所探讨的"价值发现",因为这类表述所指向的是企业的商业价值观,而我们所说的"价值发现"是指"待创造的用户价值",是品牌提供给用户的理性与感性价值。如果你写下来的内容符合这一标准,那就拿到了本标准所对应的25分;否则,请根据自己回答的偏离程度,在25分之内酌情扣分(满足此条件的价值发现,请参考标准二中的举例)。

标准二:你的价值发现涵盖了"TFC"吗?

根据"CV=TFC"的价值发现公式,现在请检测一下你写下来的品牌价值发现是否包含目标用户(T)、功能价值(F)和文化价值(C)这三个要素。

以下是我概括的星巴克早期的价值发现,为大家提供一个结构性参考:

"星巴克致力于为都市白领,尤其是活跃在城市中心地带的时尚、创意群体(T),提供一种具有前工业时代手工艺性的,融合了精致口感与浪漫氛围的咖啡体验(F),同时在文化层面,倡导人们品味优雅从容与人文之悦,并始终心怀他人,不忘连接彼此(C)。"

对很多初次创业的朋友来说,在定义品牌核心价值方面,我发现大家最容易犯的错误就是一上来就高谈阔论产品,却忽视了"产品要服务于谁"这个基本问题。对此,我时常会想起史玉柱说过的:"营销,首先还是要想清楚你要销给谁。"离开了"T"的"FC"是无源之水、无本之木,希望大家在撰写品牌价值发现时不要忽略"T"这个要素。

另外，还有一个定义品牌核心价值的常见错误是，大家常常会忽略品牌核心价值中的"文化"部分，从而导致在价值发现中"只见功能，不见精神"；只看到产品对人的现实意义（F），而看不到品牌对人的理想意义（C）。

对那些不擅长进行这类思考的管理者，我经常会建议他们，可以试着问问自己——如果把我们的产品想象成一种"道具"，那么，我们的消费者会用它来体验什么？表达什么？追求什么？

例如，消费者可以通过可乐来感受"自由畅快"；通过Keep来体验"自律自由"；通过MUJI来玩味"这样就好"；通过MINI来追求"与众不同"。其实只要静下心来想一想，我们就能意识到，几乎所有优秀产品都是消费者体会某种意义的"道具"。从这个角度来看，你的产品又指向何种意义呢？

如果你的答案完美涵盖了"TFC"三要素，那么你就拿到了此标准所对应的25分。否则，请根据自己所忽略的要素，在25分之内按比例扣分。

标准三：在你的价值发现中，"F"与"C"彼此呼应吗？

在品牌价值发现当中，"F"与"C"应该彼此呼应，相互贯通。例如，某汽车品牌在功能层面强调"驾驶乐趣"，在文化层面探讨"驾驭人生"，这两者就能够相互支撑，彼此增益。相反，一个在功效传播方面始终强调"激发澎湃动能"的汽车养护品牌，在感性宣传方面却一直围绕着"悠享生活，岁月静好"讲故事，这样的"F"与"C"，就难免会让人觉得有些割裂。

产品是消费者体验意义的重要媒介，因此，当产品功能与品牌文化完美契合时，才能唤起消费者的品牌认同。从这个方面来说，希望大家在思考品牌核心价值时注意"F"与"C"的一致性。如果你在这方面做得很好，那就可以获得本标准所对应的25分；否则，请根据自己的回答情况酌情扣分。

标准四：你的价值发现表述是一碗"形容词鸡汤"吗？

价值发现必须基于坚实的用户洞察，品牌的核心价值定义一定要简洁、清晰、言之有物。成功品牌的共同点是，其价值发现总是包含对社会文化与消费者需求的深入洞察。

例如，通过阅读无印良品的传记，我们会发现该品牌早在20世纪就发现了日本消费市场日趋理性的趋势，因为当时已经有一些消费者开始意识到，不断追求物质占有的生活方式，反而容易带来更大的空虚感。此时，这些消费者重拾"少即是多"的生活理念。无印良品"简洁、克制"的品牌文化，就是建立在这些洞察上的。

与此相反的是，很多企业对品牌核心价值的描述就像一碗充斥着华丽修辞，却毫无洞察可言的"形容词鸡汤"，常常夹杂着"颠覆""炫酷""超越""重构""前沿""极致""潮流""窒息"这类词语，以及大量的"时令热门概念"。

对于把品牌核心价值写成这样的管理者，我总是提醒他们，"形容词鸡汤"式的表述，对业务绝无半点儿好处可言，因为企业无法用这种唬人的表述来指导经营，更不用说用它来让员工和顾客感知品牌的价值和意义了。以此来看，如果本标准是25分的话，你会给自己的答案打几分呢？

通过以上各25分，合计100分的四条标准，现在请给自己的回答计算出一个总分吧！

15

巧避暗礁夜间特训

参加了上一节随堂考试的同学，请问你拿到了多少分？

如果得分在75分以上，那你就可以跳过本节了，能取得这样的成绩，证明你对"价值发现"已经有了较深入的理解。

如果是在75分以下，或者对那些想要对价值发现问题进行深入钻研的同学来说，那就应该深入地学习一下本节。因为今天，利用即将告别"J字海沟"，驶向下一个目的地——"R记大峡谷"这个时机，我们将展开一次"巧避暗礁夜间特训"，再从几个细节之处，来和大家谈谈探索品牌价值发现过程中可能会遭遇的几类"暗礁"，即几类常见误区。

误区一：混淆价值发现与价值表达

在营销实践中，分不清品牌的价值发现与价值表达，是大家经常会陷入的第一个误区。

对此，对照SDi结构图中"发现"与"表达"的位置关系，就很容易看清：价值发现是一个品牌最底层的，品牌决策者对品牌核心价值的内心意识，而当这种意识经过沟通，成为企业的内部共识后，不同团队通过品牌标识、口号、产品、内容等载体，将品牌核心价值呈现出来，这就是对价值发现所进行的价值表达，如图2-6所示。

如果把品牌比喻为一本书，那么，价值发现就是书的中心思想，而价值表达则是书的具体内容。例如，"推出有人文之美的科技产品，赞美改变世界的创造力"是苹果的价

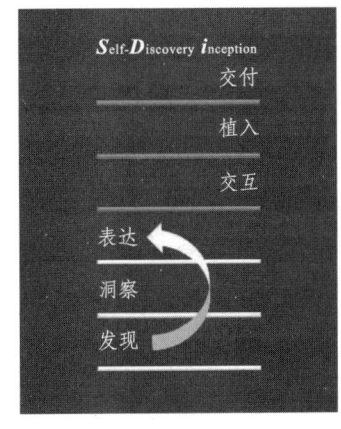

图2-6

值发现，而具体到"Think different"广告，以及苹果的一系列产品，则都是基于"发现"所进行的"表达"。

误区二：认为价值发现只能是"F+C"模式

虽然我们认为品牌价值发现最好能涵盖理性与感性价值，但是，如果说每个品牌的价值发现都必须符合这种"F+C"的标准，则又不免陷入"营销八股文"的教条思维中了。

在现实中，没有任何营销原则可以适用于所有情况，定义品牌核心价值自然也不例外。另外，在思考这件事情时，"品类"也是一个非常重要的考虑因素。

例如，对医药和科技产品来说，价值发现就必然侧重于功能，因为如果这类产品不能解决用户的实际问题，那么无论它在文化层面如何动人也不可能成功；相反，在零食、饮料这些品类中，由于科技的日新月异，导致用户在很多时候已经很难再通过单纯的口感、品质来区分品牌了，因此，品牌的

感性价值创新就变得更加重要。

不过，虽然我们认可在某些情况下，基于"F"或"C"单方面的"发现"就能成立，但如果管理者能多做些"F+C"的思考，其结果往往会变得更好。借用电影里经常出现的一句台词："理性与感性是互补的，两者分开的话，力量会小很多。"

误区三：认为价值发现始终不变

在品牌价值发现问题上，从业者容易产生的第三个错误认识是以为价值发现一旦产生，就会始终不变。在生活中，人们对同一个问题的看法都经常会变，管理者对品牌核心价值的看法又怎么会一成不变呢？

就像绝妙的点子一样，大家要记住，价值发现"没有最好，只有更好"。例如，有过创业经历的朋友应该深有体会：在创业之初，创业者觉得自己心中有了闪亮的"发现"，但是过了一段时间，这种"发现"就变了，并且往往会与自己之前的想法相去甚远。

对此，我回想起前些年在做一个社区连锁面包店的策划案时，我和客户花了很长时间，经过许多洞察研究，才意识到品牌核心价值并不应该是最初定义的——"提供方便营养的早餐"，而是"提供横跨全天的轻补给（F）"，同时悉心经营一种"用心相待每一刻"的幸福情绪（C），带给用户美食与心理上的双重满足。

与我们对事情的想法早期相对易变一样，在品牌初创期，价值发现的变化也会比较剧烈。然而，随着创业者对自己事业的理解日渐深入，或迟或早，常常会有这样一个"意念迸发"的瞬间，让他更深刻地意识到了自己要去追求的差异化，此时，品牌的价值发现就会稳定下来，并开始形成威力。了解到这一点，营销从业者要做的就是通过用户洞察，帮助决策者更有效率地探索价值发现，努力缩短其获得过程，让品牌核心价值能够尽早确定。

另外，虽然价值发现会变，但成熟、卓越的价值发现通常会蕴含某种不易变的特质，这恰恰可以成为判断价值发现"质量"的一条标准。参考苹果的"创造力"、MINI的"与众不同"、Keep的"自律精神"，大家会发现，它们几乎都在"时代性"与"永恒性"之间求得了平衡。换句话说，好"发现"一方面会切中当下普遍存在的社会焦虑；另一方面又能反映出人类长久以来某种根深蒂固的内在渴求。只有这样的"发现"，才更有机会为品牌提供长远指引，助力品牌实现基业长青。

误区四：认为"发现"就是"定位"

SDi方法论中的"发现"并不等于定位理论中的"定位"，关于这两者，在上一版《洞察力》为大家梳理过三点差异的基础上，再补充如下一点。

定位理论是一套非常理性的，强调与竞争对手采取差异化"定位"的营销思维。与之不同的是，SDi强调在探寻价值发现的过程中，品牌创建者要更感性一些，更关注自己想给世界带来的变化，不能被竞争思维与胜负心影响太多。之所以会如此，是因为今天商业的第一要务已不再是如何击败对手，抢占市场了，而更在于如何创造性地满足用户需求、更新市场。创建一个品牌不是为了去击败谁，而是为了让用户的生活变得更好。从这个意义上来说，管理者的眼光更应该盯着用户，而非对手。

宝物解锁

J字海沟的探索接近尾声，回想这段旅程，当我们的游轮穿过M星浩瀚的洋面，伴着每次入湾出湾时的欢腾，在那些云兴霞蔚，红轮初现的清晨，大家手捧着热腾腾的咖啡，一边讨论着品牌的价值与意义，一边思考着这些与自己生活的关联，一起度过了非常难忘的一段时光。

本来以为找到"价值发现之锚"，已经是这段旅程中最大的收获了，然而，令人颇感惊喜的是，没隔多久，团队又意外获得了一支熠熠生辉的"发现之戟"，如图2-7所示。这件宝物是一组学员在参加"巧避暗礁夜间特训"时发现的。那天晚上，正当他们小心翼翼地转过一座冰山时，突然发现前方波涛之下，正隐约透出一轮轮金光……

有一个问题让我困惑——为什么我们会先获得"价值发现之锚"，又得到"发现之戟"？这究竟是冥冥天意，还是M星人的刻意安排？

左右端详着两件宝物，我

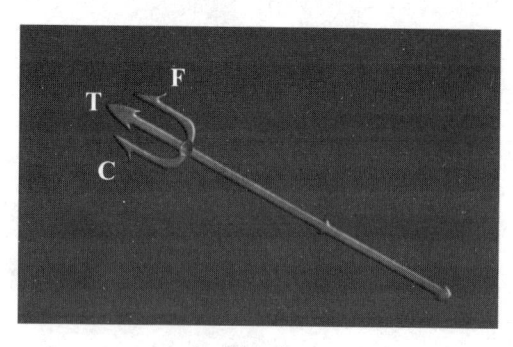

图2-7

恍然大悟，原来"锚"与"戟"恰恰是价值发现的两种状态。因为同为三个角的戟，其实就是锚的变体，从锚到戟，体现的正是价值发现从"内在探索"到"外在引领"的变化。更具体一些来说，当我们计划创建品牌时，只有先向下、向内完成价值探索，锁定品牌核心价值（"锚"的意象），然后才能向上、向外进行价值引领（"戟"的意象）。

我又联想到在古希腊神话中，海神波塞冬持有的就是三叉戟。在电影《海王》中，男主角"一路低开"，直到获得传说中的三叉戟，才得以强势崛起。从这些故事来看，我想"发现之戟"的获得，很可能是M星人希望借地球文明向我们传递一条消息，那就是一旦创业者心中有了涵盖"TFC"三要素的"发现"，就如同手中多了一支"TFC神戟"，就能够帮助品牌在自己的品类海域中推波斩浪，扬帆致远。

Chapter
03

第三章
探索"洞察"奥义（上）

16

来自智者的考验

　　施施而行，潺潺漫游，经过连续航行，现在，我们的游轮停靠在M星南半球的狭长海湾里，大家暂时告别"宇见营销号"，开始弃船登陆，继续向此次探索之旅的第二站——"R记大峡谷"进发，如图3-1所示。

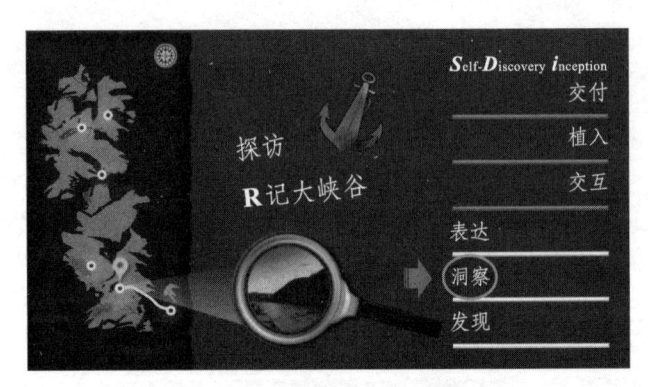

图3-1

　　作为这颗星球上最大的峡谷，R记大峡谷位于M星南半球中部。由于我们此次前往探索的时间正值M星上的暮春时节，所以，大家沿途所见到的

第三章 探索"洞察"奥义(上)

是一派生机勃勃的景象。从航海地图中的线索来看，R记大峡谷的景观比地球上的科罗拉多大峡谷还要壮美，这一点激起了大家的高昂兴致。当然，我们并没忘记，此行最重要的目的是在这里解锁与SDi"洞察"环节相对应的，有关"用户洞察"的营销智慧。

"理想很丰满，但现实很骨感"，就像学员小K的这句口头禅一样，谁也没想到，就在我们的团队到达大峡谷外围，正准备进入时，突然遭遇了不小的挑战。根据早前的研究，在当前这个位置，除了进入峡谷的入口可能比较狭窄，难以通行，这里应该没有别的阻碍才对。但不知道从何时起，在这个原本就狭小的隘口之处竟然还竖起了一道数十米高的石门，完全阻断了我们的去路。

正当大家一筹莫展之际，眼尖的学员突然发现，在石门右侧几块颜色略微不同的石块上，隐约镂刻着几行M星文和一幅图形，图形看上去像是一位背对着我们、身披斗篷的瘦削老者。我们将石块上的尘土擦拭干净，又手忙脚乱地找来翻译器，鼓捣了许久，才厘清头绪。原来，这是一位署名"迈及瑞"（音译）的M星人留下的话，大意是说，要想进入大峡谷内探索"洞察"的智慧，探访者就必须先将自己对"洞察"的理解写出来，以认知来交换认知……

迈及瑞是谁？为什么要我们写这个？写出来就能进入大峡谷吗？答案又如何交给他呢？在这一连串毫无头绪的问题面前，大家比刚才还要沮丧。

我看到大副J正双眉紧锁，沉思着什么，于是上前询问她是不是有什么线索。她告诉我们，别的情况暂不清楚，但这位"迈及瑞"大有来头。

"几个月前，我在研究M星资料时，曾了解过有关迈及瑞的记载，"J向我们介绍说，"从发音看，他的名字和地球上罗马神话中的商业之神墨丘利似乎有些渊源，而他本人则是M星上商业智慧最高的智者。虽然迈及瑞的名字在M星几乎家喻户晓，但其行踪格外神秘，没人知道他的确切年龄，对他的描述更是存在多个版本。比较主流的说法是，这是一位身材十分瘦小，前额长有七节触角的智慧老人。大家或许还不知道，得益于近似的生存环境，M星人和地球人十分相似，而最大的区别就是M星人前额长有触角，不过普通M星人一般只能长出两三节触角，能长出四节的就已经极为罕见了……"

"这位智者出现在这儿，究竟是要做什么呢？"大家迫不及待地追问。

"据我猜测，这很可能与考验相关，"J一边思索，一边回答道，"因为根据记载，在过去其他星球居民前来M星探索时，这位智者就经常会突然现身，用设置重重障碍的方式，迫使他们习得特定技能。另外，除了偏爱当头棒喝式的教学方法，还有记载显示，这位脾气火爆的智者专门训练了一只名叫'训迪'（音译）的动物，这是一种身有双翼，嘴似鸟喙，外形像猴的M星高等生物，我们不妨将其称为'飞猴'，来专门为他传递消息，考验学员。我能记得的大概就这么多。"

无论如何，大副J的说法多多少少让我们对当前的处境多了些头绪。最后大家商定，既然眼下很可能是来自智者的一次考验，那不妨暂且退出隘口，寻找平坦处扎营，先将我们对"洞察"的理解耐心梳理出来，再来看下一步该怎么办。

"好事多磨，也许这次考验，正是我们可以温故而知新的好机会！"

J的鼓励令众人的心情好了起来。

第三章 探索"洞察"奥义(上)

17

用户洞察的三大误区

勘察地形,选好营地,支起一连片帐篷后,时间已近傍晚,大家吃了些干粮,就点起篝火"围炉夜话",探讨起了有关用户洞察的话题。

什么是用户洞察?关于洞察,我们知道些什么?面对智者的考验,我想我们与其从讨论"洞察是什么"开始,倒不如从讨论"洞察的误区"开始,因为在很多时候,只有先拨开事物表面的迷雾,大家才能更好地看清其实质。

谈到用户洞察的误区,我的感悟是,相关工作易学难精的特点,导致很多从业者最初接触此类工作时,常常过于自信地按照自己的理解来做事,使用很多自以为正确的方法来做洞察,而这些对洞察的"误解"与"误用",有时甚至会比"不解"与"不用"对企业经营的危害更大。

若要深入讨论这些用户洞察的误区,如下三方面是值得大家高度警惕、引以为戒的。

一、将错误洞察的不良后果,归咎于洞察本身无用

洞察无用论,如今俨然成为行业中颇具代表性的一种论调,持这类观点

的人，往往会搬出一些看似无可辩驳的言论，如"乔布斯就从来不做市场调查"。然而，值得玩味的是，乔布斯其实还曾说过："我认为伟大的产品来自两方面的结合，科技方面和消费者方面，两者你都需要"。因此，在我看来，乔布斯所质疑的，其实是那些无法触及问题本质的平庸调查与错误调查。恰如我们平时经常听到的一句话——"如果你连问题都问错了，又怎能期待正确的答案呢？"

在真实的用户洞察实践中，提错问题、用错方法的情况，其实远比我们想象中的普遍。例如，在了解顾客需求方面，简单粗暴地询问"你想要一款怎样的产品"就是一个典型。这种问法之所以无效，是因为如乔布斯所言，在真正看到一款产品之前，消费者通常不知道自己想要什么。

又如，过去经常会有一些品牌方的朋友希望我帮他们看看调查问卷的设计，而每次我在粗略浏览时就能发现很多基础问题。例如，很多问卷都会在开头处询问用户的年龄、职业、收入等。对此，上一版《洞察力》就提醒过大家，这样做非常容易在调查之初触发受访者的隐私保护意识，导致他们很快放弃答卷。

与之相比，问卷中的逻辑瑕疵更为常见，例如，"您过去主要购买哪个品牌的啤酒？"从表面看似乎并无不妥，实际上却忽视了所谓"过去"，是指过去三个月、一年，还是更久？在那些涉及数字的问题中，如想询问用户对价格的心理预期，经常会看到"A. 50～100元；B. 100～150元"这样的选项设计，但假设用户的心理预期刚好是100元，那此时他是应该选A，还是选B呢？

凡此种种，实际上都暴露出在谈论更为精巧的洞察策略之前，很多足够基础的洞察知识还尚未被大家充分掌握；从浅到深，企业开展用户洞察的错误比比皆是。在这样的前提下，我们在洞察实践中犯了错，吃了亏，最后又将失败归咎于"洞察本身没用"，这其中的不合理是显而易见的。

二、单一途径，影响到全面洞察

对于用户洞察这件事，不得不承认，不同企业因为商业模式与自身情况的差异，在所依赖的洞察方式，以及开展用户洞察的难易程度方面，也必然是有差别的。

例如，在家具家装行业，一些国外品牌，其在进入国内后既没有启动电商，也没有开设太多直营店，而是采用经销商网络的销售模式。对这类品牌来说，开展用户洞察的难度会更高。这是因为，一方面，这类品牌没有电商数据可供分析；另一方面，有关用户画像、用户行为及需求的诸多信息，也会被各地经销商所掌握（然而经销商却很少主动分析这些数据）。在此情况下，这类品牌的营销策略就很容易被大型经销商的意见所左右。这就是我们所说的单一途径影响品牌获取全面洞察的一种情况。

又如，如今，许多决策者都对大数据十分着迷，但正如上一版《洞察力》谈到的：目前，大数据主要是一种以关注"现象"为主的定量分析工具，它在研究消费者是谁、做了什么、表现出哪些行为特征方面的确很有建树，但在研究消费者的态度、动机等方面还处于相对粗浅的阶段。另外，一些企业虽然拥有数据，但由于缺乏其他洞察手段的配合印证，其分析报告用某位专家的话来说，更像是在"呕吐数据"，纷繁的数字、图表，不加节制地堆砌，使管理者很快就迷失在了这片数据汪洋之中。

为了避免单一途径，阻碍品牌获取全面洞察，一方面，品牌必须积极构建自己直面消费者的洞察渠道；另一方面，无论经销商的意见还是大数据，只有将这些纳入更为全面的洞察体系，与其他方法一并运用，才能更好地发挥其价值，避免偏听偏信。

三、盲从传统而不思创新

虽然"洞察无用论"危害颇多，但是在用户洞察领域，对传统方式盲目尊崇、亦步亦趋同样不可取。随着用户洞察实践的不断发展，全新信息交互方式的不断涌现，我们的工作思路与方法也必须与时俱进。

举例来说，过去，大家或许都见过像电视剧《我的前半生》中那种传统的"焦点小组"调研方式——调研公司将受访者邀请到会议室里交流，而在隔壁房间，企业高管通过一面硕大的单向镜来"暗中观察"他们的表现。

现在，姑且不论这种调研方式对受访者是否足够友好，单从访谈效果上来看，在如此严肃的商务场合座谈，不仅会让那些不善言辞的人更加紧张，还容易导致一些受访者扮演专家，给出一些看似更合逻辑，却未必符合他们真实生活的"专业解答"。鉴于此，举办此类访谈时，要倾向于选择能让受访者充分放松的场地。

除了洞察方式，还有一个更重要的创新维度，就是用户洞察的研究范畴。具体而言，传统市场调查通常都会将关注重点放在研究消费者的功能需求方面。但是随着产品同质化加剧，品牌文化价值对消费者吸引力的显著提升，文化需求洞察的重要性也日益凸显。然而，如何洞察消费者的文化需求却是传统市场调查很少涉足的盲区。相关话题会在后文重点讨论。

18 究竟什么是洞察

经过对洞察误区的梳理，为了更好地延续讨论，接下来，我们不妨先来给用户洞察下一个简单的定义：用户洞察是通过一系列专业方法，获得对用户的深刻理解，从而为品牌解决特定问题的行为。

那么，用户洞察可以为品牌解决哪些问题呢？

借助图3-2中的SDi结构，可以看到，虽然品牌经营中的问题多种多样，分属不同层面，但是无论关注品牌核心价值的"发现"层，关注产品、内容的"表达"层，关注运营增长的"交互"层，关注品牌认知的"植入"层，还是关注用户体验的"交付"层，其实都有机会从洞察中获得指引。由此来看，用户洞察能为品牌全方位解决问题。

举例来说，大家不妨回想一下，在飞往M星的航程中（第一章07节），我们曾以商

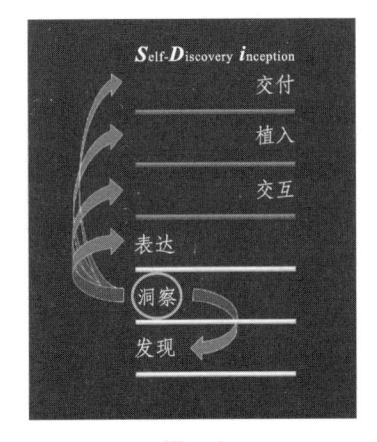

图3-2

业假想模式讨论过老王的稀豆粉品牌。作为品牌创建者，老王通过用户洞察发现：从功能角度，新品牌应该在过去这个品类太过廉价的基础上提供精致而具有创意的产品组合（F），而在品牌文化层面，则可以讨论"有巧思的简约美好"（C）。这一步其实就对应着图3-2中通过用户洞察，获得品牌价值发现，定义出品牌核心价值的工作路径（洞察—发现）。

在这种"发现"的指引下，假设老王的创业项目开局顺利，门店相继开设，各团队恐怕就要考虑如何借助洞察来解决本部门关心的问题了。

产品团队或许需要基于品牌战略，围绕着"精致+创意"的核心功能价值来开展菜品测试；而新媒体运营人员也应该针对"有巧思的简约美好"这一文化主题，通过洞察研究，持续发掘更容易打动消费者的内容（洞察—表达）。

更进一步地，假设老王的运营团队通过用户的媒介行为研究，优化了推广策略（洞察—交互），品牌部门借助顾客访谈，了解到品牌在顾客心中的口碑优势，然后通过传播予以了强化（洞察—植入），而负责用户体验的运营人员，则基于社交媒体上的顾客评论，改善了诸多服务中的不足（洞察—交付）。

从以上一系列操作中不难看出，正所谓"各在其位，各谋其职"，从管理者到执行层，每个工作岗位都有机会用洞察来解决自己关心的业务问题。

图3-3对图3-2中的逻辑进行简化，显示了虽然用户洞察可以为品牌解决的问题涉及上述诸多层面，但概括来看，无非如下两大类：

（1）向下服务于"发现"层的"战略型"洞察，这是为了寻找价值发现，定义品牌核心价值，制定品牌战略而开展的洞察。这类洞察的推动者，通常是品牌管理层。

（2）向上服务于"表达""交互""植入""交付"的"执行型"洞察，这是在品牌核心价值得到明确，即品牌战略确立后，为了实现更好的价值呈

第三章 探索"洞察"奥义（上）

现（表达）、价值沟通（交互）、价值认知建立（植入）和价值体验提升（交付）而做的洞察，具体工作涉及用洞察来优化产品、内容、运营、传播及用户体验等。这类洞察的推动者，通常是各业务部门。

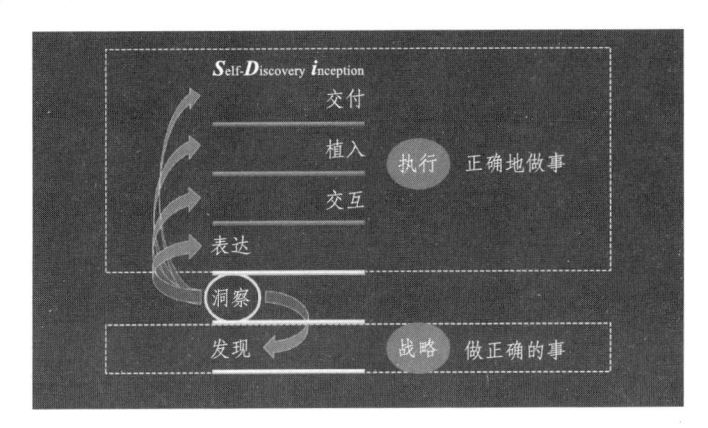

图3-3

如果说品牌经营是"好战略+好执行"，从"做正确的事"到"正确地做事"，那么用户洞察可以被理解为，为了辅助品牌走好这两大步而开展的一系列专门研究。

19

喜得五维洞察罗盘

此时此刻，夜色已深，湛蓝色的天幕之上，闪烁的群星如淘气的孩子般，围拢在M星的数颗"月亮"周围，好奇而充满稚气地注视着我们。不时有阵阵寒意袭来，大家在篝火边越聚越拢，但讨论问题的热情不降反增。

听了前边的讨论，大家也七嘴八舌起来，很多同学都基于本职工作，提出了像产品、市场、运营、销售这些岗位应该如何做洞察的问题。

仰望星空，我心中突然来了灵感，我告诉大家，就像M星天空中共有五颗"月亮"（M星的五颗天然卫星），分别指引着不同方向一样，用户洞察也可以被分为五个维度，它们分别是洞察用户的"属性""行为""认知""心理"和"需求"，每个工作岗位都有机会从这五个维度中获取所需的洞察信息。基于这五个维度来开展用户洞察，就是SDi方法论提出的"五维洞察法"。

下面介绍这五个洞察维度的大致情况。

用户洞察的第一个维度是用户属性洞察。这是因为在营销实践中，"做对事"的前提，常常在于先"看清人"，看清我们的用户，对他们的属性、特征获得尽可能充分的了解，也就是大家平时常说的"用户画像"。

第三章 探索"洞察"奥义（上）

　　用户洞察的第二个维度是用户行为洞察。在我看来，相关研究应该将"用户旅程"作为重点，需要沿着用户计划、挑选、购买、使用产品的完整链路，有针对性地分析其行为特征，同时注意挖掘用户行为背后的信息，从而为各方面工作提供指导。

　　用户洞察的第三个维度是用户认知洞察。在企业经营中，有经验的管理者都深谙一个道理——无论是界定品牌核心价值，还是做运营、传播，都不能与用户的认知作对。只有顺应认知，顺势而为，大家的工作才能产生更好的效果。要实现这一点，企业就必须有针对性地研究用户对特定品类、品牌的认知情况。

　　用户洞察的第四个维度是用户心理洞察。与用户的属性、行为、认知、需求经常会发生变化不同，用户心理可以被视为一个相对恒定的要素。今天的大众消费心理，其实是人类千百万年来经过漫长进化而形成的一系列心智规律。正所谓"人同此心，心同此理"，心智规律不仅普适于大众，而且在相当长的时间内变化极小。从这个角度看，所谓用户心理洞察，其实就是要充分了解与消费相关的用户心智规律，然后将它们分门别类地应用到不同层面的营销实践当中。

　　用户洞察的第五个，也是最关键的一个维度是用户需求洞察。需求洞察与其他四个维度上的洞察存在内在联系。一方面，由于用户需求与用户的身份地位、经济实力息息相关，受认知与心理影响，常常会通过行为表露在外，所以，其他四个维度上的洞察，都能在一定程度上帮助我们推导需求；另一方面，需求的复杂性与隐蔽性又导致仅仅通过上述推导是不够的，从理性需求到感性需求的挖掘，还必须运用一系列专属方法。但无论使用什么方法，需求洞察都是整个用户洞察的核心，因为用特定价值去满足用户需求，正是市场营销最根本的逻辑所在。

　　关于用户洞察的这五个维度，先为大家简单介绍到这里，至于每个方面的具体运用，将会在后文逐一展开①。

至此，关于用户洞察这个课题，目前我们所掌握的知识就算初步梳理完了。为了争取尽快通过智者的考验，大家又委托小K同学再辛苦一番，把这一天所讨论的内容详细整理一遍。

第二天一早，当众人尚在睡梦中时，突然听到小K帐篷的方向有人大喊："蝙蝠侠啊！"

原来，清晨时分，半梦半醒的小K突然感觉身边簌簌作响，帐内风声响动，睁眼一看，一个形如蝙蝠的影子正振翅而去，令他追赶不及。等小K光着脚，爬起来环顾四周时，才发现昨夜整理的洞察手稿已不翼而飞，角落里却多了一件东西，捡起来一看，竟是一支闪闪发亮、设计考究的罗盘，如图3-4所示。

图3-4

有趣的是，罗盘上英文字母标示的信息并非方位，而是恰好与SDi方法论总结出的洞察五维度暗合，以顺时针方向分别对应着用户的属性（Attribute）、行为（Behavior）、认知（Cognition）、心理（Psychology）和需求（User Need）。

这或许意味着，不知用什么方法，迈及瑞已充分了解到我们所掌握的洞察知识，并尝试通过这个"五维洞察罗盘"来对我们现有的认知予以肯定。大家隐隐觉得，这位导师很可能会通过这个罗盘向我们传递更多洞察智慧。现在回想起来，小K口中的"蝙蝠侠"，想必就是传说中迈及瑞所训练的那

---

① 在上一版《洞察力》中，笔者曾将用户洞察细分为"认知""行为""需求""感知"四个维度，然而通过实践我们意识到，该体系对用户属性研究的关注尚有不足，另外"感知"维度上的内容，基本上可以划归"心理"与"行为"维度，因此，本书所总结的"五维洞察法"，实际上是对前作中"四维洞察法"的迭代升级。在未来的洞察实践中，请大家以本书中的阐述为准。

第三章 探索"洞察"奥义(上)

只名叫"训迪"的"飞猴"了。

获得五维洞察罗盘,或者用小K的说法——"迈及瑞罗盘",虽然是我们在R记大峡谷外围所取得的第一个小小突破,但也足以让团队深受鼓舞,因为这不仅表明大家很可能已经通过了第一次智者考验,拿到了进入R记大峡谷的"门票",而且这个罗盘本身也为我们理解用户洞察提供了很好的视觉指引。具体来看,用户的"属性""行为""认知""心理"环绕在"需求"四周,恰好体现了用户洞察就是这样一个以需求洞察为核心,各维度相互关联的整体。

很多同学都难掩兴奋之情,在笔记本上画上了这个罗盘的图样,我在其中一位同学的笔记本上为他添上了SDi结构和一些箭头,如图3-5所示,并提醒大家注意,无论用"洞察"来探索"发现",还是优化"表达""交互""植入""交付",由于工作目标不同,我们需要在"洞察五维"中研究的问题也不同。针对产品、市场、运营、销售等岗位,具体怎么做洞察的问题,未来还将结合五维洞察法进一步展开介绍。

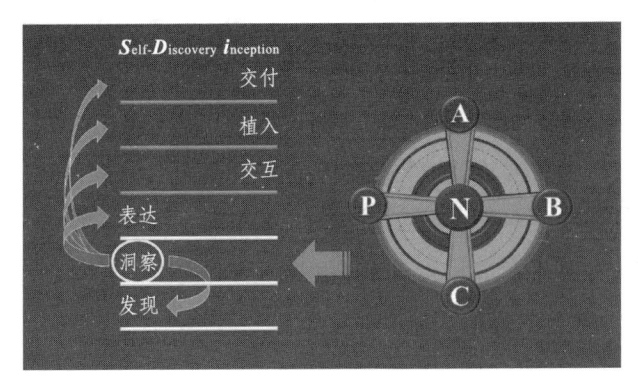

图3-5

然而我很快发现,此刻无论我说什么,大家都有些心不在焉了。显然,从获得五维洞察罗盘那一刻起,同学们的思绪早已飞进R记大峡谷了。

20 虚怀若谷的洞察态度

带上"迈及瑞罗盘",我们再次回到 R 记大峡谷外的隘口处,不知从何时起,高耸的石门上已露出一个形状极规则的入口,入口后面是一条狭窄的通道,通道尽头,远方的光亮依稀透出。

大家迫不及待地从入口处鱼贯而入,走出百余步,随着远处光源的不断扩大,我们开始意识到,这条通道其实并没有想象中那么长,脚下不知用何种材质铺就的路面,也开始有五色光影荡过,一波波由近及远,为我们照亮前进的方向,令众人啧啧称奇。

据大副 J 介绍,这条通道应该是 M 星的先人,为了让其他星球的造访者能够直抵 R 记大峡谷的谷底,而专门开凿出的一条捷径,至于为什么会有这样的设计,资料中并没有明确记载。不过能顺利进入这条通道,倒是让那些内心尚在质疑我们是否通过了智者考验的同学们心中又多了几分肯定。

循着光源,走出通道,眼前突然豁然开朗。没想到这么快,大家已置身于 R 记大峡谷的谷底。此处云淡天高,四周巨岩环抱,与谷外俨然是两个世界。此时此刻,高耸的岩石正在阳光照耀下透出深浅不一的瑰丽色彩,与远

第三章 探索"洞察"奥义（上）

峰之巅的皑皑白雪相映成趣。在大家身旁有很多奇花异草，有的蓓蕾初绽，有的早已盛开，还有一条静谧大河从不远处缓缓流过，令人顿感心旷神怡。

打开航海地图详细查看，我们发现，整个R记大峡谷的走势像一条桀骜不驯的巨蟒，自北向南，盘卧在M星南半球的高原之上，以另一座东西走向的山脉为分界，大体上可以被分为南北两段。地图资料显示，大峡谷北段海拔较高，景观雄迈；南段得益于温润的环境，多以秀美的景色见长。我们当前所处的位置应该是大峡谷南段谷底大河河面最宽的区域。

来到这样一个奇妙世界，大家忍不住四散游览，嘈杂之声渐去。望着眼前的美景，我心中突然多了一层思索：为什么M星人要开凿这条捷径，让造访者率先到此？这与接下来要探索的洞察知识会有什么关系？困扰在心间的疑团，此刻被逐渐清晰地勾勒为两个字——态度。

我回想起在过去，大家处理业务时，往往一上来就直扑问题本身，却常常忽视了在此之前要先端正自己处理问题的态度。尤其是对用户洞察来说，培养正确的洞察态度可谓至关重要。这么说或许有些抽象，下面介绍两类我所观察到的现象。

现象之一是，过去在参加一些企业举办的用户交流会时，我发现有些主持人会表现出明显的个人好恶，更喜欢与兴趣相投的用户交谈，殊不知，对主持这类活动而言，个人的兴趣爱好、生活方式都是需要放到次要位置上的。

在这方面，就算我们很难做到广告人约翰·斯丁雷所要求的："你必须首先抛弃自己的身份，而成为你想与之交流的人，内化他们的兴趣、喜悦、恐惧、爱好甚至偏见，意即你常常需要在精神与情感上成为一个你一点儿也不想成为的人。"至少，对用户洞察的执行者来说，必须知道做洞察最基本的态度，就是要对用户生活方式与价值观的多样性保持足够的好奇、包容与尊敬。

现象之二是，据我观察，在通过用户洞察解决经营问题方面，管理者时常会犯的一类错误，就是一旦品牌出现销量下滑等"症状"时，就急于按照自己对问题的理解来指导洞察，却往往因为自己的主观预设而忽略了真正的"病因"。在这一点上，请允许我重复一个上版《洞察力》中曾提到过的经典案例：

一家快餐连锁企业想提高自家奶昔的销量，于是开展了消费者座谈，并询问大家——我们的奶昔应该浓一些还是淡一些？巧克力要多一些还是少一些？产品应该更便宜还是把分量做得更足？接下来，企业根据顾客的反馈改进了产品，结果，销量却并没有明显变化。

此时，另一组调研人员开始介入该项目，与上述做法不同，他们先在品牌的门店里待了18小时，对购买奶昔的顾客进行了观察记录——顾客一般什么时候来？除了买奶昔还买什么？顾客是单独来还是结伴来？顾客购买后是在店里吃还是打包带走？结果发现，将近一半的奶昔都是在清晨卖掉的，并且顾客通常只购买一杯奶昔，多半是打包带走。

顺着这一线索，研究人员采访了清晨购买奶昔的顾客，得到的回答是，他们在一段漫长的开车过程中，需要吃些东西来打发时间。这些东西需要满足多重需求——他们并不饿，但此时如果不吃点儿东西，就很容易在上午十点多感到饥肠辘辘；他们行色匆匆，多数时候只能腾出一只手，如果选择别的食品，如饼干，则很容易弄得车里满是碎屑。最后顾客发现，一杯黏稠的奶昔和一根细长的吸管，正是该场景下的完美"解决方案"。原来，提升奶昔销量最有效的思路之一是更好地满足清晨通勤的顾客需求。[1]

上边提到的这两类现象及相关案例，如果追本溯源去看，大家就会发现，错误的做法要么完全凭借个人好恶，以"自我"为标尺来开展洞察；要么自以为是，先入为主地界定问题。一言以蔽之，大家欠缺的其实都是"将

---

[1] 案例源于克莱顿·克里斯坦森《创新者的解答》一书。

自我清空，虚心探寻问题本质"的洞察态度。

聊到这里，对为什么M星人会开凿这条捷径，让我们直达谷底的疑问，似乎就不言自明了。就像中国文化所强调的"虚怀若谷"一样，借藏容静谧的谷底，让大家在学习洞察技巧前，先来这里感悟洞察执行者应该具备的——"如竹中空、似谷恒虚"的洞察态度，我想，这正是M星营销智慧的高明之处。

时间缓缓流淌，正当我还沉浸在这些感悟中时，小K已不知何时又来到了我身边，他一边从怀中掏出五维洞察罗盘，一边神色慌张地说："我刚才无意中看到罗盘中的字母A已然亮起，指针指向西北，似乎提示着我们应该前往寻找什么（上次小K巧获五维洞察罗盘后，大家一致同意，将该宝物交由他来保管）。"

"关键是，我也不知道这个字母亮起多久了。"小K带着颤音，焦虑地说道。

鉴于目前这个情况，只得让大家的赏景活动匆匆作罢。我让小K赶紧吹响集结海螺，准备与大家一起，根据罗盘的指引溯河而上。

21 截然不同的两幅画像

> **智者箴言：**
> 用户洞察，各有奥义；属性研究，当为始起；
> 两幅画像，分时而用；目标不同，阶段有异。
> 洞察发现，谷中研习；其余诸法，他处寻觅；
> 用户画像，切莫孤立；需求为伴，彼此联系。

沿着谷底大河逆流而上，走了大半天，我们终于在一段浅滩上发现了智者迈及瑞留下的这段箴言，并对其进行了上述翻译。

此时，罗盘中的字母 A 已暗淡下来，说明箴言所对应的应该就是五维洞察法中与"用户属性"（Attribute）有关的洞察智慧了。那么，这段话是在告诉我们什么呢？

首先请大家回忆一下，前文曾经谈到，在五维洞察法中，研究用户属性，也就是大家平时常说的"用户画像"，应该被视为洞察的起点。这是因为，对新品牌来说，营销的第一要务是基于用户属性研究，搞清楚自己要服

第三章　探索"洞察"奥义（上）

务于谁；对老品牌而言，只有先看清用户属性，才谈得上优化运营增长。在我看来，这就是箴言中"用户洞察，各有奥义；属性研究，当为始起"的意思。

接着往下看，"两幅画像，分时而用"，似乎不太好理解，为什么会有"两幅画像"？又如何"分时而用"呢？仔细思索后，我意识到，这很可能是在暗指，在地球上的营销实践领域，其实是存在两种"用户画像"的，其中一种名为User Persona，另一种名为User Profile。

那么，这两种画像究竟有什么区别呢？主要在于它们的应用阶段与目标不同。

具体而言，Persona一般是指初创期的品牌，界定并描绘目标用户的相关工作。例如，某音乐App基于用户洞察，将自己的目标用户设定为三类，并用"Lily""Lucy"和"Tony"来代表。对于Persona，在行业中也有人会将其翻译为"用户角色"。

Profile是指品牌进入成熟期后，随着用户体量增大，运营人员开始运用各种手段，来给用户贴上一系列属性标签的行为。这类画像的目的是满足运营需要。例如，某资讯App会基于用户的性别、年龄、爱好、浏览习惯等向不同用户推送不同内容。

基于以上分析，图3-6有助于我们进一步理解，由于Persona是品牌为了界定目标用户（T）而做的画像，根据CV=TFC的价值发现公式，这应该是服务于"发现"层的用户画像，因此，相关工作应该隶属于"洞察—发现"的工作流；而"Profile"则是品牌在用户积累到一定规模时，为了促进运营增长而使用的服务于"交互"层的画像，因此，相关工作应该隶属于"洞察—交互"的工作流。

图 3-6

虽然都叫"用户画像",但 Persona 与 Profile 目标不同,应用阶段各异,品牌需要根据不同时期的业务需求来选择使用,这就是箴言中"两幅画像,分时而用;目标不同,阶段有异"的完整含义。

再往下看,"洞察发现,谷中研习;其余诸法,他处寻觅",这几句又是在说什么呢?研究之后我发现,它们很可能会与接下来的探索路径有关。

结合图 3-7 中的 SDi 结构,思索良久后我意识到,原来这句话是智者在告诫我们:在 R 记大峡谷,大家应该依托五维洞察法,重点探索如何通过用户洞察来寻找价值发现,定义品牌核心价值的相关知识。换句话说,我们在这里最主要的学习任务就是掌握图 3-7 中左侧箭头所示意的,"洞察—发现"的工作方法,学会做前文谈到过的战略型洞察,这就是"洞察发现,谷中研习"的意思。

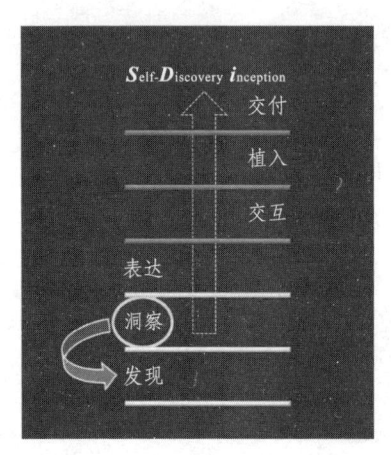

图 3-7

至于图 3-7 中右侧虚线箭头所示意

第三章 探索"洞察"奥义（上）

的，基于五维洞察法通过用户洞察来优化"表达""交互""植入""交付"，即前文谈到过的，执行型洞察的相关方法，箴言中说要在"他处寻觅"。据我猜测，这些知识肯定被隐藏在了M星上，我们尚未前往的，与上述四环节——对应的那几个"探索地"中。相信将来，大家一定有机会依次解锁。

仔细想来，迈及瑞的这番建议与安排，可谓用心良苦，因为在J字海沟，我们已经完成了对"发现"层的学习，那么来到R记大峡谷，就理应趁热打铁，先来学习"洞察—发现"的相关知识。至于洞察优化其他层面的知识，待我们在未来旅程中，在探索"表达""交互""植入""交付"四环节时，再依次解锁"洞察—表达""洞察—交互""洞察—植入""洞察—交付"的相关方法，分门别类，循序渐进，最终全面掌握洞察驱动营销创新的系统性知识，这看来的确是一条更为合理的学习路径。

明白了这一点，现在回到用户画像这个主题，由于Profile概念下的用户画像隶属于"洞察—交互"工作流，是需要"他处寻觅"的知识，因此，下一节需要先回到"谷中研习"的"洞察—发现"工作流，来讨论一下Persona概念下的用户画像如何具体来"画"的问题。

22 三种用户画像法

先来复习一下 Persona 概念下的用户画像需要做什么。从 SDi 方法论中 CV=TFC 的价值发现公式来看，这项工作是要在"洞察—发现"任务下，帮助品牌探寻核心价值中的"T"要素，回答"谁是目标用户"的问题，如图 3-8 所示。

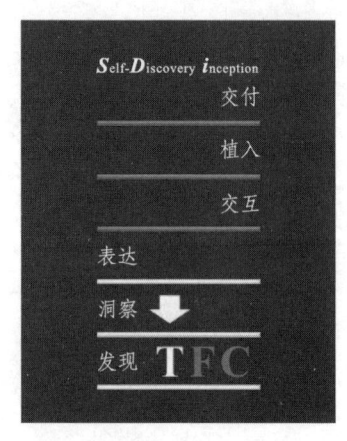

图 3-8

实际上，这是一项听上去简单，但执行起来极有难度的工作，很多创业者都缺乏处理该问题的清晰思路。比如，过去，我曾多次遇到创业者手捧着营销学中的"STP"概念来问我："都说创业是要先做好市场细分（Market Segmenting），然后选择目标市场（Market Targeting），最后确立市场定位（Market Positioning），但关键是第一步怎么细分呢？如何基于年龄、地区、收入、职业等属性确定目标用户呢？这里面的逻辑是什么？具体又该怎么做呢？"

其实在我看来，之所以存在这些困惑，是因为在未经过用户洞察前，创业者对于"需求"与"人"的对应关系，理解往往不深刻。换言之，如果不能将不同人的需求看得比较透彻，就很难建立起有效的用户画像。

在实践中，如何看清需求与人的对应关系？如何进行用户画像呢？下面介绍几种常用的用户画像方法。

一、销量画像法

销量画像法是一种基于过往销售数据，通过识别市场中最具消费实力的群体，进而将其锁定为目标用户的画像方法。

关于这种方法，上一版《洞察力》曾分享过日本广告人山口千秋为某罐装咖啡进行品牌重塑的故事。当时，山口千秋通过销量分析，发现罐装咖啡的主要消费者并不是品牌最初定义的年轻男性，而是另一个以出租车司机和公司基层业务员为代表的中年劳工群体。该群体虽然仅占消费总人群的20%，但购买量占总销量的60%。基于这一洞察，山口千秋通过调整营销策略，从产品、包装到市场推广，都聚焦于中年劳工群体，从而让该咖啡品牌大获成功。

从该案例中大家不难发现，销量画像法的优势十分突出，那就是逻辑清晰、操作便捷，不过其局限性也十分明显，具体而言，该方法很难适用于那些缺乏历史数据的新兴品类。另外就算在成熟品类中创业，当我们计划推出的是创新度较高的新产品时，由于很难通过原有产品的历史数据来预测消费者对新产品的反应，因此，也不太适合使用销量画像法。

二、自我画像法

承接上一点，如果创业者对自己的创业项目融入了很多创新思考，尤其是当创业者意识到自己要推出的产品将与市场上的主流产品不同时，就可以考虑使用自我画像法。自我画像法是指创业者将那些在现实生活中，在某方面和自己有着相同困扰、相近需求，因此也很可能会尝试特定新产品（新服务）的人界定为目标用户的画像方法。

对创业公司来说，自我画像法是一种易于理解的高效画像方法。借用Netflix创业案例来说，一次"忘还录像带而被罚"的尴尬经历，启发创业者哈斯廷斯创建了会员模式的互联网影片租赁业务。而该品牌的早期目标用户，恰恰就应该是那些与这位创始人一样，过着快节奏生活，熟悉互联网，厌烦日常生活中的麻烦事儿，而又乐于尝试新鲜事物的电影爱好者。

自我画像法的优势是创始人的切身体会，很容易让团队成员感同身受，形成共识。如前所述，该方法更适用于那些创新度较高、市场数据尚不充足的新兴品类。不过值得注意的是，自我画像法主观性较强，有可能出现"只见树木不见森林"的风险。具体来说，如果在识别目标用户的过程中，我们发现与自己需求相近的用户群规模太小，也就是大家通常所说的需求过于小众，那么此时从用户画像到创业构想就需要重新评估了。

在使用自我画像法时，如能配套使用一些互动效果不错的用户测试方法，往往能取得更好的效果。例如，在互联网领域，Dropbox的案例就曾被广泛讨论：该品牌在推出产品前，先将一个描述用户困扰与理想解决方案的视频放到网上,在获得大量用户认可之后,顺势推出产品。

现在,只需要将上述方法稍做改变,就能更好地配合用户画像。例如,在推出产品介绍视频时,还可以加上一些识别用户属性的问题,在后期,着重分析哪些属性的用户对产品的认可度更高,哪些更低,这样一来,自然就能获取更多有助于用户画像的重要信息。

三、差异分析法

差异分析法是一种首先基于需求差异,将用户划分为若干类,然后决定将其中哪些类设定为目标用户的画像方法。使用该方法的重点,也是其难点就在于,我们要在"反映用户需求差异"的要求下,找到最恰当的指标来进行用户分类。

有时,反映用户需求差异的指标是比较清晰的,基于性别、年龄、收入、身份等常用指标,就可以划分出用户类型。例如,使用共享单车的用户可以按照使用者身份被分为"学生""上班族""城市观光客"与"健身爱好者"几大类。当常用指标难以反映需求差异时,就应该考虑通过如下一些特别指标来协助进行用户分类。

1. 任务

对很多品类来说,关注用户要用产品完成的"任务",通常都是划分用户的一个基础视角。例如,消费者要用笔记本电脑完成的任务可能主要是办公,也可能主要是玩游戏。任务有别,需求自然也不尽相同。

2. 场景

在方便进行消费观察的品类中,"场景"往往是非常直观的用户分类指标。例如,在为一个社区型连锁面包店做策划时,通过观察,我们发现顾客的需求差异，通过"清晨买早餐""和同事喝下午茶""下午接孩子放学买零食""下班时买第二天的早餐"，就已经非常清楚地表现出来了。顾客日复一日在这些场景中演绎着他们生活方式下的固有剧情，为我们进行用户画像提供了方便。

3. 在意因素

在消费行为复杂、多样的品类中，可以考虑用"在意因素"来划分用户。例如，对家装而言，有的顾客最在意品质，不惜花时费力，一定要把装修做到极致；有的顾客则更希望省时省力。以在意因素为标准，有助于我们在消费决策复杂的品类中快速区分用户。

4. 消费态度

对于感性消费属性突出的品类，也就是我们常说的适合文化创新的品类而言（如服装、珠宝、奢侈品等），大家可以尝试基于消费态度来划分用户。例如，在为某时尚饰品品牌进行用户画像时，我们先梳理出了这个市场中消费者持有的一系列典型态度，如"好看就买，多多益善""看中品质，价格适中就好""比较在意价格，因为饰品就是戴着玩玩的""我欣赏有故事的品牌"等。然后基于消费态度差异，再结合其他指标，最终定义出了若干类顾客。

根据实际情况，选择最恰当的指标之后，需要立刻跟进用户洞察。比如在上述案例中，面包店的若干消费场景、时尚饰品的多种消费态度，这些都是我们通过观察与访谈获得的结论。在未来的工作中，假如你选择了用消费场景（或者消费态度）来划分用户，那就应该尽可能全面地调研市场中每种典型的消费场景（或者消费态度）。

完成这一步后，结合对品牌核心价值的思考，接下来就到了界定目标用户的关键一步。比如某家装品牌基于自己可缩短装修时间的优势，将"在意因素"中那些更看重"省时""方便""装修不累"的用户设定为目标用户。不过值得注意的是，这只是一种为了说明情况而进行的简单举例，在实际工作中，从业者往往需要综合使用多项指标来完成圈定目标用户的工作。

使用差异分析法更有助于从业者对目标市场获得全面了解，但由于该研究也是历史性的，是建立在研究既有消费行为之上的，所以，也存在与销量画像法相同的缺陷——无法触及那些从未参与市场的人。这对于品牌创新，尤其是开发潜在消费人群来说，是一个很大的盲区。

要克服这一问题，就必须在用户洞察中引入一些"异类"——那些从未消费过既有品牌的人。比如前些年，在对家装市场进行调研时，我发现许多收入不低的装修者从未选择过任何家装品牌，而是会选择"买材料自己找师傅装修"等解决方案。这背后的原因是什么呢？是对家装品牌的产品不够信任？是对烦琐的沟通感到厌倦？是觉得这样装修太消耗精力？还是认为这些品牌的溢价太高？如果能深入调研上述问题，并对这类用户的共性特征加以识别的话，家装品牌就有机会通过创新激活一个"隐形市场"。

除此之外，差异分析法的另一个局限性是，如果你计划推出的是一种前所未有的全新产品，由于缺乏既有的消费行为可供研究，也很难采用这一方法。针对这类情况，可以重点考虑前边介绍的自我画像法。

讨论完三种常用画像方法之后，相信大家已能察觉到，由于用户画像的核心在于看清不同人与不同需求的对应关系，所以，从"ABCPN"五维洞察法来看，无论选择哪种方法，用户画像都必须将"A"与"N"，即"用户属性"与"用户需求"紧密地结合起来研究。我猜想，这也正是上一节迈及瑞箴言中的"用户画像，切莫孤立；需求为伴，彼此联系"的意思。

23

用户旅程八字诀

在"洞察—发现"的学习任务下,我们完成了对五维洞察法中用户属性这部分的探索,现在又在迈及瑞罗盘的指引下,开始寻找下一个目的地。此时,罗盘中的字母B持续闪动,提示大家接下来要去探寻的是"用户行为"(Behavior)方面的洞察智慧。

沿着谷底大河,继续往上游进发,罗盘指针不时变动,提醒我们及时改变行进方向。走了数日,随着地势渐高,谷底植被也变得稀少起来,奇花异草开始让位于参天古木。行进中,我们不时会遇上几人高的巨石拦路,仿佛置身于童话世界中的"大人国"一般。

这一日,正当大家沿途休息之际,突然前边探路的学员回来报告,距此不远处的一块巨石上标注着醒目的M星文。众人为之一振,纷纷赶到这块巨石前观看,只见上边有几行文字,一个箭头,翻译过来的大意如下:大家现在所处的位置已经属于划分R记大峡谷南段与北段的"界山"地带,沿着箭头方向登山而上,将会看到一座"界山亭",那里是观赏大峡谷景观的绝佳之地。

第三章 探索"洞察"奥义（上）

依照指引，沿着山道，寻找界山亭的过程并不困难，我们爬到半山腰，已经能仰望到山顶上的一个建筑物，斜着伸出峭壁，犹如悬在半空中的外星飞船一般。看来，虽然叫"亭"，但M星的建筑风格却与地球上的大异其趣。

过不多时，我们来到界山亭中，步入观景回廊，大家迫不及待地向远处眺望。夕阳下，只见金灿灿的谷底大河蜿蜒向前，历经数个急弯，留下瑞彩千条，两侧的巨岩有如欧洲中世纪的骑士，在上下天光中佩剑矗立，气势凛然。大家指指点点，赞叹之余，也纷纷辨认着这几天走过的地方。

天色渐暗，我们才依依不舍地准备离开。此时，众人突然发现在亭内赫然摆放着一张署名"迈及瑞留"的图，如图3-9所示。奇怪的是，谁也不清楚这幅图究竟是由谁在何时摆放到这儿的。小K情不自禁地掏出罗盘查看，此刻，字母B已不再闪烁，表明图中的信息应该就是大家这几天来辛苦寻觅的结果。那么，这幅图究竟是要向我们传达什么信息呢？

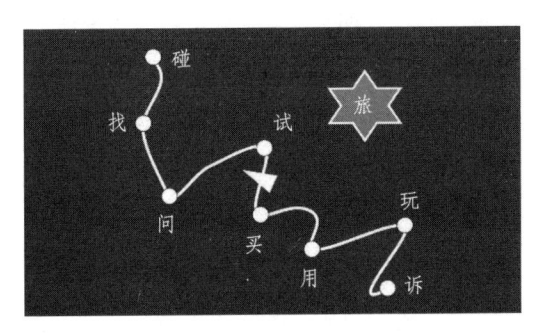

图3-9

图中的"旅"字似乎在表示这是一幅旅行图，其中蜿蜒的线条描绘了眼前的谷底大河，三角形代表大家现在所在的"界山"。从地图上看，谷底大河以"界山"为界，在其上、下游分别流经了四处急弯，这些都不难理解。关键是，这些急弯分别对应的"碰、找、问、试、买、用、玩、诉"八个字又是指什么呢？

有学员提出：这是不是在告诉我们，有关用户行为洞察的知识，会在谷底大河的第一个急弯处让我们"碰到"一些，在第二个急弯处让我们"找到"一些？但这种解释听上去十分牵强，即便如此，后边的诸字更不知该做何解释。众人窃窃私语，一时不得要领。恰在此时，大副J突然提到，由于迈及瑞一直偏爱用猜谜的方式来启发学员，因此这幅旅行图会不会另有深意呢？

J的话点醒了我，让我突然意识到，其实图中的"旅"字并不仅仅代表"旅游"，还代表"旅程"，是"用户旅程"（User Journey）。由这一点继续推导，大家接二连三地想到了，原来"碰、找、问、试、买、用、玩、诉"代表的是用户在消费之旅中最为常见的八种行为。迈及瑞巧借谷底大河的上下游，来暗指它们大体上分属"售前"与"售中售后"两大阶段。如此看来，这幅图的信息就非常清晰了。

下面我们不妨来推敲一下图3-9中的"八字诀"奥妙。

先来看"售前"部分。

第一，"碰"字诀关注的是，用户选择品牌，总归是受到过特定信息的影响，那么，如何让用户更容易接触（碰到）我们的品牌信息呢？这就需要研究目标用户的媒体使用行为与生活方式。基于这些研究，思考如何对目标用户进行更有针对性的预先影响。

第二，"找"字诀关注的是，当用户起心动念，开始寻找特定的产品（服务）时，他们是如何做功课的？他们在哪儿找？如何找？相关行为具有哪些典型特征？基于这些，可以思考如何让用户更容易找到你的品牌。

第三，"问"字诀关注的是，当用户对品牌感兴趣，并主动与品牌联络时，他们通常会问什么？更喜欢通过何种方式询问？期待得到怎样的回答？从这里，可以思考如何给用户带来更好的沟通体验。

第四，"试"字诀关注的是，在你的品类中，用户试用产品的方式、渠道有哪些？他们偏爱什么方式？他们在试用中有哪些常见举动？有哪些高频提问？据此可以思考如何让更多目标用户更容易地体验产品，以及如何增强用户对产品的价值感知等。

再来看"售中售后"部分。

第一，"买"字诀关注的是用户的购买行为，谁来买？在哪买？何时买？怎么买？毫无疑问，关注这些举动，是用户行为研究中十分关键的部分，对思考品牌核心价值，制定传播、沟通与运营策略具有至关重要的指导意义。

第二，"用"字诀关注的是用户购物后对产品的实际使用情况。用户的使用场景有哪些？经常（不常）使用的功能是什么？使用中还存在哪些麻烦？这些研究将给产品创新带来帮助。

第三，"玩"字诀所要关注的问题是在使用产品后，满意的用户往往会和品牌"玩在一起"。例如，用户可能会向亲友推荐你的品牌，向品牌提出优化建议，甚至可能会与品牌一起去做有意义的事（如公益活动）。对用户与品牌的互动方式及相关行为特征展开研究，可以为我们思考如何激发用户互动，优化运营增长，构建更有深度的用户关系提供帮助。

第四，"诉"字诀所要关注的问题是当用户对品牌感到失望时，他们可能会投诉。此时，我们应该认真聆听顾客的反馈，反思工作中的不足并加以改进。

这幅用户旅程图，为大家标注了上述八个需重点留意的用户行为关键点。仔细想来，迈及瑞给出的"八字诀"，其实已经为大家的用户行为研究提供了一份简单务实的"参考指南"。

为了印证"八字诀"的有效性，我开始回忆自己的从业经历，进而想到，在前些年做家装市场研究时，我发现不少品牌的营销策划案都是从"用户做装修计划"这一步，也就是从"找"字开始的。显然，从"八字诀"脉络来看，这忽视了更前端的"碰"字，即首先应关注目标用户在产生装修想法前，基于其人生阶段与生活方式，可能会有哪些典型行为、其媒体使用行为特征又如何，然后思考如何对其施以事前影响的问题。

　　由此可见，在不同岗位的实际工作中，如果我们能够基于用户行为"八字诀"，以更为完整的"用户旅程"视角对自己的工作内容加以审视，看看有没有被忽略的要点，那就必将有助于减少工作疏漏，为工作有效性加上一道保险。

第三章 探索"洞察"奥义（上）

24
三类关键行为洞察

也许是连日来大家一直在辛苦探路的关系，了解到用户行为"八字诀"后，很多同学都有些懈怠了，原因是他们觉得，反正用户行为洞察的要点已掌握，不如趁现在给自己放个假，去游览一下眼前这个奇妙世界。

我特别提醒这些同学，现在还远没到可以放松的时候，因为虽然"八字诀"对行为洞察给出了整体指引，但具体到不同岗位，在"洞察—发现""洞察—交互"等工作流中，开展相关工作的侧重点又会不同。更何况，还有不少重要技巧是我们尚未了解的呢。

听了上述解释，同学们如梦初醒，再次提起了精神。我决定趁热打铁，遵循着"洞察发现，谷中研习"的智者箴言，回到在R记大峡谷，大家需要学会"通过用户洞察，定义品牌核心价值"的中心任务，下面就来和大家探讨该任务下的行为洞察具体应该怎么做，如图3-10所示。

图 3-10

"洞察—发现"任务下的行为研究,具体如何开展呢?由于定义品牌核心价值的关键在于看清用户需求,所以,大家应该在"买"字诀和"用"字诀下,将突出反映用户需求的产品购买行为、使用行为作为研究重点。在这里,推荐如下三个洞察角度。

一、与痛点相关的产品使用行为

在特定市场中,用户的痛点其实就是在向我们委婉地透露着现有品牌还没做到位的地方,用户尚未从市场中获得的满足。因此如果能通过行为研究揭示行为背后的用户痛点,就有机会获得与众不同的价值发现。

举例来说,前些年,在一个衣柜品牌的洞察项目中,我们对人们的衣物收纳行为进行了调研,结果发现一个有趣现象:每年秋冬季,尤其是在中国北方地区,很多家庭都会在卧室床边和衣柜附近摆放一把椅子,专门用于堆放当天换下来,并且在第二天还会接着穿的"隔夜衣"。

"隔夜衣"是家庭衣物收纳的一个难题:在椅子、沙发上无节制地堆放,影响居室美观,和其他衣物挂在一起也不妥当。对那些另一半有吸烟习惯的家庭主妇来说，她们就会比较介意丈夫把下班后的衣服和自己及孩子的衣服挂在一起。

不过让人颇感意外的是，尽管对用户行为稍做梳理就很容易发现"隔夜衣收纳难"这样一个痛点，但很少有品牌真正重视该问题。各品牌在广告中所展现的，似乎还是那"引以为傲的考究工艺"，那"美轮美奂的大奖设计"，就好像目标顾客全都是生活在电视剧中的贵族一样。相关研究让我们意识到，在家具家装品牌定义核心价值方面，"为中国消费者的生活方式而设计"似乎非常值得被新创品牌所考虑，因为从当时的观察来看，有这种"价值发现"的品牌还非常少。

二、不同用户的产品使用习惯

关注用户的产品使用习惯差异，如不同地区、职业、收入水平的用户，基于其生活方式在产品使用习惯方面的差别，这是"洞察—发现"任务下用户行为研究中的另一个关键点。仍以上述衣柜项目为例，通过调研我们发现，在与衣物收纳相关的用户行为习惯方面，国内外用户的差异也是十分巨大的。

具体来说，当我们通过用户拜访进行家庭衣物收纳的观察与了解时，很快发现了像"旅行箱"、大大小小的"儿童玩具"，以及那些与衣物打理相关的杂物（如电熨斗、熨衣板等），都是中国消费者衣帽间的"常客"。这就与进口家具品牌在其产品画册中所展现的那种——"优雅的半透明衣柜里，衣裙排列得井井有条；而椭圆形矮脚沙发上，则摆放着高端女士手包与时尚杂志"的场景大相径庭了。

这种广告与现实的强烈反差，使我进一步联想到——有多少想打开中国市场的家具品牌，在思考产品研发，定义品牌核心价值的过程中，曾认真研究过中国顾客的生活方式，以及与之相关的产品使用特征、使用习惯呢？

三、非正常产品使用行为

在用户洞察领域，最不匮乏的一类"意外"就是，产品经理常常会自信满满地认为自己已经足够了解用户的生活方式了，然而，到现实中才发现，用户的很多行为都在跟自己的认知唱反调。

关于这一点，我们可以看看营销专家拜伦·夏普在其《非传统营销》一书中曾举过的一个早餐麦片的案例："当时，调研公司认为早餐麦片可以分出冷、热两类。突然一天，有人指出冷麦片在寒冬中仍然销售得很好，调查人员马上进行实地调查，想知道原因。结果他们发现，不听话的顾客会把冷早餐麦片加入到热牛奶中食用。"

虽然这类出人意料的"非正常产品使用行为"常常会让产品经理大跌眼镜，但不可否认的是，通过这些行为，我们更有机会收获新奇感悟，发现创新线索。下面，再举两个例子。

例子之一是，数年前，我曾听一位女性朋友聊起过她"因为赶时间，而选择用眉笔染发"的经历。后来有一次，在我浏览电商网页时，竟真的发现了许多形如眉笔、口红的染发类产品，主打"简单上色""小巧便携""一次性遮盖零星白发"的产品卖点。仔细想来，这类产品的功能定位，不正对应了"眉笔染发"背后的用户需求吗？

例子之二是，前段时间，我在和某服装品牌的高管交流时，谈到了"帽衫外边套西服""两只鞋不同颜色"这类在着装趋势方面，人群中不时涌现出的一些新潮奇葩行为，它们常常会为这个行业的产品设计甚至新品牌创立输送灵感。对此，大家不妨也来想想，在你的行业中，又有哪些值得注意，很可能暗藏着创新线索的"非正常产品使用行为"呢？

第三章 探索"洞察"奥义（上）

最后，针对上述三种洞察角度，还有一点需要申明的是，在实践中，它们既是探索品牌核心价值的方法，也是确定产品该怎么做，界定产品功能的方法。换言之，在实践中，这两类业务诉求常常会共享同样的洞察方法。之所以会如此，是因为创业者对品牌核心价值的思考必然是与产品的思考交织在一起的。

进一步说，从 CV=TFC 的价值发现公式来看，由于产品承载的核心功能价值（F）本身就是品牌核心价值的重要组成部分，所以，在"洞察—发现"任务下，界定产品功能与探寻品牌核心价值，常常需要一并思考和研究，这一点希望大家充分理解。

宝物解锁

从弃船登岸，深入 M 星南半球的腹地，到登高博见，在界山亭中俯瞰大峡谷的美景，目前，我们已顺利完成了对 R 记大峡谷前半程的探索。

在这段旅程中，大家从接受智者的考验，成功获得"五维洞察罗盘"开始，之后又遵循智者箴言，在"洞察—发现"任务下先后完成了对五维洞察法中"用户属性"（A）和"用户行为"（B）的学习。相信经过这一系列的学习，大家对用户洞察的理解肯定更深入了！

按照惯例，在每章末尾都会有一个"宝物解锁"环节。那么，本章将要解锁什么宝物呢？请允许我将这个悬念保留到最后，先来揭晓另一个小秘密。

不知道你想过没有，最近我们一直在 R 记大峡谷中探索，但它为什么会被这样命名呢？

其实，就像对"J 字海沟"的命名是对乔布斯表示致敬一样，"R 记大峡谷"的命名也同样表达了对一位营销前辈的敬意，他就是本书第一章提到过的奥美广告的创始人——大卫·奥格威。

为什么说 R 记大峡谷表示对奥格威致敬？这是因为在奥格威的创意观中，本身就包含着对调查研究（Research）的极度重视，暗含着"R 字为先"的重要准则。奥格威曾说过："广告人忽视调查工作，就像将军忽视破译敌

第三章 探索"洞察"奥义（上）

方密码一样危险",他那些堪称神来之笔的"大创意",很多都源于扎实的调研。因此,在得知M星上的大峡谷隐藏着与用户洞察相关的营销智慧后,我就想到了要借着奥格威对调研的这份重视,将这里命名为"R记大峡谷"。

奥格威的营销思想,在今天并没有被从业者充分重视,我想其中一个重要原因就在于他没有满足那些"速成"的需求。在他的创意观中,并没有大家熟悉的"抖机灵",相反,对花时费劲的调研却强调得不少。但正是这些"笨办法",帮助这位广告人在行业里大展拳脚,取得了辉煌成就。

从我的职业经历来看,在思考营销问题的过程中,奥格威的许多观点都给我带来了启发,每每看到,都会有常读常新之感。对此,我曾用"奥格威至关重要的七句话"这种形式,来对这些收获进行过简单总结。借今天这个机会,我打算将这份总结作为本章的一个小小"宝物"分享给大家。感兴趣的同学可以关注我的公众号（宇见,微信号：yujianyingxiao）,发送"奥格威"解锁查看。

Chapter
04

第四章
探索"洞察"奥义（下）

25

用户洞察　心法胜手法

M星的天气一天天热起来，似乎有了初夏的味道。这段时间，凭借五维洞察罗盘的指引，我们一直在R记大峡谷中寻觅探索点，解锁洞察知识。后来在迈及瑞的引导下，大家找到了一个幽静洞穴，并在那里聆听智者讲授了用户洞察话题下最为复杂的一部分知识。

现在回想起来，当初发现那个洞穴，是在一个M星"超级月亮"出没的静谧夜晚。恰逢天公作美，那天，正当皎洁的光辉如水银泻地般洒落，让整个R记大峡谷看上去就像罩上了一层薄霜时，两块巨岩间的一条石缝中隐约有橘红色光线透出，大伙儿意识到，这里很可能隐藏着神秘空间的入口。

第一次走进洞穴，我们就惊奇地发现，橘红色的光线是由一种燃烧物发出的，它照亮了整个空间，却不会留下任何气味，同时竟然让两侧石壁上一幅幅古老的壁画栩栩如生——盛大的节日、神秘的喷火巨人、怪异的飞行器与辛苦耕种的M星人，壁画所描绘的依稀是这个星球上的悠远过往。在洞穴更深处的石壁上，镂刻着宇宙中那些同样拥有智慧生命的星球上，与商业相关的一系列经典符号和思维模型，其精美程度让人叹为观止。

第四章 探索"洞察"奥义（下）

比如，在注明"来自海蓝星"的石壁上（M星人对地球的称呼），大家熟悉的"4P理论""SWOT模型"甚至连中国古代易经中的"六爻"符号，都被悉数收录在了其中。显然，这些壁画正是为了让不同星球的造访者，能够从其他星球的文明中吸收有益的商业智慧。

迈及瑞每次"开讲"的时间不定，这段时间，除了聆听智者传授知识，同学们还会到大峡谷中游玩，有时也会深入洞穴，借助翻译器，汲取其他星球的商业智慧。后来有一次，当小K无意中得知迈及瑞非常喜欢吃一种烤鱼，而这种鱼恰恰多见于大峡谷南段谷底大河下游一带时，我们专门成立了一支"摸鱼小分队"，这样一来，每次带上亲手烹制的烤鱼前往山洞，就能请智者当天多讲一些……

如此月余，大家终于完成了R记大峡谷后半程的探索，我们一边学习，一边努力将所学融会贯通，充实到SDi方法论当中来。接下来，就让我带领大家重新梳理一遍刚刚习得的这些知识，依次拆解"洞察—发现"任务下，五维洞察法中剩余的三个维度——"认知洞察""心理洞察""需求洞察"的相关技巧。

在进入具体的拆解之前，再分享一个小故事。上一次，在邀请迈及瑞品尝了烤鱼，又小酌了两杯地球上的苏格兰威士忌之后，这位智者也神采飞扬起来，原本阴晴不定的脸色逐渐通红，连修辞也比平日里丰富了不少。

在这次交流中，迈及瑞特别告诫我们，其实对于用户洞察，大家与其将它视为一种"手法"，倒不如将其视为一门"心法"，一门"用心之法"。他语重心长地谈到，用户洞察需要我们打开内心的感知"开关"，到目标用户的生活中，用心体察他们的所思所想，将"感同身受"作为最高标准，而千万不能跌入"唯数据论"的怪圈。在这里，由衷希望大家都能够谨记这段告诫，领会到"用心"这一洞察要旨。

26

认知洞察　品类加品牌

从本节开始,将陆续为大家讲解五维洞察法中的"认知洞察"(C)、"心理洞察"(P)和"需求洞察"(N),本节介绍认知洞察。

提到认知洞察,一个绕不开的问题是——为什么需要做这类洞察?从消费者行为学的角度来看,答案就在于,由于人们的消费行为常常会受到认知的影响,所以,只有充分了解用户认知,从业者才能更好地预测、引导用户行为。简单来说,知道用户"怎么想",才能决定"怎么做"。

与上一章对用户"属性""行为"的探讨一样,下面遵循着"洞察发现,谷中研习"的智者箴言,让我们一起来讨论为了探索价值发现,定义品牌核心价值,应该如何做认知洞察的问题。对此,SDi方法论建议,相关工作应该从"品类"与"品牌"两方面展开。

品类认知洞察

在"洞察—发现"任务下,开展用户认知洞察时,可以采用"先品类,后品牌"的常规顺序。其中,品类认知洞察就是要将用户对特定品类的认知

第四章 探索"洞察"奥义（下）

作为探查重点进行相关研究。

举例来说，前几年，在为某全屋定制品牌做战略规划时，我们调查了用户对家装市场中"全屋定制"品类的认知情况。调研分"正面""中性"与"负面"三个维度展开，在负面认知部分，有用户谈道："有些全屋定制品牌的价格是没道理的，因为懂行的人一眼就能看出这些品牌所用的材料，而它们的价格却这么贵，其实就是把钱都花在了打广告上，而没有花在做产品上。"

基于此番调研，深入思考之后我们意识到，近年来，很多行业都出现了这种批判品牌过度溢价的消费思潮。在社交媒体上，"收智商税"等热门议题应运而生，而用户的上述吐槽恰恰是这一思潮在该品类的体现。意识到这一点，对我们思考如何适应新时期消费思潮，更好地定义品牌核心价值是很有帮助的。

用户脑海里蕴藏着"金矿"，关键是要懂得如何发掘。在开展品类认知洞察时，除了关注用户对品类本身的认知情况，从业者还应关注"与品类相关的，用户本来就认同的生活观念"。同时大家要注意，这些观念的形成往往与文化密不可分。

举例来说，前些年，飞鹤奶粉使用"更适合中国宝宝体质"这一口号，一经推出就备受认可，原因在于，谈到"成长"，受中国文化的影响，人们心中"一方水土养一方人"的观念根深蒂固。飞鹤奶粉聪明地让品牌核心价值顺应了这一认知，于是才在人们心中显得如此有道理。与此有异曲同工之妙的，还有仲景牌六味地黄丸那句流传甚广的广告语——"药材好，药才好。"

这两个案例带来的启发是，从与品类具有相关性的角度，如果我们能在用户心中发掘出某些他们原本就相信的逻辑、认同的道理，然后将品牌核心价值构建于其上，那么品牌被用户选择的概率就会大增（事实上，这也是"洞察—交互"工作流中，可用以指导传播主题设计与文案撰写的洞察方法之一）。

品牌认知洞察

介绍了"洞察—发现"任务下的品类认知洞察，下面介绍该任务下的品牌认知洞察，相关研究主要应用于品牌升级背景下重新定义品牌核心价值的业务场景。研究重点在于，从业者要去了解自己品牌及竞争品牌在用户心中的认知情况与认知优势。

所谓"认知优势"，就是提到某品牌，人们对它的首要正面联想。例如，提到"沃尔沃"，会想到"安全"；提到"奔驰"，会想到"豪华"；提到"宝马"，会想到"驾驶乐趣"，这就是这几个品牌的认知优势。据此，可以说宝马比沃尔沃在"驾驶乐趣"方面更具认知优势；沃尔沃则比宝马在"安全性"方面更具认知优势。

在实际工作中，从业者要理性评估一个品牌所具有的如下两类优势，并意识到它们可能相同，也可能会不同。

（1）品牌在经营过程中练就的"业务优势"。

（2）品牌在用户心智中积累的"认知优势"。

下面用一个例子剖析一下这两者可能存在的差异。

某科技品牌的管理层自认为品牌的核心优势是产品的创新力，并认为自己能以"比友商成本更低，速度更快的方式来实现产品创新"（业务优势）。然而，从我们的了解来看，在用户心中，该品牌的认知优势却是"性价比高"，"产品创新"的认知优势已被竞争品牌所占据。

该品牌在这两种优势之间的差异，在一定程度上能帮助我们理解这个品牌进军高端产品之路为什么总是困难重重。其中一个重要原因就在于，一方面，虽然高端产品仍可实现"更低成本，更快速度地迭代创新"，施展其业务优势，但产品的高售价很难贴合自己品牌在原有客群心中"性价比高"的认知优势；另一方面，对那些想从竞争对手阵营争取过来的，全新的高端产品用户来说，该品牌又很难摆脱自己在这类人心中属于一个"大众平价品

第四章 探索"洞察"奥义（下）

牌"的印象，于是陷入了一种两边都不讨好的尴尬境地。

这个案例清楚地表明了调研品牌认知优势的重要性。在实践中，必须把品牌核心价值定义在自己的认知优势之上。相反，如果在定义品牌核心价值时，只关注企业的业务优势，而罔顾品牌的认知优势，或者将品牌核心价值定义到了竞争对手的认知优势之上，都会给企业经营带来严重后果。

关于品牌认知洞察，还有一个不容忽视的问题是，由于品牌核心价值包含"功能"和"文化"，所以，在进行相关调研时，不能只关注理性认知，而忽略对品牌感性认知的调研。

举例来说，谈到"夏天喝可乐"，可能会悄然勾连出我们心间自由畅快的情绪。与之类似，提到"红牛"容易让人想到"活力超燃"，提到"江小白"容易让人想到"简单放松"。这些现象一次次证明，品牌常常会与顾客心中特定的文化心理意义相呼应，只不过管理者未必了解罢了。与调研功能认知同样重要的是，现在，如果我们能从用户心中识别出自己品牌所独有的文化意义，那么基于 CV=TFC 的价值发现公式定义品牌文化（C），进而获得更好的"价值发现"的概率也将显著提升。

行文至此，我忽然想起小时候经常和小伙伴玩的一种游戏：大家需要分单、双腿，沿着地面上不同形状的粉笔格子向前跳跃，前进时只能踩自己的格子，踩到别人的格子就算输。现在想来，这其实正是品牌认知洞察的游戏规则所在——从业者必须先识别出自己和竞争品牌在用户心中占据着的不同"格子"（不同认知优势），然后才好沿着自己的"格子"向前发展，而踩进对手"格子"的后果则会相当严重。[①]

[①] 在业务实践中，可以通过哪些工具来开展用户认知洞察？比如，调查问卷如何设计？不同情况下该使用何种问法？相关工作技巧，大家可关注公众号"宇见"，然后发送关键词"认知洞察"提取查看。

27

心理洞察　快思和慢想

"猜猜看,在用户洞察的五个维度当中,哪个维度才是M星上萌生最早、历史最悠久的研究领域呢?"记得有一次,智者迈及瑞在洞穴中讲授洞察知识前,专门向我们抛出了这样一个问题。

对此,学员回答最多的是"用户需求洞察",其次是"用户行为洞察",迈及瑞笑而不语,最后才揭晓谜底,其实是"用户心理洞察"这个维度。

"事实上,和地球上的情况有些类似,在M星文明诞生的早期阶段,我们就开始探索与心理有关的种种问题了,"这位智者向大家解释道,"因为M星人很早就意识到,无论教育、医学、文化、艺术,还是其他重要领域,都离不开心理学研究来为其发展提供基础支撑,市场营销自然也不例外。在营销实践中,大到品牌战略,小到文案细节,了解用户心理,基于用户心智规律做事,才能立于不败之地,这正是M星人很早就将心理洞察引入洞察实践中的原因"。

和大家一起回忆这个启人思索的小片段,是为了更好地引出本节要探讨的"心理洞察"(P)。谈起这个主题,不知道大家是否还记得前文讲过的,

第四章 探索"洞察"奥义(下)

在五维洞察法中,用户的"属性""行为""认知""需求"都是不断变化的,而唯有"心理"与众不同,它是人类千百万年来,经过漫长进化所形成的一整套心理机制与心智规律,并且从古至今变化极小。

正因为如此,心理洞察才有别于其他四个洞察维度,它不需要我们去做很多用户访谈、调查问卷。除非你是心理学专家,否则,大可不必去做那些复杂的心理学实验,只需要深入学习心理学的研究成果,不断探索如何将人类心智规律运用到营销实践中就足够了。

作为一幅简易的"营销心智地图",图4-1描绘了一系列与消费相关的用户心智规律。

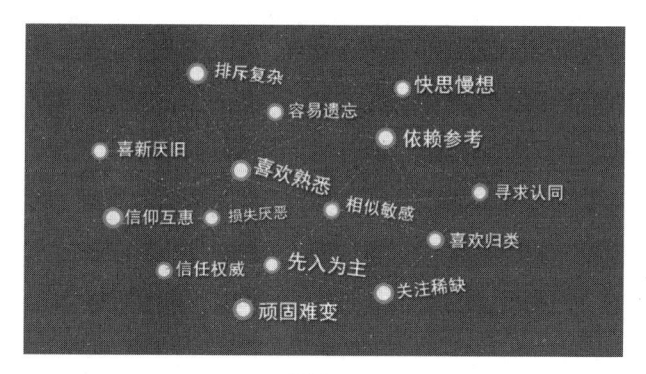

图4-1

接下来,摘取几条进行简要分析。

» 依赖参考:我们每个人的消费行为严重依赖于参考他人意见。
» 寻求认同:每次购物后,我们总是会寻求别人的肯定和赞美。
» 喜欢熟悉:我们喜欢熟悉的事物,因为熟悉往往意味着安全。
» 喜新厌旧:虽然我们喜欢熟悉的事物,但是我们的心智讨厌一成不变。

营销中有很多"套路"其实都源于上述心智规律。例如,知道了"依赖参考",我们就学会了在广告中,努力表现自己的品牌正在被大多数人选择;知道了"寻求认同",资深销售人员会在顾客挑选产品后,积极称赞顾客的眼光;用目标顾客熟悉的"老朋友"(名人)来代言新产品,迎合了"喜欢熟悉"的用户心理;基于"喜新厌旧"的心理机制,有经验的管理者往往会更重视有规律的产品上新。

虽然以上都是将心理洞察运用于运营、传播的例子,但是如果大家认为相关研究只能帮我们解决诸如"标题怎么起、文案怎么写、促销活动怎么设计"这类问题,那就未免太小看"营销心理学"了。事实上,浩繁的心理学研究成果,完全有机会匹配不同层面的营销实践需要。图4-2就展现了不同心理学分支与不同营销工作之间的适配可能性。

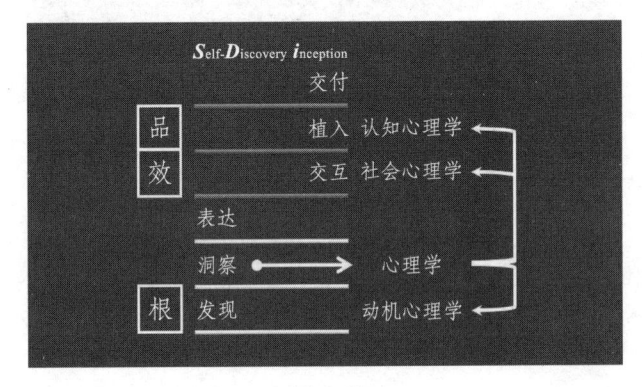

图 4-2

具体而言,结合图4-2中的SDi结构来看,对于通过用户洞察定义品牌核心价值这项任务而言("洞察—发现"),由于相关工作的核心在于识别用户需求,进而意识到品牌可以创造的独特价值,为品牌建立起根基,因此,从业者就可以将"动机心理学"中,那些与消费者如何"起心动念",产生需求、感知价值相关的心智规律纳入,服务于探索品牌核心价值。

第四章 探索"洞察"奥义(下)

此外,对"植入"和"交互",即"认知构建"与"运营增长"而言,由于它们在SDi方法论中分别对应着"品"与"效",所以,在心理学借鉴方面,就可以优先从认知心理学和社会心理学中汲取所需。这是因为认知心理学关注人的认知机制,可以指导我们开展品牌传播;而社会心理学关注人的行为模式,可以帮助我们优化沟通与运营。

既然谈到与用户动机、需求相关的心智规律可以帮大家更好地思考、定义品牌核心价值,下面就让我们顺势回到R记大峡谷的学习任务,来聊一聊"快思考与慢思考"的心智规律可以给"洞察—发现"的相关工作带来何种帮助吧。

为了说清楚什么是"快思考"与"慢思考",也为了调剂一下当前略显严肃的学习氛围,下面为大家奉上一个小小的心理游戏,请各位听题:

"球拍和球一共是1.1美元,球拍比球贵1美元,请问球多少钱?"

此时此刻,我想很多同学的脑海中肯定都不假思索地蹦出了一个答案——"是0.1美元,也即10美分"。

这个答案正确吗?我们不妨来计算一下:假如球是0.1美元,球拍比球贵1美元,即1.1美元的话,那么两者相加就会是1.2美元了……

正确答案是5美分。

上边这个测试来自著名心理学家丹尼尔·卡尼曼的《思考,快与慢》,它非常直观地展现出了"快思考"与"慢思考"的概念。具体来说,卡尼曼通过研究发现,在日常生活中,每个人都会用到两套心理系统,其中一套是基于直觉自主运行的"快思考"系统,典型特征是"凭感觉办事";另一套是人们在遇到困难或重要任务时,心智才会启动的,通过深度理性思考来解决问题的"慢思考"系统。

人们的慢思考系统非常"懒惰",除非万不得已,否则它很少介入我们的生活，这是卡尼曼研究中的重要论断。就像面对上述"球拍与球"的问题时，大多数人都会凭感觉给出答案，而非静下心来仔细计算一样。

卡尼曼继续指出，尽管有时会出错，但在生活中，"快思考主导，慢思考配合"的心理机制其实是非常合理的，因为在大部分时间里，"快思考"确实已经足以帮助我们应付日常问题了。而如果每遇到一件事，人们都要依赖于"慢思考"的话，那么这样的人生就会变得异常疲惫，而且毫无乐趣可言。

基于卡尼曼所说的这种即使偶尔出错，但"快思考"仍主导着日常生活的心理现象，我想起，前两年朋友讲起的一段经历，似乎颇能加深大家对此的理解。记得那一次，这位朋友愤愤不平地说道："前两天我带孩子去吃比萨，本打算点一个12寸的比萨，没想到店员好一会儿才跑来说，12寸的已经卖完了，问我要不要点两个6寸的，价钱和12寸的一样，结果早已饥肠辘辘的我们，居然想也没想就答应了……"

在这个令人莞尔的小故事之后，现在让我们把话题收拢回来。说了这么多，"快思慢想"的心智规律究竟能给品牌核心价值探索带来何种帮助呢？其实关键就在于，在定义品牌核心价值之前，我们首先应该弄清楚自己是在一个"快思考"还是"慢思考"的品类中创业。

品类也有快慢之分吗？受卡尼曼研究启发，我认为答案是肯定的。因为从业者确实可以根据特定条件，将不同品类划分到"快"与"慢"两大阵营之中，这个条件，就是消费者在不同品类中的消费心理机制。

通过对比，图4-3展现了"品类，快与慢"的不同。具体来说，假如你是在零食、饮料、文具这类快思考品类中创业，那么你首先需要意识到，人们的消费动机与心理机制会更接近一种"低参与度模式"。简单来说，在这些品类中，人们不会花太多心思来参与消费，他们的消费行为随意性强，"习惯性购买"和"凭感觉买"的特征更加突出。

第四章 探索"洞察"奥义（下）

快思考品类	慢思考品类
⇩	⇩
零食 饮料 文具用品……	房产 家装 B2B业务……
低参与度模式	高参与度模式
C > F	C < F

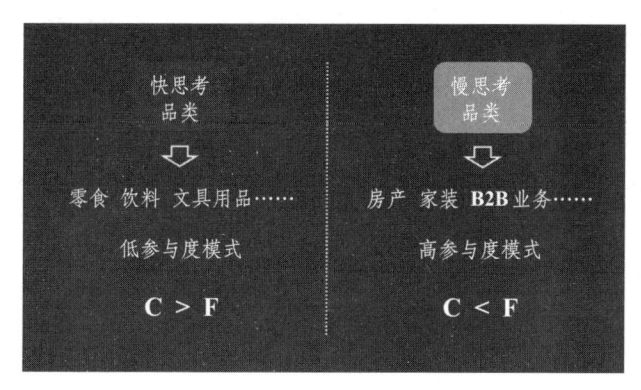

图 4-3

相反，在房产、家装及B2B领域，人们的消费动机与心理机制会更接近于一种"高参与度模式"。针对这些慢思考品类，顾客会在消费过程中主动做功课，会投入大量时间进行品牌评估，会咨询亲友意见。

在不同品类中，顾客消费心理机制不同，因此，我们对品牌核心价值中"F"与"C"的优先级也需要有不同思考。

总体而言，在快思考品类中，由于顾客对品牌的感性感知通常要先于、强于理性判断，相较于产品功能，人们更愿意为品牌的文化与象征含义买单（C＞F），在消费过程中，理智常常敌不过"当时就是想买"的冲动。在这种情况下，只有让顾客初次接触品牌时觉得"有意思"，往往才有机会让他们进一步了解、购买产品。换句话说，创新的品牌文化，常常会成为顾客消费的入口和重要动机，因此，一般来说，在这些品类中定义品牌核心价值，更适合采用从"文化"到"功能"的思考路径。

举例来说，我至今记忆犹新的一段经历是，前些年有一次我搭乘地铁，当我走下电梯时，突然发现一个自动贩卖机的整个外部都被喷绘成了一个硕大的"小茗同学"，其夸张搞怪的神情一下子吸引了我，我出站后，竟然马上去街角便利店买了一瓶该饮料，想尝尝它究竟是什么味道的。

洞察力 2.0：驱动营销新增长

　　回忆这次消费经历，显然，作为顾客的我，一开始并没有被该产品的任何功能传播所吸引，反倒是被一个在该品类中当时并不常见的顽皮形象所吸引。小茗同学的案例间接印证了，在快思考品类中，消费者常常会为品牌感性价值买单的事实。这一点恰恰说明了在这些品类中，定义品牌核心价值时，可以将品牌文化置于比功能价值更优先的位置来考虑。

　　相反，在慢思考品类中，虽然品牌文化作为消费入口的逻辑依然存在，但由于消费者的决策过程极其理性，他们所关注、重视、购买的主要是产品功能而非品牌文化（C＜F），因此，在定义品牌核心价值时，应该将功能价值置于比品牌文化更优先的位置来考虑。

　　综上，如果把"慢思考"与"快思考"品类分别比喻为金庸小说《笑傲江湖》中的"气宗"与"剑宗"，同时将品牌核心价值中的"功能"与"文化"分别比作"气功"与"剑法"的话，那么，慢思考品类就应该"以气驭剑"，将扎实的功能价值作为定义品牌核心价值的根基，再来考虑与之适配的品牌文化；而快思考品类则可以"以剑领气"，先找寻独具魅力的品牌文化，再思考与之适配的产品功能。在我看来，这就是"快思慢想"的心智规律对创业者探索价值发现最为重要的启发。①

---

① 除了"洞察—发现"任务下的用户心理洞察，还将在第六章"洞察—交互"、第七章"洞察—植入"任务下，探索更多有关用户心理洞察的内容与技巧。

第四章 探索"洞察"奥义（下）

28

需求洞察　想要与需要

从用户表现于外的"属性""行为"，到内心相对隐秘的"认知""心理"，在经过了"A""B""C""P"四个维度的学习之后，现在，我们终于要自外而内、由表及里地进入五维洞察罗盘中心，开始对"需求洞察"（N）展开学习了，如图4-4所示。

图4-4

鉴于用户需求洞察在五维洞察法中的核心地位，在谈论具体方法前，先让我们沿着这项工作的常见误区，来推敲一下其本质。

提到需求洞察误区，上一版《洞察力》曾提醒大家：一定要谨慎使用正面询问式的需求了解方式。虽然该观点的提出已有时日了，但以我的观察来看，仍有很多从业者热衷于简单直接地询问用户——"你有哪些需求？""你想要怎样的产品？"，完全没意识到这样询问是比较容易引发误导的。

那么，正面询问用户究竟容易引起哪些误导呢？在我看来主要有如下两点。其一是，这些询问有可能把品牌战略引导到竞争对手的优势上。例如，如果从正面询问一位家庭主妇——"你对家装橱柜类产品有哪些需求？你会购买怎样的产品？"这位女士很可能会基于过往的产品体验，与调研人员谈论自己喜欢的产品类型、自己认可的功能设计。

但是，由于大多数用户只能基于"既有体验"来谈需求，所以，在这位女士的反馈中也必然有很大一部分，都是已经被其他品牌实现了的价值，那些"我觉得某某品牌在某方面做得不错"的表述，所指向的正是竞争品牌的产品特色与优势。如果我们亦步亦趋地跟进这些做法，那么只是在跟随竞争对手的脚步，很难跑到他们前头。

正面询问需求容易引发的第二类误导，是我们获得的"需求信息"其实很多都是用户的主观臆想，基于这些反馈推出的产品，未必真的符合用户期待。例如，百度曾在调研中询问用户："你希望搜索结果页上，每页显示多少个结果？"最后，有九成参与者都选择了"显示20个或以上"。然而，当产品经理真的照做时，却引发了大量用户的抱怨。这个案例清楚地表明，面对询问，人们常常以为自己知道自己想要什么，但事实上他们并不知道。

关于需求洞察，乔布斯说过："有些人说，消费者想要什么就给他们什么。但那不是我的方式。我们的责任是提前一步搞清楚他们将来想要什么。"鉴于此，在上一版《洞察力》中我曾将需求洞察定义为——"是要去探查消费者在未来会感知为价值的可能性"。

不过在上一版《洞察力》出版后，有一些同学反馈说，该定义有些抽象，问我能否把它说得更通俗些，因此，在本书中，我决定将其简化解读

第四章 探索"洞察"奥义（下）

为——其实就是要在"用户想要"之上，看到真正的"用户需要"。

为什么要进行这样的概括呢？一方面，是因为洞察实践中的大量事实早已表明，凡是用户主动表达的"想要"，很多都不是他们真正的"需要"，迎合这些"想要"，很少能实现高品质的品牌创新；另一方面，这样的补充诠释源于我近年来的一个读书体会。具体来说，正是在看过克里斯托弗·沃格勒的《作家之旅》后，我更强烈地意识到，对用户需求洞察来说，我们与其在营销学的藩篱中冥思苦想，不如将它"移植"到文化学的土壤中来重新审视。下面我们谈谈这方面的感悟与收获吧。

首先，在《作家之旅》一书中，作者沃格勒开宗明义地强调了这样一个观点——人类历史上的好故事，其实都存在某些共通的"格式"。这些"格式"一方面体现在故事中总会有我们熟悉的各种"原型"，如"英雄""导师""伙伴""情人"等[1]；另一方面，好故事又常常会遵循相似的结构脉络（该书称之为"英雄之旅"）。例如，在故事开头，"英雄"（故事的主角）通常会在百无聊赖的"平凡世界"中闲游，直到某一天，或许是受到了"情人"的吸引，也可能是得到了"导师"的点拨，他们才开始跳进"非常世界"冒险。有时候我们明明知道情节，却还是会对故事着迷，原因恰如沃格勒所言——"所有时代的故事，都精心包裹着人生的讲义"，人们会在故事中遇到自己，会用故事来衡量自己的生活，这就是好故事对我们产生的意义。

那么，探讨"好故事的共通之处"和"需求洞察"又有什么关系呢？有一天，一个灵感的小火花帮助我将这两者勾连了起来。那天，我突然想到：如果把"用户需求"转换成它的近义表达——"人类欲望"，那么"需求"不就从营销学中的重要议题，转变成文化学中的恒久主题了吗？试问，从古至今，那些耐人寻味的文化作品，哪一个不是在表现人类复杂而多变的"欲望"呢？

---

[1] "原型"是我们在用户文化需求洞察这部分即将讨论的一个重要概念，相关内容会在本章后半部分专门呈现。

基于这一点，我继续琢磨，既然营销学中的"需求"是可以与文化学中的"欲望"相提并论和对照分析的，那么，在文化对"欲望"的刻画方面，是否存在某些不变逻辑、某些既定"格式"或者说"书写方式"，能让我们对"需求"获得深刻理解呢？仔细想来，这类"格式"应该是存在的。例如，展现"英雄"（故事的主角）在"想要"与"需要"之间的矛盾，就属于文化对"欲望"这个课题最为常见的一种书写方式。

这一点在《作家之旅》一书中是这样描述的："一般来说，英雄期望的东西是他当时疯狂想要的，但故事教给英雄要向前看，去看他真正需要的东西。英雄可能觉得他想要赢得比赛或者找到财宝，但实际上，故事表现出他需要的是道德或者情感方面的课程：如何变成一个善于协作的人？如何懂得变通和善于宽恕？如何坚持自己？在满足最初愿望的过程中，故事提供了让人汗毛直立，具有生命危险的事件，挑战英雄，使其能够改善自身性格中的某种缺陷。"

为了印证这一点，我们不妨也来想想看，在你喜欢的文化作品中，主人公在"想要"与"需要"之间的矛盾，是不是常常被作为贯穿始终的主题呢？金庸小说《笑傲江湖》里的令狐冲，最初的"想要"，似乎就是能与小师妹一起过一种潇洒适意的神仙眷侣生活，然而，故事却给了他完全不同的际遇，从而让他有机会去领悟自己的"真正需要"，像是对人心善恶有更深刻的体察，以及在"洒脱"与"责任"之间求得平衡等。

又如，在80后、90后的集体回忆，漫画《灌篮高手》当中，主人公樱木花道最初的"想要"，只是希望通过加入篮球队来追求自己喜欢的女孩，然而，万万没想到，加入球队却给他带来了诸多改变，尤其是让他体会到了"在正确方向上挥洒天赋"的乐趣（真正需要）。

再如，从《黑客帝国》《海王》这类作品中，大家或许很容易发现科幻电影的某些"固定格式"：在故事开头，主人公通常无论如何也无法接受自

第四章 探索"洞察"奥义（下）

己就是"大英雄"的命运，反而一心只想去过好自己的"小日子"，这时候"导师"的出场，往往会起到关键转化作用，他们逼迫主角跳进"非常世界"，去领悟自己的使命与真正需要。

从文化学的角度看，凡是被故事反复书写的东西，一定是人类生命智慧的高度浓缩。如果我们认可这一点，那么就应该理解，千千万万的文化作品，之所以会不遗余力地表现主人公在"想要"与"需要"之间的矛盾纠结，是因为背后的人性洞察是极其深刻的。简单来说，尝试教会人超越当前欲望，去领悟自己真正缺乏的东西，是所有优秀故事试图传递给我们的宝贵生活经验，这也恰恰揭示了需求的本质。

现在，让我们将"文化学"与"营销学"对应起来，同时，将这两个学科下的"欲望"与"需求"、"故事"与"品牌"、"英雄"与"用户"一一对应起来，然后就能很自然地推导出以下两组结论了：

（1）无论是在文化世界，还是在商业世界，英雄（用户）一开始想要的，通常都不是他们真正需要的；此时，英雄（用户）正处于一种对自己真正需求并不自知的状态。在我看来，这就是乔布斯说的："消费者想要什么就给他们什么，这句话听起来很有道理，但通过这种方式，消费者很少能得到自己真正想要的东西。"

（2）故事给英雄安排意想不到的际遇，就像品牌为用户提供超预期的产品一样，往往能激发他们意识到自己的真正需要，并通过调整生活方式收获幸福与成长。换句话说，好品牌常常会以出人意料的方式来帮助用户"修正欲望"，进而在更高层次上满足用户需求。

总结来说，在认清了"想要"常常只是领悟"真正需要"之前人们心中某种并不稳定的情绪之后，我们就不难理解，与那种不假思索地迎合用户当下欲望的做法相比，需求洞察的更高标准，应该是试图理解用户在更深层次的生命体验之中，有机会获得的更高层次满足。

对此，不妨再来举一个小例子，前段时间，某"游戏外设"品牌的营销负责人向我咨询，在通过手柄等外接装备带给用户极致的游戏体验之余，如何才能洞察更广泛的用户需求？怎样扩大市场份额？

面对这些问题，从"想要"与"需要"的思路出发，我们首先讨论了用户"想要"的部分，无外乎"绝佳的握持感""极高的灵敏度""更低的延迟表现""更好的竞技状态"等。但深入想想，当品牌努力迎合了用户之后，用户的生活又会怎样呢？在此之外，是不是还会有一些深层次的需要是尚待品牌用心发掘的呢？

比如在日常生活中，我也能感受到适度游戏带来的放松，却常常感叹自己把握不好这个"度"。就这一点来说，游戏外设产品有无可能通过某些人性化、趣味化方式，适时向我发出"适度"却又不易让人反感的友好提醒呢？

又如在一次春节走亲戚的过程中，我曾见到一位长辈利用家中的衣架专门制作了一个放 iPad 的架子，以便在追剧过程中可以保持较舒适的姿势。这件事让我想到长时间固定姿势玩游戏，同样可能加剧身体某些部位的劳损，游戏外设品牌有无可能从"引导姿势""避免劳损"等角度来考虑产品的创新方向呢？这样的方向，是不是有机会拓宽消费人群？或者让产品切入礼物类的消费场景呢？

从"洞察—发现"的任务来看，这些分析让我对游戏外设品牌在用户生活中应该扮演的角色又有了新鲜感悟。后来，在与那位营销负责人交流时，我就委婉地向他建议，该品牌的核心价值似乎并不应局限于"创造极致的游戏体验"，而应该是"帮助人们以更成熟的方式来享受游戏。"

通过上例，最后我想强调的是，对用户需求洞察而言，在人工智能看似将无所不能的未来，我们或许只有将洞察"镜头"，始终聚焦在目标用户的长远人生与深层幸福感上，超越其浅层"想要"，洞察其真正"需要"，面对任何可能的答案，都用心注入人性化的理解，才有机会让品牌长久地驻留在用户心中。

第四章 探索"洞察"奥义（下）

29

用户功能需求洞察

承接上一节，本节介绍用户需求洞察的具体方法。开始前，先回顾一个知识点，第一章我们曾谈到，作为一套从中国文化观念出发来理解营销的实战型方法，SDi方法论认为，营销在很多层面都存在彼此依存、相生相克的"阴阳"。

通过图4-5能看出，在SDi结构中，"创造价值"与"创建认知"作为营销工作的两大单元，就是一组相对宏观的"阴阳"。再细分到不同营销层面来看，在品牌"发现"层，由于"功能"（F）与"文化"（C）是组成品牌核心价值的一组"阴阳"，这就决定了在"洞察"

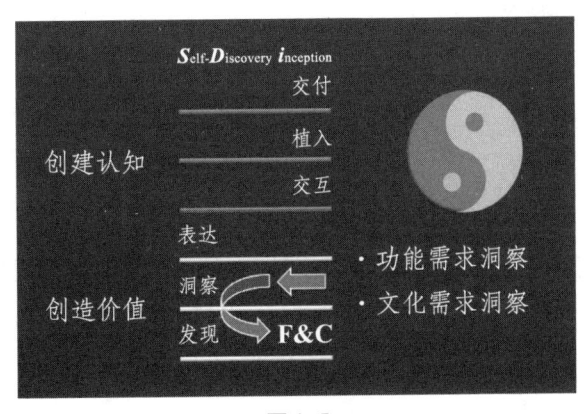

图4-5

层，也需要分别从这两个方面来进行用户需求洞察。因此，功能与文化需求洞察，自然也就是用户需求洞察中的一组"阴阳"了。

简单梳理后，本节先来讨论"功能需求洞察"。

从R记大峡谷"洞察—发现"的学习任务来看，为了定义品牌核心价值，功能需求洞察应该从哪些方面入手呢？对此，读过上一版《洞察力》的同学或许还记得，SDi方法论是将"用户痛点研究"和"了解消费者不购买的原因"作为首选方法推荐给大家的。相关推荐是基于这是两种既简单易行，又能有效规避正面询问误区的洞察方法。

先以"用户痛点研究"为例，上一节谈到，如果正面询问用户需求，那么大家所获得的，常常要么是其他品牌的特色优势，要么是用户的主观臆想，并无助于实现品牌创新。此时若能换个角度，从顾客痛点入手，则可以比较好地克服这一问题，因为所有能被用户言说的痛点，都是既有品牌尚未解决的问题，既有品牌尚未满足的需求，因此更有可能引导创新。

再来看"了解消费者不购买的原因"。基于过去的行业观察，我发现缺乏经验的调研人员常常会乐于询问顾客——"您为什么选择我们的产品？"而只有资深调研者，才会有意识地从品类和品牌两个角度，去询问那些从不购买某类产品（或某个品牌）的人，以及那些本来打算购买某类产品（或某个品牌），却最终放弃的人，从不购买（或放弃购买）的原因。那么，这两类提问究竟有何不同呢？

其实回忆一下自己的购物经历，相信你很快就能体会到，当被问到"为什么购买"时，人们的回答常常都是不准确的，因为这些答案很多都是被询问者的理性思维临时编造的。而在消费现场，那些真实的消费动机，有许多消费者早就忘了；还有一些可能是连他们自己也说不清的潜意识因素。比如人们或许只是看到了别人在买，就冲动消费了而已。相反，如果有人问你从不或放弃购买的原因，那么这类问题的答案，通常是被询问者非常清楚的。

第四章 探索"洞察"奥义（下）

由于此类提问常常能让大家了解到相关品类（品牌）尚未满足到、满足好的用户需求，以及更为重要的，即对自己品牌来说——"卡脖子"的增长阻碍究竟何在，因此，与"痛点研究"一样，其在洞察实践中的重要性也是相当高的。

另外在开展用户需求洞察时，大家要切记，该研究是与五维洞察法中的其他四个维度紧密联系着的。换句话说，"ABCP"四维中的很多研究都可以协助我们推导、印证用户需求。具体而言，在此情况下，回看图4-4，大家不妨把"ABCP"想象成进入"中央宝藏"（N）的"四扇大门"。有时，当我们很难直击用户内心，探寻到隐秘的需求信息时，就不得不经由外围的"大门"来接近"需求"，如由"B"到"N"、由"C"到"N"等。上一章第24节介绍过的"研究用户的非正常产品使用行为"，就属于通过行为研究来推敲用户需求的一种典型情况（B-N）。

在"洞察—发现"任务下，我们还可以通过认知洞察来推敲、印证用户的功能需求（C-N）。具体而言，在探索品牌核心价值的过程中，创业者往往先要了解用户对当前市场上主流品牌的功能认知分别是什么，这些品牌各自拥有着怎样的功能认知优势，这些认知优势的形成，是因为相关品牌满足了什么样的用户需求。基于这些调研，创业者才能更好地思考自己的功能价值定位。简单来说，不了解市场中的99%，就很难成为那与众不同的1%。

通过上边的例子，希望大家能更直观地体会到，区别于西方营销理论中——"A就是A，B就是B"概念间界限分明的思维方式，从东方文化出发，在SDi方法论中，我们认为"ABCPN"的洞察五维其实是一种"你中有我，我中有你"的关系，恰如"金木水火土"相融共存，彼此影响一样，孤立分析其中任何一个元素，其意义都会变得有限。基于这一点，在洞察实践中，大家一定要将这五个维度灵活地穿插起来，对于洞察结论，也要用一种整体、关联的方式去解读，切勿用彼此割裂的思维去解读。

言归正题，上边谈到的几种洞察方法，在上一版《洞察力》中还有更多介绍。下面，再来讨论两种近年来我在工作中运用较多的洞察方法。

在意因素差异分析

最近几年，用前边心理洞察部分学过的"快思慢想"心理机制来看，我接触了不少慢思考品类的客户。在这些品类的洞察实践中，关注购买者与使用者的在意因素差异，常常会是一个非常有用的洞察视角。

具体而言，无论房产、汽车还是家装服务，慢思考品类的产品往往都是家庭成员共同使用的，而生活习惯与家庭角色的不同，又常常会导致不同家庭成员对产品的在意因素产生较大差异。在现实中，管理者过于看重买单人意见的传统，往往会导致其他产品使用者的在意因素被忽略。

比如在家装市场中，女性通常作为产品"购买者"兼"使用者"，而男性通常只作为"使用者"的特征，导致在售前售后的诸多环节，由于品牌大多数时间都是在跟女性打交道，因此，在产品设计上也很容易出现一种过度迎合女性化偏好的倾向。长远来看，这其实是不利于品牌整体发展的。

值得注意的是，使用在意因素差异分析，并非只是慢思考品类的"专利"，快思考品类同样有机会运用该方法。谈到这一点，我想再跟大家分享一个有趣案例——任天堂旗下的大热产品"LABO"。这一被《时代》杂志评选为"2018年度最佳发明"的游戏产品，独具巧思地推出了"软硬件组合"的玩法。在游戏中，玩家可根据提示用硬纸板制作出一系列造型各异的配件，然后通过配件与游戏主机的不同组合，演变出"弹钢琴""养宠物""玩遥控车""钓鱼"等众多玩法。

"LABO"的成功就在于考虑到了游戏购买者（家长）与使用者（孩子）的在意因素差异：孩子希望游戏好玩、耐玩，玩完一种玩法还有1001种，而家长则担心孩子长时间沉溺于"电玩"，想象力与动手能力变差。在这一前

第四章 探索"洞察"奥义（下）

提下，将"制作、游玩、探索"设定为品牌核心价值的"LABO"，摆脱了"电玩"的单一身份，从产品理念到功能承接，都更加突出了"制作"（动手）和"探索"（动脑）的部分，由于同时呼应了购买者与使用者的诉求，于是销量皆大欢喜也就不足为奇了。

新场景识别

作为创业圈的热门概念之一，这些年来，"场景"的热度居高不下。究其原因，我想是因为大家都更明显地体会到，当前商业竞争正在从"品类竞争"演变为跨品类的"场景竞争"——游戏的竞争对手除了同类游戏，更有短视频；而星巴克的有力挑战者也未必会是哪个咖啡市场的新入局者，更有可能是茶饮市场中的新贵。在这一趋势下，能否跳出品类传统，用"跨界"思维去切入全新的用户场景，对品牌，尤其是新品牌来说就更重要了。

在"洞察—发现"任务下，"新场景识别"指的是创业者可以先列出自己所在品类过去从未（或较少）切入的用户场景，然后通过研究相关场景下的用户需求，来评估自己能否通过功能创新，有效切入这些场景的洞察策略。

说到这儿，一个案例闪过了我的脑海：2019年，我接手了一个口腔护理品牌的策划案，当时，为了帮助客户搞清楚新品牌能否将核心价值定位在"礼品"方向上，我们关注了这样一个令人好奇的问题——为什么除了电动牙刷，像普通牙刷、牙膏及漱口水很少会被消费者作为礼品赠送，很少切入社交场景呢？

除了觉得这类产品的客单价低，作为礼品可能会让送礼者觉得不够体面，我们又专门进行了问卷调查。结果显示，从消费者一端的情况来看，位列前三的阻碍因素依次如下：

（1）不知道别人的使用习惯，因此不知送什么合适。

（2）这类产品缺乏"礼物"形态，因此很少能想到可以用来送人。

（3）这类产品是清洁口腔的私密用品，作为礼品，担心会让对方误解。

不过，随着研究深入，我们也发现了一些例外。比如在2018年，高露洁推出的"大胆爱"牙膏，就成为一款成功引爆社交场景的明星单品。该产品的显著特征是，在挤出的透明膏体中能看到一种被众多网友直呼"少女心爆棚"的心形薄片，配合着热情浓烈的红色包装与俏皮文案，"大胆爱"完全突破了牙膏品类的"社交障碍"，打开小红书等App就能发现，将其作为情人节礼物和婚礼伴手礼的帖子不计其数。

通过赋予产品明确的礼品形态与社交含义，"大胆爱"切入了该品类过去甚少触及的场景。在我看来，该案例对我们完善"新场景识别"的洞察策略是很有启发性的。归纳来说，相关操作大体可以分两步走。

第一步：品牌创建者可以先"脑洞大开"地，努力罗列出自己所在品类过去从未（或较少）切入的典型场景，尤其是一些新兴场景[①]。

第二步：迅速跟进一系列调研，搞清楚过去阻碍品类进入相关场景的原因和人们在这些场景下的典型需求，然后从功能创新角度思考品牌可以如何满足需求。最后还要思考满足这些需求的功能创新是否可持续、是否值得被设定为品牌核心价值。

最后，梳理一下本节谈及的功能需求洞察方法：

（1）用户痛点研究。

（2）关注消费者不购买的原因。

（3）与行为洞察配合，关注用户的非正常产品使用行为。

[①] 谈到关注新兴场景，一个可供参考的例子是，数年前我曾在一次化妆品行业培训中，提醒大家要更重视女性在健身房"撸铁"等女性参与激烈运动的场景。要一边保持运动状态，一边send短视频、发朋友圈，相关场景下的需求特征，其实就能为化妆品品牌、子品牌创立，以及产品创新带来新的启示。回顾过去几年，随着人们生活方式的变化，有哪些区别于从前的新场景，是品牌有机会"跳进去"扮演一个角色的？多问问自己这类问题，是运用"新场景识别"的窍门所在。

第四章 探索"洞察"奥义（下）

（4）与认知洞察配合，了解不同品牌的功能认知优势。

（5）关注产品购买者与使用者（及不同使用者）的在意因素差异。

（6）新场景识别。

相关方法中的要领，大家都记住了吗？[1]

---

[1] 本节谈到的功能需求洞察方法，既可以服务于定义品牌核心价值（洞察—发现），也可以服务于产品问题（洞察—表达）。比如，品牌为了推出下一代产品，希望确定要做哪些改进，或希望扩充产品线，明确新产品功能，都可以考虑运用上述方法。最后，还有一种功能需求洞察方法，我计划将其隐藏在第六章"品牌内容"这部分，希望大家在未来探索中注意找寻。

30

用户文化需求洞察

在M星R记大峡谷,随着学习的深入,很多同学都抛出了萦绕在心头多年的营销疑问,对此,我想起了不久前的一段小插曲。那天,就在我和"摸鱼小分队"拿着临时制作的工具一起前往谷底大河抓鱼,想在当晚再奉上一顿烤鱼大餐,请智者多传授些洞察经验的途中,一位同学问到了这样的问题。

他说,早在"J字海沟",我们借"左右脑品牌"的比喻,第一次提到品牌可以通过文化创新实现增长,当时他就很想说,其实在行业中,很多人都是很怀疑这一点的,他们认为文化、情感这些"阳春白雪"的东西,脱离了产品本身,对增长的帮助不大。对此,我们应该如何看待这类观点?如果说文化创新真的有用,那么它促进增长的证据究竟何在呢?

今天我将正面回应这位同学的疑问。

经过前文许多铺垫,经历了这么长时间的探索,现在本书第一个内容"高峰",用户文化需求洞察这个令人期待的话题,终于就要和大家见面了。

谈起该话题,我想起了在上一版《洞察力》中,是将功能需求洞察作为

第四章 探索"洞察"奥义（下）

洞察篇章的重点呈现给大家的。近年来，随着我们洞察实践经验的日益丰富，我决定在本书中，将文化需求洞察设定为洞察章节的内容重点，希望这样的安排能够与上一版《洞察力》形成"双剑合璧"式的互补。

在今天这个科技日新月异的时代，文化需求洞察是一个虽然关键但备受冷遇的课题。在我看来，该课题比以往任何时候都更重要。这些年来，一方面，大家目睹了像花西子、江小白、内外、Keep等大量本土品牌，凭借出色的品牌文化创新开创了增长神话；另一方面，在面对疫情等因素时，很多既有的文化领先品牌也表现出了更强的抗风险能力。

要讨论文化需求洞察，首先必须说清楚什么是品牌的"文化创新模式"，虽然在"J字海沟"，我们已浅显地谈论到该方面，但为了让大家理解得更加透彻，接下来还是再来做一些更深入的梳理吧。

回顾商业史，大家不难发现，在商品经济萌芽的早期阶段，企业努力宣传产品功能，这件事是天经地义的。因为彼时的管理者深知，只要能在功效上领先同行，抢占市场的机会就将大增。然而，随着人类经济从生产力落后的早期阶段迈入科技突飞猛进的全球化时代，"功能为先"的竞争法则就逐渐显现出狭隘性了。

在今天，很多行业都出现了一种功能需求被过度满足的现象，就像著名广告人杜森伯里在其《洞见远胜创意》一书中所描绘的："我们经常发现商家的研发部门告诉大家——'这是我们最新的奇迹'。然而，消费者却打着哈欠说：'这没啥大不了的，我的T恤已经够白了，我的地板也已经够干净了，这没有重要到影响我的生活。'"

不仅如此，另一个对"功能为先"法则带来严峻挑战的现实是，在很多行业，品牌想要努力强调的功效特性，如牛奶的"营养度"、汽车的"安全性"、化妆品的"抗衰老"等，都是消费者难以感知、难以证实的。

营销的基础逻辑之一是，要为消费者的选择提供有利于品牌的依据。然而，当同质化、不可感知化的功能越来越难成为人们区分品牌的依据时，就必须为他们提供"第二视角"。此时，让目标顾客从品牌这里体验到与众不同的人文、精神价值，就成为另一种能促进顾客选择的有效模式——文化创新模式了。

作为营销人，大家必须意识到，沉溺于说"功能"是一种典型的企业视角，而从用户视角来看，多数时候，与产品功效这类"不相干"的话题相比，人们显然更关心自己的生活。今时今日，除非企业能准确传达品牌在人们生活中的意义，就像特仑苏告诉我们，更好的牛奶意味着"更好的自己"；江小白告诉我们，"青春小酒"不是为了"喝出尊贵"，而是为了体会"失败了也没啥大不了，这就是年轻人的生活"一样，没有这层意义的讲述，即使功能卓越也常常无法唤起用户注意。

相反，当品牌蒙上了意义的光环时，其功能传播也会变得更具说服力。例如，当我们被某SUV品牌"征服更高处"的口号打动，共情于这种"超燃"的人生态度时，对其"出众的越野性能"也会变得更加信赖；相应地，像牛奶的"营养度"、化妆品的"抗衰老"等，如果有出色的品牌人文价值作为铺垫，那么，这些功效传播也会更容易取信于顾客，这就是心理学中的"晕轮效应"。

通过以上讨论，现在，我们不妨将文化创新模式定义为，一种通过满足消费者在情感、观念、态度、心理等层面的文化需求，通过卓越的品牌文化塑造来驱动增长的模式。

看到这里你可能会好奇，为什么我们一直在说"文化需求"，而不说"情感需求"或者"心理需求"呢？答案是，"文化需求"的包容性更好。由于特定文化有可能满足人们在态度、观念、心理、情感等不同方面的内心渴求，所以，凡是超出了产品理性诉求之外的，消费者林林总总的感性需求、人文需求，都可以用"文化需求"来概括。

第四章 探索"洞察"奥义（下）

比如如果说MINI的"Not Normal"是一种特立独行的文化态度，那么无印良品的"这样就好"，更接近于一种冷静克制的文化理念；如果说木屋烧烤的"每一天都值得庆祝"是一种颇具烟火气的文化情绪，那么红牛的"你的能量超乎你想象"，更像是对消费者的一种文化心理暗示。虽然上述品牌所针对的顾客需求横跨了态度、观念、情绪、心理等类型，但基本上都可以用"文化需求"来概括；相反，"情感需求""心理需求"却只能代表此类需求中的某些类型，而不足以代表整体，这一点希望大家理解。

接下来，让我们来回应一下本节开篇那位同学所提出的问题——文化创新对品牌真的有用吗？它驱动增长的逻辑何在？在我看来，当品牌所塑造的文化能够吸引特定消费者时，这很可能意味着：

（1）由于这种文化匹配了人们特定方面的情感与心理需要，所以，我们常常会通过消费行为来释放情绪，获取心理满足。例如，经历了一周紧张工作的年轻人，或许会通过小酌几杯"江小白"来排遣压力，感受一种"无套路、不复杂"，看似平淡却触手可及的简单美好。

（2）品牌文化可以帮助消费者建立社会形象，从而促使消费者为"自我表达"而消费。例如，MINI车主会通过驾驶该品牌轿车，来彰显自己与众不同的个性。对品牌文化赋予消费者的这种"标签属性"，我们将其称为品牌的"社会象征价值"。

（3）与"社会象征价值"相对应的是个人化的"内在象征价值"，这是品牌借由文化赋予顾客的独特内心体验。例如，多年前受李宗盛《致匠心》广告影响，我买了一双New Balance的运动鞋，我至今仍十分珍视它。究其原因，对于像我这样一个希望在营销咨询行业留下些许"手艺人"印记的从业者来说，穿上这双鞋会带给我一种身份认同感。每当低头思考时，这双鞋就像一位老朋友那样，总是提醒着我，人文和手艺人心态在我们这个行业的稀缺与珍贵。虽然这层象征意义其他人未必了解，却是我当年购买它的核心原因。

（4）在特定人生阶段或场景下，品牌文化能让顾客获得某种精神力量，从而为他们战胜困难提供心理暗示。例如，在为某时尚饰品品牌开展的用户洞察项目中，我们曾向部分年轻女性询问她们佩戴首饰时的心理活动，其中一位受访者就谈到，自己偏爱设计感强的饰品品牌，因为佩戴这些首饰能让她在面对问题时感到更有气势。

（5）塑造独特文化，能让品牌变得有风格、有个性，据此，品牌就有机会以"人格化"方式，借助"相似优先"的心智规律来拉动消费。从心理学角度看，每个人都会对与自己相似的东西格外敏感，仍以上述时尚饰品项目为例，很多女性在面对消费选择的问题时，常常都会承认自己是在寻找那些在风格与调性上"跟自己蛮像"的牌子，而对于放弃了的品牌，则多会以"不是我那杯茶"来总结。这说明，无论是从态度、风格、形象，还是从情绪上来说，如果我们能让目标顾客觉得"这个品牌跟我蛮像"，那么赢得她们芳心的机会就会更大。

以上五点，或许只是品牌文化以其隐晦而强大的方式，让我们心甘情愿扫码消费的最主要动因，其他更多微妙动因就不再一一剖析了。然而，重要的是，在我看来，对于这些在日常生活中消费者极少向人吐露的消费心理，如果营销从业者从未深入体察的话，就很难真正理解文化创新与品牌增长之间的关系，也很难意识到文化需求洞察的巨大价值。

梳理完基础信息后，如何才能洞察用户的文化需求呢？别着急，下面结合案例，让我们先来看看"洞察—发现"任务下，运用文化需求洞察最常见的两类工作场景。

一、新创品牌

当创业者计划推出全新品牌，为了探寻自我核心价值中的品牌文化，明确"TFC"组合中的"C"元素时，就需要运用文化需求洞察。例如，花西子在化妆品市场迎合国际潮流的主流审美之外，独辟蹊径地表达了东方美学的文化态度，这就是基于文化需求洞察，通过锁定一种在自己品类中具有稀缺性和创新性的品牌文化，从而快速崛起的例子。

二、品牌升级

企业在进行品牌升级时，同样需要运用文化需求洞察。在此场景下，开展相关洞察的一种典型情况是，特定品牌在过去并没有认真考虑过顾客的感性需求，因此，在最初的"价值发现"中"只见功能，不见精神"，这时通过文化需求洞察，找到能与功能价值相呼应的品牌文化，就有机会升级核心价值，提升商业表现。

例如，2015年推出的移动健身应用Keep赶上了移动互联网创业风潮，一开始其功能创新的属性非常明显。不过，随着该品牌推出新口号——"自律给我自由"，大家不难看出Keep的品牌核心价值又从文化角度得到了一次明显升级。

"自律给我自由"为用户的运动行为注入了更深层的心理动机，尤其是在今天这个现实世界与虚拟世界诱惑颇多的时代，"自律"与"自由"就不仅是在诉说"运动"与"身体"的关系了，而更像是在以极具启示性的口吻，向我们提示着实现更好人生的可能性。通过文化创新，Keep的品牌核心价值得到了迭代，发展也迈上了新的台阶。

31

神奇的品牌十五原型

通过上一节的讨论，相信大家已充分了解到，所谓文化需求洞察，其实就是要洞察消费者在态度、观念、心理、情感等方面的需求。从现在开始，我将陆续介绍文化需求洞察的方法，本节和下节将主要介绍"品牌原型研究"。由于本节是为下节的方法讲解打基础的，因此，为了追求更好的学习效果，下面，让我们先来探讨一下与品牌原型研究相关的品牌形象话题。

品牌形象与用户文化需求之间存在直接联系。对此，我时常会想起大卫·奥格威以威士忌品牌为例说过的一段话："为什么有些人选择Jack Daniel's，而另一些人喝Grand Dad或者Taylor牌的威士忌呢？难道他们一一品尝并比较了口感吗？别逗了！事实上是这三个品牌的形象各异，分别吸引了不同的人。人们品尝的不是威士忌，而是形象。"

在我看来，奥格威这段话委婉地点出了，承载着特定文化的品牌形象本身就能满足顾客的感性需求。具体来说，人们往往能够瞬间感知某个形象背后的文化含义，而对于那些契合自己感性需求的形象，自然就会投入更多关注。借中国文化中的"形神兼备"来说，品牌形象是"形"，品牌文化是"神"，品牌形象是品牌文化得以呈现，得以被消费者感知的重要载体。品牌

第四章 探索"洞察"奥义（下）

借助形象来传达文化，满足需求。

基于上述分析，不难看出，品牌形象虽然可以被单独讨论，但它应该隶属于品牌文化。就像在生活中一个人有着怎样的人生态度、价值观，就必然会建立相应的个人形象一样，品牌亦然，品牌形象也是品牌文化在现实中的反映，我们应该将其视为品牌文化中至关重要的组成部分。

你可能会好奇，品牌形象与品牌文化的这层对应关系，对文化需求洞察又有什么帮助呢？答案是——既然这两者是对应的，某个形象必然会反映出它所属的文化。那么，如果能先洞察用户偏爱的形象，不就有机会推测出其背后的文化需求了吗？这其实就是品牌原型研究的核心逻辑。

上述说法听上去简单，但具体如何操作呢？这里面的"线头"很多，绝非三言两语可以讲明。如果大家能对这项重要的洞察方法保持足够耐心的话，不如还是听我来一步一步详细拆解。从哪儿开始呢？最好还是回到事情的源头，让我们从"原型"这个概念说起。

本书所说的"原型"（Archetype），是荣格心理学中的一个专业术语。对这个由心理学家卡尔·荣格发扬光大的著名概念，大家不妨将其简单理解为人类基于往昔的典型生活经历，通过代代相传，而在后人潜意识中植入的一系列意象、角色。特定经历产生的次数越多，相关意象（角色）也就被植入得越牢固。

从荣格心理学的角度看，由于原型的存储位置是在人们的潜意识深处，因此，它们常常会通过梦呈现出来。比如大多数人都做过那种从高空坠落的梦，之所以会如此，是因为我们的灵长类祖先曾有过无数次从树上掉落的典型经历，于是才在人们心中镂刻了这种"坠落原型"，以利于人类形成"恐高"的先天倾向。由此，切换到生物学视角来看，原型的作用就非常明显了——它能使人类从降生起就携带某些祖先的智慧，从而大大提升了我们的生存概率。

再举个例子，在卡尔·荣格提到的一系列原型中，有一种叫作"智慧老人"。为什么会有这种原型呢？因为从远古开始，人类就有过无数次向长辈求教的典型生活经历。无论在部落中还是村子里，当遇到困难时，人们总是会想到，一定有某个见多识广的老者知道些什么。这种经历被重复得如此之多，以至于这千千万万个老者的形象就被凝结成了潜意识中的"智慧老人"，以便后世子孙也能够承袭这种有困难时求教于长者的生活智慧。

你可能会纳闷，如果人类祖先要向后代传递信息，用语言不是更方便吗？为什么要通过意象呢？答案其实很简单，那就是在人类漫长的进化历程中，作为一种跨越种族的原始信息，原型的诞生要远远早于任何语言文字的形成。这也解释了在语言文字诞生后，原本存在于人们潜意识中的原型，也就从梦境中越来越频繁地流入文化作品。正像《千面英雄》的作者约瑟夫·坎贝尔所指出的："神话是众人的梦，而梦是私人的神话。"这也正是卡尔·荣格认为全世界的神话、童话与梦一样，都是原型最主要的载体的原因。

为什么世界上有多种语言，文化却高度相通？为什么英雄会在不同文化中反复出现？为什么东西方剧作家素未谋面，作品却异曲同工？卡尔·荣格的观点能够让我们借由心理学的蹊径瞥见某种答案，那就是虽然语言文化各异，但人类共同的进化历程，却在我们的潜意识中镂刻了相同的原型。这是一笔由全人类共享，且仍在不断传承着的伟大心理遗产，因此，被不断呈现于世界文化之林。

事实上，某种原型所属的生活经历被重复得越多，对人类生存发展越重要，它被文化呈现的频次就越高。比如在每种文化中都不会缺乏"智慧老人"原型：从金庸小说中的"风清扬"到电影《星球大战》中的"尤达大师"；从漫画《七龙珠》里的"龟仙人"到动画片《蓝精灵》里的"蓝爸爸"，这些其实都是文化作品对"智慧老人"的一再呈现。从这个角度看，一系列原型恰恰是人类典型生活经历与欲望的缩影。

前边谈到，人们会关注能满足自己感性需求的形象，如果用"原型"的

第四章 探索"洞察"奥义（下）

逻辑来推敲，我想正是因为，人们当前的生活现状与内心需求，由于契合了人类过往的典型经历与欲望，因此，会激活潜意识中对应的原型，此时就会发生心理层面的"缩影放大"现象——潜意识中的相关原型被放大、提亮，于是我们就会对隶属于此原型的形象更加敏感。

例如，求学阶段的人们会对"智者"形象敏感，正是因为我们的求学经历与人类往昔无数次向长辈学习，渴望获得技能的经历重合，于是潜意识中的"智者"原型被激活；初入职场的年轻人之所以容易对"英雄"形象产生认同，是因为此时的生活境遇与人类祖先无数次面对外部机遇，渴望改变现实的情境、心态重合，于是"英雄"原型被提亮。这其实就是研究用户偏爱的原型形象，我们就有机会逆向探查其内心需求的依据。

认识到原型对用户洞察的巨大价值后，近几年，以卡尔·荣格的原型思想为核心，总结前人思想精华（尤其是卡罗尔·皮尔森、玛格丽特·马克、克里斯托弗·沃格勒等人对"原型"概念的丰富与发展），经过持续思考实践，SDi方法论正式提出了"DRN品牌十五原型"（简称"品牌十五原型"，如图4-6所示），并将其运用到了众多咨询项目当中。要了解通过原型研究洞察用户文化需求的方法，需先知道重要的原型都有哪些，因此，接下来介绍"品牌十五原型"的具体内容。

> **SDi方法论——DRN品牌十五原型**
>
> **D** 英雄 创造者 探索者 王者 照顾者 情人
>
> **R** 叛逆者 凡夫俗子 玩乐者 天真者
>
> **N** 伙伴 智者 魔法师 贵族 土著

图4-6

与市场上原有的"品牌原型"类内容显著不同的是，SDi方法论首先以中国文化中的"儒""道"文化为两极，以汽车驾驶中的"进""退""空"三个挡位为象征，对众多原型做了"D""R""N"三大类型的划分。

其中"D"类原型是以"Drive"（驾驶、驱动）为象征，主张拼搏进取的一系列原型，在文化上，是与儒家文化"积极有为"的哲学观相呼应的；"R"类原型是以"Reverse"（倒车、反向）为象征，主张返回与放松的原型，在文化上，是与道家文化"洒脱无为"的哲学观相呼应的；"N"类原型是以"Neutral"（中立、空挡）为象征，在"D""R"两者间，并无明确态度倾向的一系列原型。

将众多原型划分为三大类，就好像把众多角色放到了三个舞台上一样，为什么要这样做呢？

首先，这是因为进行原型研究本身就是为了洞察用户的文化需求。从中国文化的观念来看，我们内心的文化需求也无外乎"阴阳之道"——积极作为与闲适无为、不懈努力与及时行乐、迁就他人与自由超脱，人们总是在这两极之间寻找着让自己安适的位置。在我看来，中国文化的"阴阳"观念，恰好可以给原型研究带来相对宏观的指引。

例如，在对目标市场展开原型研究时，基于"DRN"分类大家首先要思考，目前市场中的品牌原型主要集中在哪个大类上，如果某方向过于集中，那么其他方向上的感性需求就有可能被忽略。"D"原型主导的市场（也即主流品牌的原型大多隶属于"D"类）可能会过于严肃；"R"原型主导的市场可能会过于松弛；而"N"原型主导的市场则可能会让人觉得缺乏态度。基于这些研究，就能对用户的文化需求有一个大方向上的判断（下一节有专门案例说明）。

其次，正如将原型发扬光大的卡尔·荣格本人也曾从中国文化的《易经》中获益良多一样，SDi方法论对原型进行上述划分，正是希望在营销层

第四章 探索"洞察"奥义（下）

面，将西方的原型概念融入中国文化，从而与在创制上同样基于中国文化的 SDi 方法论完美契合，以便为更多中国本土品牌的营销创新提供帮助。

基于"DRN"分类，下面介绍"品牌十五原型"的具体构成。先从"D"系列开始。

（1）英雄。英雄是原型世界中最常见的原住民，从金庸笔下的大侠郭靖到好莱坞电影中的超人，英雄原型极其普遍。英雄有强烈的目标感，渴望改变现实。耐克、红牛都是典型的英雄原型品牌。

（2）创造者。创造者可能是杰出的发明家，也可能是卓越的艺术家。正如乔布斯所言："我们不会写鲍勃·迪伦的歌或者汤姆·斯托帕德的戏剧。我们试图用我们仅有的天分来表达自己深层的感受。"创造者渴望改变世界，留下痕迹，苹果、戴森就是典型的创造者原型品牌。

（3）探索者。探索者始终对探究未知抱有热情，该原型有不同层次，初级探索者心中满载着"世界那么大，我想去看看"的想法，而高级探索者则热衷于求索特定领域。North Face、JEEP、路虎是典型的探索者原型品牌。

（4）王者。王者是一个渴望"建立秩序、管理事务"的原型，代表品牌包括奔驰、劳力士等。

（5）照顾者。照顾者渴望给人以无微不至的呵护，典型品牌如海底捞、沃尔沃、帮宝适等。"劲酒虽好，可不要贪杯哦"的广告语，体现了照顾者原型品牌的典型口吻。

（6）情人。在德芙与绿箭的广告中，男女主角总在浪漫地约会，它们是典型的情人原型品牌。情人原型对应着"提升魅力，体验神秘浪漫，建立亲密关系"的感性诉求，在文化中，常常会化身为正邪难辨的美艳女子，如007系列电影中的"邦女郎"等。与英雄类似，由于对应了普适的基础欲望，所以，情人也是商业领域运用最广的一类原型，在巧克力、化妆品、珠宝首饰、女性内衣等品类上长期制霸，代表品牌如维多利亚的秘密等。

说完了"D"系列，再来看看与之相对的"R"系列原型。

（1）叛逆者。R系列与D系列原型截然相反，这一点在叛逆者身上体现得颇为明显。与英雄不同，在东方文化中，从桀骜不驯的狂生到退隐山林的闲士，从金庸笔下的令狐冲到漫画《灌篮高手》里的樱木花道，叛逆者大多我行我素、洒脱不羁，不求功成名就，但求活出个性。哈雷摩托、MINI是典型的叛逆者原型品牌。

（2）凡夫俗子（又称"普通人"原型）。随着生活节奏的加快，凡夫俗子成了近年来商业市场上快速崛起的原型。该原型与人们渴望简单、轻松的需求相关，当感到压力太大或遭遇人生挫折时，人们心中的"凡夫俗子"就会活跃起来。电视剧《贫嘴张大民的幸福生活》及商业世界中的优衣库、小米、江小白、大众汽车等，都是各具特色的"凡夫俗子"。

（3）玩乐者。这是把人生视为游戏，重视及时行乐，热衷于搞恶作剧的一类原型。金庸小说中的老顽童、电影《加勒比海盗》中的杰克船长，以及品牌世界中的维珍、M&M's、趣多多、小茗同学都是典型的"玩乐者"。与"凡夫俗子"一样，当感到紧张和有压力时，人们心中的"玩乐者"就会趋于活跃。

（4）天真者。在大家熟悉的武侠剧中，张三丰这个角色也会被称为"张真人"，"真人"一词最早见于《庄子》，是道家文化对"存养本性"之人的尊称。与道家文化相呼应，忠于自我、拒绝复杂、追寻本真是天真者的独特标签。天真者分为不同层次，初级天真者是那些赤子之心未受侵扰的人，像电影《天下无贼》中的"傻根"；高层次天真者，则是那些阅尽千帆，却又重新选择天真的人。怡宝、农夫山泉、内外、MUJI代表了不同类型的"天真者"。

最后来看看"N"系列的五个原型。

（1）伙伴。N系列代表"中立"和"空"，其态度具有不同可能性，就

第四章 探索"洞察"奥义(下)

像伙伴原型,既可以是我们奋进路上的助手,也可以是人们归家途中的慰藉一样。善良的马、忠诚的狗,都是伙伴原型的典型。伙伴原型对应了我们想要排遣孤独,寻求依靠,建立真挚友谊的感性诉求。《变形金刚》里的大黄蜂、《功夫熊猫》里的傲娇虎、《花木兰》里的木须龙,都是经典的伙伴原型。典型的伙伴原型品牌包括百威、大宝、三只松鼠等。

（2）智者（又称"智慧老人"原型）。这又是一个具有不同层次的原型,低层次的智者是身负技艺的专家,而高层次的智者则是通达人生智慧的人。在商业领域,智者原型被普遍运用于医疗、教育、咨询服务,以及其他众多强调知识、经验和专业技术的"慢思考品类"。

（3）魔法师。就像魔术总是给人惊喜一样,魔法师原型由"希望摆脱平庸无趣、渴望蜕变、体验神奇、释放想象力"的感性诉求所驱动。例如,初入职场的年轻人,在职业技能方面渴望有"速成Buff"（游戏中的"增益魔法"）,这就是魔法师原型对应的需求。哈利·波特、哆啦A梦是文化中最典型的"魔法师",只要咬上一口,就能让身体焕发出强大动能的士力架,是魔法师原型的代表品牌。

（4）贵族。在文化中,贵族是荣耀与地位的象征,该原型与人们渴望体现身份、地位与独特品位的感性需求相关。卡地亚、路易威登是其典型代表。

（5）土著（又称"原住民"原型）。"土著"代表神秘与本土风情,对应着人们渴望在某地（或就某物）获得最原汁原味体验的需求。该原型适用于那些独具地方特色,拥有古老神秘配方或独特工艺的品牌,如老干妈等[①]。

在本节最后,汇总上述所有信息,结合图4-7,让我们来对原型最重要

---

① 在商业世界中,品牌原型究竟有多少种?大家不妨灵活地看待这个问题,正像卡尔·荣格所说——"人生中有多少典型情境,就有多少原型,这些经验由于不断重复,而被深深镂刻在我们的心理结构之中。"在SDi方法论看来,未来,随着用户生活方式的不断变迁,我们仍有机会将隐没于历史长河中的原型发掘出来,并运用到营销实践之中。这意味着,品牌其实可以根据实际需要来尝试发掘并定义原型。

的两个营销价值进行总结。

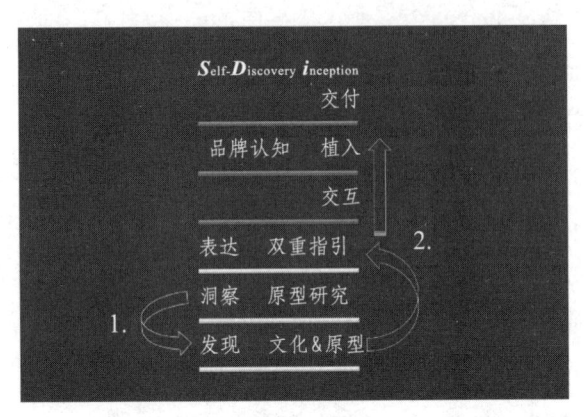

图4-7

（1）在"洞察"层，调研目标用户偏爱的原型形象，将有助于我们探查用户文化需求，从而帮助品牌"发现"适合的品牌文化（明确"TFC"核心价值构成中的"C"元素），同时确定自己的品牌原型。这就是我们说的品牌原型研究。

（2）一旦为品牌选择了合适的原型，就可以用它来指导"表达"了。无论挑选代言人、拍广告，还是撰写新媒体内容，从业者都要想一想，怎样做才能更符合自己品牌的人设（即原型）。简单来说，品牌原型与品牌文化叠加，就能为品牌"表达"提供更稳定的双重指引，以利于品牌真正做到"用一个声音说话"，进而在"植入"层构建出清晰的形象与文化认知。

看到这里，你心中或许仍有对开展原型研究的诸多困惑。别着急，结合下一节的讲解，相信大家很快就能将知识融会贯通。

32

学会"品牌原型研究"

从对"原型"概念的讨论到介绍"品牌十五原型",经过上一节的铺垫,本节就能更好地和大家分享品牌原型研究的具体操作了。

品牌原型研究,顾名思义,就是通过对市场中主流品牌分别属于何种原型,以及目标用户偏爱哪类原型所进行的调查研究,其目的是洞察用户文化需求,从而为自己的品牌设定创新文化与品牌原型提供依据。

运用该研究的基本逻辑如下:在特定市场,先进入的品牌往往会通过抢占优势原型,建立起市场中的文化主流。然而,随着社会文化与人们生活方式的变迁,消费者却会对这种文化主流逐渐厌倦,期待一些新原型来为自己被忽略、被压抑或者新涌现的感性需求"代言",这就为品牌的文化创新与原型定位提供了线索。

在SDi方法论中,开展品牌原型研究的基本步骤如下:

(1)对目标市场中的主流品牌进行品牌原型识别,从而界定市场中的主导原型及其背后的品类文化主流。

(2)分析除了主导原型与品类文化主流,对目标用户具有吸引力的原型形象，从而思考自己的品牌可以尝试的文化创新方向与原型。

最能简要说明这一方法的案例是江小白。回顾一下过去二十年中国白酒市场的广告，相信你一定能透过那些象征着财富与地位的宏伟建筑，"从高处俯瞰着滚滚车流"的"成功者"视角，感受到主导着该品类的"王者"原型，以及那种"尊享成就、品鉴人生"的品类主流文化。

与之相反的是，江小白在这种文化主流之外，通过一个笔触简单甚至略显稚嫩的"围巾暖男"，勾勒出了一个更"接地气"，也更容易与年轻人产生情感共鸣的"凡夫俗子"形象。由此，消费者很容易在与该品牌不期而遇的第一眼，就感知到该形象是与内心渴望简单、轻松、自我释放的感性需求相呼应的。

江小白的成功，能给大家带来很多启发。首先，它印证了上一节提及的，当市场中某类原型太集中，其他方向的感性需求就有可能被压抑。在白酒市场中，普遍存在的"王者"原型（D系列）就让该市场表现出了一种让人透不过气来的严肃感。此时，作为"年轻人的小酒"，江小白以一个简单轻松的"凡夫俗子"形象出现（R系列），显然就更有机会满足目标用户的文化需求。

其次，这个案例还间接印证了品牌原型与品牌文化恰如一对"阴阳"，是"形与神"，两者拥有相互推导的关系——持有怎样的品牌文化，就必然要选择与之相符的品牌原型，反之亦然。像是在白酒市场中，"尊享成就"的态度需要借由"王者"原型来呈现，而"简单生活"的向往则可以通过"凡夫俗子"原型来表达。

推而广之，"英雄"追求改变现实，而"叛逆者"则要挑战常规；"天真者"悦己，而"情人"悦人。正因为原型无法脱离其所属的文化含义而存在，品牌原型研究才值得成为首选的文化需求洞察方法，关键在于，这项研究能让人们的文化需求有"型"可"察"，从而大大降低了我们的工作难度。

第四章 探索"洞察"奥义(下)

进一步说,虽然一提到文化需求洞察,总是会给人一种很大很空、不知从何处着手的感觉,但是品牌原型研究可以让我们的工作得以附着在特定参照物上。如果把目标市场想象成一个舞台,那么,通过"品牌十五原型"的"演员表",通过研究舞台中缺少,而又为观众所期待的角色,我们就有机会找到这背后可能受到冷遇的文化需求。

和大家分享了品牌原型研究的基本逻辑后,在现实中,你很可能会发现相关工作并没有想象中那么简单,结合品类与品牌实际,在寻找创新文化,定义品牌原型的过程中,还存在一系列需审慎评估的问题。基于过往项目经验,以下是我们总结的五个关键点。

一、品类初始意义

就像手机出厂时都会有一个初始设置一样,每个品类在诞生之初也通常会有一个与其主要功能相伴随的,消费者普遍追求的文化心理意义,不妨将其称为"品类初始意义"。例如,长久以来,巧克力一直被人们用来表达爱意,相传早在17世纪,西班牙公主就将其作为订婚礼物送给法国君主路易十四,大大推动了该品类"传情达意"的文化传统。由于巧克力象征甜蜜浪漫的初始意义及其独特的质地与口感,直接对应了人们心中"提升魅力,建立亲密关系,获取感官享受"的向往,于是该市场中的"情人"原型始终占据着强势地位。

在探索品牌的文化和原型时,必须充分考虑品类初始意义,基本逻辑如下:如果该意义并未被多个强势品牌占据,且这种意义仍符合用户需求,品牌就可以考虑去占据;相反,如果已被占据,尤其是当品类初始意义已显疲态,与用户需求格格不入时,就应该借由新原型去建立新意义了,如图4-8所示。

洞察力 2.0：驱动营销新增长

	M是否被多个强势品牌占据？	M是否满足当前用户文化需求？	品牌可否占据M？
1	N	满足程度下降（或不再满足）	N
2	N	Y	Y
3	Y	N	N
4	Y	满足程度下降（或不再满足）	N

品类初始意义（M）与相关策略

注："M"代表品类初始意义，"Y"代表"是"，"N"代表"否"。

图 4-8

举例来说，多年前 M&M's 那支"快到我碗里来"的广告，曾引发过不少误解，许多人都在社交媒体上表示："完全看不懂，这是不是在说巧克力分量足，一碗装不下？"后来，随着该品牌广告越来越频繁地出现那个调皮的"红豆"，人们才意识到，原来这些广告并不是在沟通产品功能，而是在"甜蜜浪漫"的品类初始意义已被德芙等"情人"原型品牌占据的情况下，M&M's 通过"玩乐者"原型来构建自己"妙趣挡不住"的新意义（该案例属于图 4-8 中的情况 3）。

又如与巧克力市场类似，女性内衣市场同样具有"提升吸引力，体验亲密浪漫"的品类初始意义。即便从未对该领域进行过研究，相信你也一定能回想起这个市场中那些表现"性感曲线"与"超凡魅力"的广告。

而内衣品牌内外之所以能崭露头角，原因恰恰在于该品牌敏锐地洞察到了顾客消费情绪的转变，于是告别了品类中"女为悦己者容"的文化主流，而提出了"拒绝迎合审美评价，勇敢追求身心自在"的文化主张，并通过王菲等代言人掀起了市场上的"天真者"原型浪潮，让内衣向着舒适贴身衣物的本真一面回归（该案例属于图 4-8 中的情况 4，由于恰逢消费文化转变的时间之窗,因此情况4通常是品牌文化创新的绝佳契机,在实践中大家务必充分重视)。

内外等品牌的成功,引发了女性内衣市场上的文化更迭,由原来"情人"一手遮天的格局,演变成了"情人"与"天真者"分别从"悦人"与"悦己"两大方向分庭抗礼的局面。这个案例很好地说明了在任何一个市场,其实都不存在不容改变的品类初始意义,因此,在选择品牌原型时,究竟是坚守传统还是大胆创新,只有密切关注用户内心的波澜涌动,才是找到最佳答案的不二法门。

二、管理者的心理原型

考虑品牌原型与品牌文化的第二个关键点,是了解品牌管理者的心理原型。

在上节中我们曾谈到,在不同的人生阶段,人们的生活状态与内心需求,往往会激活潜意识中的相应原型。在青春期,随着生活体验的丰富,人们内心的"探索者"将趋于活跃;而迈入社会,要实现独立生活的渴望又容易导致潜意识中的"英雄"原型被激活;到更成熟的人生阶段,随着人生际遇与内心需求的变化,人们心中的主导原型仍可能变化。在每个人生阶段,潜意识中总会有一个被心理放大、提亮的主导原型,对我们的思想、行为产生重要影响。由此,我们可以将这个最能体现某人当前价值取向、人生追求的原型理解为此人此阶段的心理原型。

基于不同心理原型,大家不妨试想,如果让一个"英雄"原型的CEO去管理一个"玩乐者"原型的品牌,或者让一个"天真者"原型的创业者去创建一个"情人"原型的品牌,结果都可能会困难重重。

为解决这个问题,在决定品牌原型前,不妨请企业高管进行心理原型测试。重点是,不能设定一个与管理者的心理原型产生明显抵触的品牌原型,而应该选择与之相同或能够彼此兼容的原型。例如，从"DRN品牌十五原型"的划分来看，"D"与"R"两类原型常常会互斥，如"英雄"与"凡夫俗子"、"王者"与"叛逆者"；同一大类中则有很多能相互兼容的情况，如"王者"与"英雄"、"凡夫俗子"与"玩乐者"等。诸如此类，大家可以在实践中多多总结经验。

三、用户的品类原型偏好

在考虑品牌的文化与原型时，要始终以用户需求为核心，因此，对于打算设定的品牌原型，还应该结合原型偏好测试，来搞清楚该原型究竟是不是目标用户最喜爱的，若不是，与其他原型相比，该原型的受喜爱程度如何。

在进行原型偏好测试时，务必注意，用户在不同品类上的原型偏好往往不同，而这种差异常常是由用户对品类"角色""意义"的界定不同所导致的。举例来说，由于很多男性都会将爱车视为"另一张脸"（自身形象的体现），所以，在该品类上的原型偏好，就会更多地受到自身心理原型的影响；而对于速溶咖啡来说，由于该品类在我们生活中可能会具有"灵感使者""解压工具""加班伙伴""休闲伴侣"等不同"身份"，所以，消费者对该品类的原型偏好，又会更多地受到其在自己生活中所扮演"角色"的影响。从这个角度看，在决定品牌原型时，关键是要搞清楚目标用户在这个品类上的原型偏好情况（在实践中，可以通过品类原型偏好测试来了解），这一点十分重要。

四、用户的品牌原型认知

有一次，我在和客户团队讨论该品牌适合什么原型时，一位同事突然提问:"宇见老师,请问有没有数据能揭示我们的品牌过去属于什么原型?"这个问题的质量很高,因为这是大家在考虑原型选择时经常会忽略的一点。

其实,不管品牌在过去是否有意识地塑造过品牌原型,每个成熟品牌必然会在用户心中累积形象认知,如果有技巧地去询问,往往就会发现,有的品牌是能被用户清晰认知为某原型的,有的则不能。对此,如果想提升品牌原型选择的胜算,从业者就应该通过原型认知测试,来考察一下自己和竞争对手在用户心中的原型认知。例如,如果你发现自己的品牌在用户心中已清楚对应了某个原型,那么首选策略就是加以保持,以利于顺应用户认知。

记得在前文我们曾不止一次说过,用户洞察中的"五维"是需要彼此连通,相互配合的。在这里不难发现,在进行品牌原型研究时(文化需求洞察),从业者需要将用户认知洞察同步纳入。

五、原型的层次与"原型互借"

选择并定义一个品牌原型,需要多具体?将我们的品牌原型设定为"英雄""天真者",这样就够了吗?答案是否定的,对一个文化内涵丰富的品牌来说,很难只用一个笼统概念来概括自己的原型。这就好像向没读过金庸小说的朋友介绍,郭靖是大英雄,而欧阳锋是大坏蛋一样,虽然不能说有错,但也不免有"脸谱化"之嫌。如何才能做得更好呢?

首先,大家需要考虑原型的层次,如前文谈到的,就"天真者"原型来说,初级天真者是那些尘埃未染、天然本真的人;而高级天真者则是那些洗尽铅华,重新选择天真的人。过去,在与vivo等品牌的合作中,我发现就算是同一原型,如果层次不同,所匹配的目标人群和顾客需求也会有天壤之别,因此,我越发体会到,不落实到具体层次上的原型选择,很难说是一个好选择。

其次，除了纵向的层次选择，还可以考虑横向的"原型互借"。通过商业观察我发现，很多优秀品牌都会表现出多个原型的特质——苹果像"创造者"又像"叛逆者"；迪士尼像"天真者"又像"魔法师"。这实际上就启发了我们，品牌可以以某个原型为核心，再从其他原型那里"借"一些特质过来，从而让自己的角色变得更加立体、鲜活。

比如虽然都是英雄原型，但万宝路这个"拓荒英雄"，其实是从"天真者"那里借来了一些特质，塑造的是一种"自由倔强、率性本真"的阳刚气质；耐克这个"平民英雄"则是从"凡夫俗子"那里借来了一些元素，讲的是一个普通人依靠拼搏也可以伟大的故事。有了这些"借来"的元素，我们就可以通过给原型加修饰语等方式，来更好地定义品牌原型。

还有一个常常被提及的问题是，一个品牌可以有几个原型？能否给品牌同时定义两个原型？必须明确地告诉大家，在一个时段内，一个品牌有且只能有一个原型。当我们发现某品牌表现出多原型特征时，就应该分析其中哪个才是更本质的。

还以乔布斯时代的苹果为例，这个品牌到底是"有创造力的叛逆者"还是"有叛逆气质的创造者"呢？其实从乔布斯早年请人加入公司时那句著名的"你是想一辈子卖糖水，还是跟我一起改变世界"就不难看出，苹果真正的内核还是"创造者"，而"颠覆常规"只是其创造方式而已。通过类似分析，我们就能厘清一个品牌真正的原型。

最后，通过图4-9来归纳一下，由于洞察层的原型研究不仅能帮助我们探索创新的品牌文化（C），更能为品牌发掘出合适的原型（A）（"A"为原型"Archetype"的简写）。因此，在学会这一重要洞察技巧之后，营销人其实就在CV=TFC的价值发现公式之上，获得了一个"升级版"公式——CV=TFCA。在实践中，我们可以根据实际需要来决定使用哪个公式指导工作。

第四章 探索"洞察"奥义（下）

不过鉴于上一节谈到的，从根本上，品牌形象隶属于品牌文化这一点，在多数时候，大家依然可以将价值发现公式书写为CV=TFC，将"A"视为"C"的一部分即可。无论如何，在"洞察"层运用品牌原型研究，就有机会让品牌"发现"层变得更加充实。加上品牌原型之后，未来"发现—表达"的工作，就更容易得到明确的指引了，如图4-9所示。

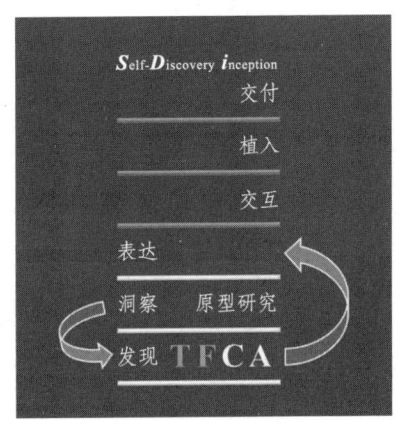

图4-9

至此，品牌原型研究就大致上向大家介绍完了。应该说，这方面的实践，本身就是一门需要博观约取，而又易学难精的学问，笔者初窥门径，将自己的点滴感悟与浅薄经验抛出，衷心希望能给大家带来些许启发。[1]

---

[1] 对于品牌原型与文化的选择而言，除了上文中的五个方面，还有一个至关重要的角度，就是要考虑这两者与品牌功能价值的契合度。鉴于在本书第二章，我们对品牌价值发现中"F"与"C"的互补关系已多有强调，因此这里不再赘述。

33

生活方式研究+

在SDi方法论的文化需求洞察环节，除了品牌原型研究，还有四种常用的洞察方法，本节将逐一进行介绍。

一、生活方式研究

对文化需求洞察而言，研究目标用户的生活方式，是一项需要优先考虑的基础性工作。开展此项研究的具体内容如下：调研用户爱看的节目、关注（欣赏）的人物、经常购买的品牌、喜欢读的书，以及热衷于参加的娱乐活动、运动项目等。在实际工作中，可以通过用户访谈、调查问卷等方式来进行调研。

谈到生活方式研究，大家或许会首先想到借此优化运营。例如，知道了用户喜欢的明星，就为品牌挑选代言人提供了依据；知道了用户的常购品牌，就为洽谈品牌联合提供了线索，等等。但是在我看来，生活方式研究更重要的应用方向其实还是"洞察—发现"的工作场景，换句话说，是为探查用户文化需求，更好地定义品牌核心价值中的品牌文化服务的。

举例来说，在为某时尚饰品品牌进行整体策划时，为了寻求建立一种创新文化，我们就从生活方式研究中的常用品牌入手，询问用户喜欢的化妆品、服装品牌都有哪些，为什么喜欢这些牌子，这些品牌在风格调性、文化态度等方面有哪些吸引人的地方。

从这里大家不难看出，生活方式研究会用到"借假修真"的访谈技巧，因为在上述调研中问及的品牌，其实并不是我们了解的重点，重点是这些品牌迎合了怎样的文化需求。但问题是，如果单刀直入地询问需求，问用户"你佩戴饰品是想表达何种态度？追寻什么意义？"很多用户可能根本无法理解你的意思，而有了上述品牌作为讨论对象，再以拉家常的轻松方式请用户回忆、谈论自己的感性需求，就会容易很多。

二、生活困扰研究

人们的生活是动态的，每时每刻，每个人心中都有1001个自己关心甚至引发焦虑的问题。从与品类具有相关性的角度，对这些引发用户困扰的问题展开调研，就有机会思考如何抚慰用户情绪，启迪用户心智，为品牌建立文化价值提供指引。

生活困扰研究与产品痛点研究不同，产品痛点研究关注的是用户产品使用中的麻烦，目的是追求产品功能创新；生活困扰研究则是要发掘与品类相关的用户生活层面的困扰，目的是为品牌创建创新文化，因此，这类调研不应聚焦于产品本身。

仍以上述时尚饰品项目为例，在进行相关调研时，我们先跳出产品功能范畴，从相对宏观的视角与用户交流了日常生活中，在"自我形象"方面，她们内心存在的困扰。例如，有人谈到"如何在越来越内卷的职场上，巧妙地体现自己的美",这些讨论对我们思考品牌文化有很大的帮助。

无独有偶,前两年我接手了某知名童装品牌的升级策划案,同样运用了生活困扰研究。在该项目的用户洞察环节,我们和家长(也即童装消费者)探讨了生活中经常让他们感到焦虑的儿童成长问题。此次调研,为设定品牌的文化创新方向带来了重要启示。

在营销圈,我时常有这样一个体会,那就是营销在很多时候其实都是在做"象征性沟通"。例如,喝威士忌不会让你变得有品位,但它象征了品位,于是就有可能激发你追求有品位的生活;同理,购买某品牌童装,表面上看,似乎并不能解决现实生活中让家长倍感焦虑的那些儿童问题,但是通过文化创新,通过提出对孩子具有吸引力的价值主张,一个品牌完全有机会给孩子带来某种积极正面的文化心理暗示,在潜移默化中,让他们朝着家长期待的方向成长。在这样的情况下,看起来很"虚"的品牌文化,其真实价值其实很"实"。

三、文化现象研究

在SDi方法论中,文化现象研究是指对特定周期(一般是三年内),用户生活中的文化热点所进行的追踪研究。想想那些曾让人激动不已、热泪盈眶的电影、音乐或者小说,它们常常装载着我们的内心渴求。

品牌从文化现象中获益的例子很多,或许,你也有过类似经历吧?谈到这一点,我想起了一个有趣案例。

故事要从前些年大热的美剧《权力的游戏》说起,我记得当年在社交媒体上,大家对一位剧中人给予了极高的评价,专门讨论她的帖子之多,竟丝毫不逊色于一线主角,这就是剧中的女骑士——布蕾妮。

布蕾妮虽然其貌不扬,但是人格魅力十分突出。她不仅勇敢强悍,有着

第四章 探索"洞察"奥义（下）

不达目的誓不罢休的决心，而且能在乱世中始终坚守原则，保持骑士风范。这个人物所折射的或许恰恰是当代女性想要变得更加独立自信，处处"Hold住局面"的内心渴求。

看到这里你也许会好奇，该角色受到喜爱，会让什么品牌获得启发呢？这就要说到这件事情最有意思的地方了。前几年，我在对化妆品行业进行观察时，曾无意中发现一款产品，其似乎完美地对应了上述感性诉求，这就是由玛丽黛佳推出的"骑士小金管"口红。

"骑士小金管"的设计性感、别致，不仅在顶端有着与欧洲中世纪徽章类似的精美图案，其造型也与中世纪骑士的佩剑有几分相似。在使用时，只需轻轻按动管身，随着美妙的"咔哒"声，口红就会如利剑一般弹出。虽然很难说"骑士小金管"的灵感一定源于布蕾妮这个角色，但从该产品官方介绍中提到的——"深度挖掘中世纪女骑士独立自信的精神内核"，大家不难看出该产品的立意源于相似的文化洞察。

尽管"骑士小金管"并不是一个通过文化洞察来帮助品牌定义核心价值的案例，而是一个产品创新案例，看起来似乎并不符合本章"洞察—发现"的学习任务，但稍稍变通地想一想，相似的文化洞察其实也完全可能为化妆品新品牌的文化定位带来启发。用文化研究来驱动产品或者品牌创新，都是要将我们的营销对象嫁接到方兴未艾的文化需求热潮之上，从这一点看，这两件事的底层逻辑并无明显不同。

另外，通过文化现象研究，帮助品牌建立创新文化并腾飞的例子，其实也有不少，其中，万宝路就是一个不容错过的案例。

万宝路从当年风靡一时的美国西部片中获得灵感，通过将其中的牛仔形象巧妙移植到自家广告之中，开创了独具一格，充满男人味的万宝路文化。那么，西部片与牛仔的流行，究竟反映了当年美国人怎样的文化需求呢？

答案或许正如某位营销专家所指出的，一方面，进入工业化时代后，人们过上了更精致的生活,却越来越难享受到"弄脏双手的愉悦"了;另一方面,随着社会分工加剧,在西方社会,很多人不得不走进大企业,去适应按部就班的生活。正是在这样的大背景下,西部片中独立工作、自由驰骋的牛仔才会显得格外有吸引力。

上述案例已充分说明,从突然传唱开来的歌曲到被热议的影视剧人物,从迅速兴起的网络流行语到点赞无数的热门短视频,既然要做文化需求洞察,就理应"从文化中来,到文化中去",从文化潮流的起起落落,洞悉用户情感、思绪的往来变迁,这或许才是最贴题的文化需求洞察方法。

四、消费思潮研究

所谓消费思潮,简单来说,就是人们对消费,对林林总总的商业现象、消费行为的态度、看法与思维倾向。无论对定义品牌核心价值,还是促进业务增长来说,顺应消费思潮都至关重要。

提到消费思潮,一个典型例子是,大约在2016年,"网易严选"推出前后,在商业市场上有一种"质疑过度品牌溢价"的消费观开始悄然流行。这种观念提倡为那些"真正物有所值"的优良商品买单,受此影响,人们开始越发谨慎地看待高溢价商品,此后,"收智商税""平替"等网络流行语也开始频繁出现在日常交流之中。与之类似,近年来,消费市场上还出现过"倡导环保""欣赏有手工艺性的产品""拒绝过度包装"等思潮。

洞察消费思潮的办法有很多,在社交媒体上关注用户对商业现象的评论、在现实生活中和朋友讨论对消费的最新看法,这些都是简单易行的方法。为了持续促进增长,在未来从业者必须更积极地思考品牌如何顺应消费思潮。对新品牌来说,在定义品牌核心价值时,也需要格外注意品牌文化与新兴消费思潮之间的兼容性问题。

第四章 探索"洞察"奥义（下）

在分享完上述方法之后，截至目前，五种常用的文化需求洞察方法——"品牌原型研究""生活方式研究""生活困扰研究""文化现象研究"和"消费思潮研究"，就介绍完了。

值得一提的是，由于出色的洞察与绝妙的创意一样，或许会在任何时间来自任何可能的方向，所以，在实践中，针对上述方法并没有需要严格遵循的先后顺序，也没有在何时何处必须使用何种方法的教条之规。运用哪些方法，如何组织执行，需要根据实际情况，灵活变通，予以决策。

最后总结来说，文化需求洞察是一个古老而又崭新的课题，之所以说它古老，是因为此类洞察曾帮助不少世界级品牌腾飞；之所以说它崭新，则是因为营销领域关注研究顾客文化需求的时日尚短，相关课题还亟待充实。通过本书，我希望能为该课题的发展贡献绵薄之力，同时在未来，我也衷心希望能与大家一道探索更多文化需求洞察的有效方法。

宝物解锁

各位亲爱的朋友们，此时此刻，我荣幸地向大家宣布，我们对M星上第二个探索地——R记大峡谷的探索，到这里就超预期地完成了。一路走来，相信大家已经发现，这是我们的大航海从开始至今，知识点最为密集的一段旅程，因此，我要向成功探索到这里的朋友表示衷心的祝贺！

说到这儿，我突然想起一件事，前两天，我们那位体态微胖、诙谐可爱的学员小K，突然跑来跟我说，他很想用思维导图的形式把用户洞察这部分知识再梳理一番，以便日后回到公司可以更好地跟同事分享。

于是，为了指导小K绘制思维导图，我又专门和他一道回顾了SDi方法论中用户洞察这部分的整体结构。其实对此，在上一版《洞察力》中，我就曾用"二向、三法、四维、七式"对这部分进行过总结。

其中，"二向"指的是用户洞察的两大方向——"定量研究"与"定性研究"；"三法"指的是"观察法""调查法""实验法"；"四维"是上一版《洞察力》归纳的四个洞察维度，不过在本书中已被系统升级为"五维洞察"；"七式"是指包括"调查问卷""焦点小组访谈"在内的，开展用户洞察的七种工具，经过迭代，该部分已升级为八种工具。因此，如果今天要对SDi方法论中，用户洞察这部分进行完整概括的话，那就应该说是SDi用户

第四章 探索"洞察"奥义(下)

洞察——"二向、三法、五维、八式"了,如图4-10所示。

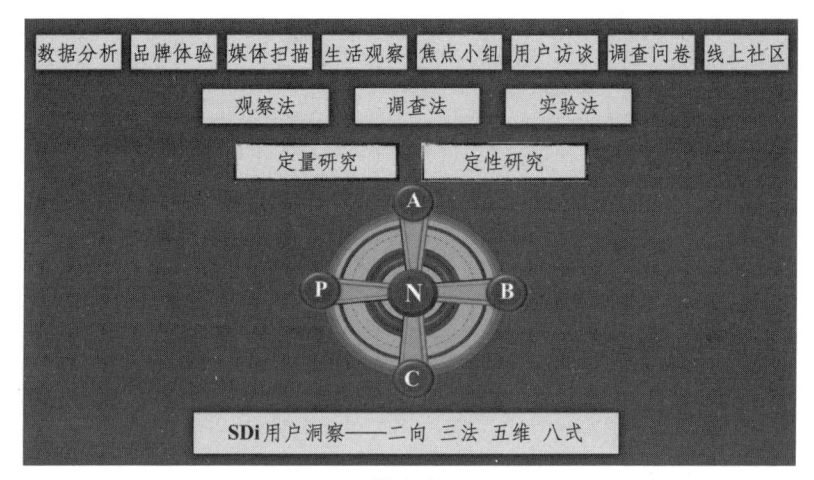

图4-10

在这里需要稍做说明的是,本书着重介绍了用户洞察中的"五维",而对"二向""三法""八式"并未过多涉及,对这几部分感兴趣的同学,可以查阅上一版《洞察力》第三章、第四章。若能将两本书融会贯通,相信你对用户洞察的理解和掌握肯定能上一个新的台阶。

最后,照例来到了每章末尾的"宝物解锁"环节,本章要送出什么呢?由于在R记大峡谷的后半程探索中,我们始终没发现新宝物,所以,思量再三,我决定为大家梳理一下大航海到目前为止的重要知识点。

我的考虑是,当你在工作中或出差时突然想查看本书中的思路、方法,如果有一篇可随身查阅的内容一定会更方便,为此,我专门在公众号中留下了一篇"航海日志",用简洁的图文形式,对本次探索到目前为止的内容(也即前四章内容)进行了精要总结。感兴趣的朋友可关注我的公众号"宇见",然后发送"航海日志上篇"提取查看。

Chapter
05

第五章
感悟"表达"艺术

34

价值表达 用一个声音说话

随着天气渐渐炎热,夏天的气息扑面而来,大家都在庆幸,还好我们所在的M星并不位于一个有着两颗恒星的炙热星系。结束了对"洞察"层的探索,与R记大峡谷挥手作别,团队先向西,再向北,就快接近本次探索之旅的第三站——隐藏着品牌表达智慧的"星趣大草原"了,如图5-1所示。

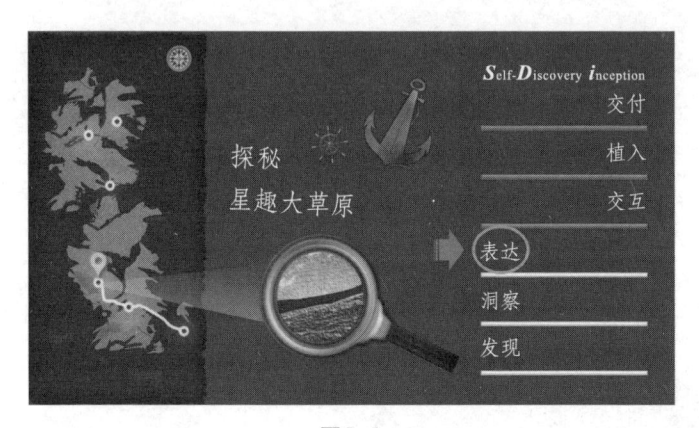

图5-1

第五章 感悟"表达"艺术

正所谓入乡随俗，在正式进入大草原前，我们也学着M星游牧部族先民的样子，挎上水壶和干粮袋，在体型硕大的M星牛身上搭上一种特制的椭圆形褡裢，然后骑上它们代步。M星牛其实是一种看似彪悍，但性情十分温顺的动物，除了头上两根弯弯的牛角向前支出，其小巧的眼睛，犀牛般的身材，皱巴巴的皮肤与粗壮的腿，倒让它们看起来更像大象的另类远亲。每当这些异星走兽集结起来，缓缓行进在草原上时，此情此景，别有一番神秘的异域风情。

虽然有了这些能吃苦耐劳的伙伴帮忙，但从地图上看，要想在短期内穿越M星上这片最大的草海也绝非易事。恰在此时，我听到小K焦虑地向大副J打听——这段旅程还要走多久？为什么要这样安排行程？如果颠倒一下顺序，此时去探访"J字海沟"不是更舒服吗？

面对连珠炮似的发问，正手搭凉棚，向远处眺望的J嫣然一笑，她回过头来指着不远处的几株紫色植物告诉小K："此时来到星趣大草原，正是种种奇花异草争芳斗艳的季节，而在M星人看来，这些景象正是对这段旅程的最佳隐喻。"

"隐喻？什么隐喻？"小K追问。

"因为在星趣大草原，我们要探索品牌表达的艺术。"J悠悠地解释道，"而M星人认为，夏季草原繁茂千里的景观，恰恰最能体现品牌表达的本质，在他们看来，一个品牌的种种表达，也应该像这里的奇花异草一样，虽然各具姿态，却共享着脚下的同一片土壤。"

J的说法让我颇有感触，促使我联想到，在SDi方法论中，我们将品牌的名称、标识、口号、产品及特定类型的内容，统统视为面向消费者的品牌表达。现在，如果将M星人这个"表达就像植物，共享同一片土壤"的比喻对应到SDi结构，我想它恰恰印证了所有品牌表达，都必须植根于品牌核心价值这片"土壤"的逻辑。应该说，品牌表达就是要基于品牌核心价值，

"用一个声音说话",进而构建出清晰统一的品牌认知,如图5-2所示。

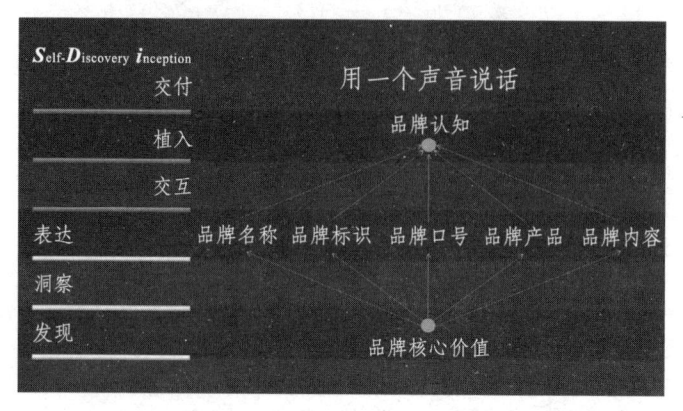

图5-2

小K与J的对话,还让我陷入到了回忆当中,回想在与不同企业接触的过程中,如果要让我来评估哪一条营销准则最容易被管理者忽视的话,那么我想"用一个声音说话"的表达原则一定名列前茅。造成这一点的原因往往在于,一方面,管理者自己对品牌核心价值的定义不甚清晰,以至于各业务团队始终无法得到确切的指引,于是只能"今天说东,明天说西;你说东来我说西"。另一方面,过细的岗位分工也常常会加剧表达割裂。例如,在一个由研发、设计、产品、运营、策划、广告、公关、销售等诸多部门组成的大企业里,各团队常常是"在什么山头唱什么歌",会按照自己对品牌的理解来组织"表达",这就更容易导致品牌"人格分裂"了。

不成功品牌的通病是表达"各自为战",而成功品牌则会不遗余力地统一"表达"。例如,从产品、广告到发布会,乔布斯时代的苹果处处体现着"创造力"这一品牌本质。对此,大家不妨也来做一个小小的沙盘推演,先罗列出自己欣赏的成功品牌,然后从品牌名开始,对品牌标识、口号、产品、内容逐一进行检视,看看这些是否都忠实表达着品牌的核心价值,相信

第五章 感悟"表达"艺术

你很快就能体会到这一点。

由于在SDi结构中,"表达"层刚好位于营销六环节的中间,因此大家可以将该环节看作一个进行"价值导出"与"认知导入"的重要环节。

这是什么意思呢?再次回到图5-2,大家可以这样来理解,那就是所谓"表达",其实就是要先将最下方的品牌核心价值"导出"到品牌名称、品牌标识、品牌口号、品牌产品和品牌内容中,然后通过它们与用户的持续接触(通过"交互"),将我们希望用户领会的品牌核心价值"导入"到他们的心智中,形成品牌认知。在此过程中,"导出"的质量将决定"导入"的效果。

基于上述讨论,下面借机梳理一下"表达"与"交互",这两个SDi中间环节的区别与联系:

» "表达"的核心使命是呈现、诠释价值。例如,产品和内容分别呈现品牌的功能价值与文化价值,而品牌基础信息则是在诠释品牌价值。从消费者的角度看,"表达"是相对静态的。进一步说,"表达"是要让用户有机会体验到价值,没有这一步,我们"洞察—发现"到的品牌核心价值就无法被创造、体现出来,所以,"表达"属于"创造价值"工作单元的第三步。

» "交互"让"表达"得以与用户接触,其核心使命是传递、传播价值,促进品牌增长。例如,建立销售渠道是为了传递价值,而打广告则是为了传播、沟通价值。从消费者的角度看,"交互"是相对动态的。只有与用户"交互",才能让用户形成价值认知,进而购买产品,没这一步,品牌认知与业绩增长就无从谈起,所以,"交互"属于"创建认知"工作单元的第一步。

在现实中,"表达"与"交互"虽彼此不同,却常常需要相互配合,融为一体。例如,品牌线下店在沟通顾客、推销产品的同时(交互),也应该追求用独特设计将品牌文化融于其中（表达）。又如，某科技品牌CEO在年度演讲中分享了自己的创业心得，给听众带来了新知与共鸣（表达），同时又在演讲中穿插了产品推介（交互）。在上述场景下，"表达"和"交互"都是紧密交融在一起的。

现在，梳理了"用一个声音说话"的表达原则、"导出"与"导入"的表达逻辑，以及"表达"与"交互"的区别联系，接下来，就可以对各"表达项"进行具体讨论了。

第五章 感悟"表达"艺术

35

仰望星空　感悟表达

　　天高云淡，缓辔而行，每隔数日，我们总是会在星趣大草原上眺望到远处形如卫星发射塔的巨型白色建筑，有时独自耸立，有时三五成群。起初我们以为是海市蜃楼，走近一看，原来是真实存在的，高耸着的圆柱形石台。这些石台虽然造型各异，却大多优雅古朴，气势夺人。据大副J介绍，它们其实是M星先民建造并遗留至今的一系列观星台。

　　在我们最近游历的一个比平日所见更为壮观的观星台上，大家发现了镂刻在巨石中的一段话，于是饶有兴致地对其进行了如下翻译："得益于开阔视野与绝佳气候，在草原上观星是M星上的一项悠久传统，后来我们的先民发现，观测天空中的星体运行还能激发灵感，启迪思维，因此，当你在探索特定领域遇到阻碍时，不妨试着通过观星来获得放松，寻求启发吧。"

　　这样一段话，让很多学员都陷入了对头顶这片天空的无限遐想，也理解了我们为什么要根据航海地图线索，将这里命名为"星趣大草原"了。

　　前文曾经谈到，当品牌通过用户洞察获得了价值发现时，就需要将其"表达"出来。换句话说，"价值表达"是要为用户创造一系列可供其感知、体验、获取品牌价值的"营销供给物"(Marketing Offerings)。在实践中，我们需要通过"价值表达组合"来做到这一点。图5-3所示为"品牌价值表达组合"中的核心要件，其中的诸多项目是接下来讨论的重点。

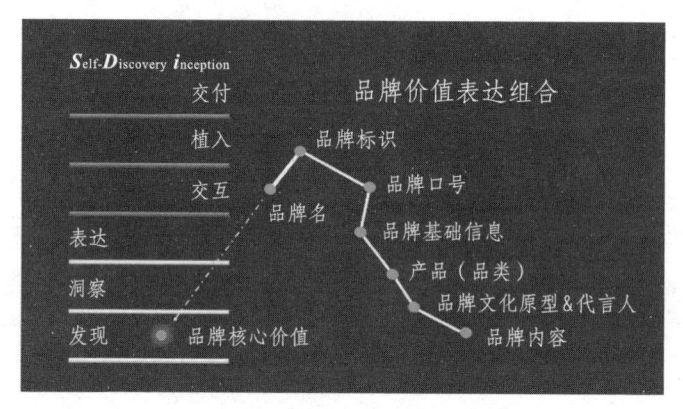

```
Self-Discovery inception        品牌价值表达组合
       交付
                         品牌标识
       植入
                         品牌口号
       交互
              品牌名     品牌基础信息
  表达
                         产品（品类）
  洞察
                         品牌文化原型&代言人
  发现    品牌核心价值
                         品牌内容
```

图 5-3

在图5-3中，从M星人草原观星的传统中获得启发，我们用"北斗七星"分别代表品牌价值表达组合中最为重要的七个表达项，用"北极星"代表发现层的"品牌核心价值"。借中国文化中"群星拱北斗"，也即北斗七星始终环绕北极星转动的意象，希望能更好地提醒大家，所有表达项都要将品牌核心价值作为指引的原则。

本节先介绍品牌价值表达组合中最基础的三个表达项——品牌名、品牌标识和品牌口号。其中，更基础的是品牌名与品牌标识[1]。回到图5-3中的视觉意象，大家会发现，在中国文化厘定的北斗七星中，与这两个表达项对应的星星分别叫"天枢"与"天璇"，其名称体现着"重要"与"关键"，而从"天璇"向"天枢"连线，然后向前延伸，就能找到"北极星"，这恰好象征

---

[1] 在品牌标识背后，还有以其核心的品牌视觉表达体系，本书暂不展开。另外，本章对"品牌价值表达组合"的归纳，是对上一版《洞察力》相关内容的更新迭代，特此说明。

第五章 感悟"表达"艺术

了品牌名与品牌标识，作为品牌价值表达组合中数一数二的枢要项目，它们格外需要与品牌核心价值相对应，从而引领其余表达的逻辑。

在实践中，如何才能做好品牌的命名与标识设计呢？SDi方法论认为，可以从"识别度"和"触知性"两个方面来把握。

其中，"识别度"说的是品牌名和品牌标识，首先要做到让用户易于识别，然后才能追求"特别"，切不可本末倒置，为了追求与众不同，却忽略了"表达"的可识别度。识别度低的表达，会给消费者认知品牌带来额外负担，无形中增加了品牌进入顾客心智的难度。

"触知性"说的是，品牌名与品牌标识的核心作用是要触发用户形成价值认知。就此而言，好的表达往往能让用户一触即知，通过短短几秒接触，就能让用户对品牌价值迅速心领神会。相反，拙劣的表达就算与用户接触了很久，仍不能在他们心中留下太多痕迹。可见在"触知性"方面，不同表达也会有"倾盖如故"与"白首如新"之分。

关于品牌名的"触知性"，在上一版《洞察力》中曾为大家提供过一个表单，详细列举了品牌名可以触发消费者认知的五个方向。后来有读者反馈这个归纳简单明了，给创业项目带来了帮助。鉴于此，下面再来回顾一下这五个触知方向。

（1）品类概念："面包新语""木屋烧烤""网易云音乐"。

（2）目标人群："方太""小天才""江小白"。

（3）功能特性："知乎""佰草集""汰渍"。

（4）文化态度（消费情绪）："君威""多乐之日""凑凑"。

（5）创始人（来源产地）："香奈儿""李锦记""茅台"。

基于不同触知方向，在考虑品牌名时，大家应如何选择呢？答案是，要根据品牌核心价值，具体情况具体分析。例如，以功能创新切入市场的"左脑品牌"，应优先考虑反映功能特性的命名方案；相反，以文化创新切入市场的"右脑品牌",则应首选有文化态度联想的命名方式。

另外,不管如何选择,品牌命名都应该追求尽可能简洁地,触发顾客的多重认知。例如,"内外"的品牌名不仅容易让人想到品类(内衣),而且很容易将这一联想延伸至品牌文化方面——"追求自内而外的身心自在";电动汽车"蔚来"的品牌名,巧妙地与"引领美好未来"和"拥抱蔚蓝天空"双关;"凑凑"这个名字除了朗朗上口,还颇为传神地描绘出了火锅品类背后那特有的热烈情绪与烟火气。在这方面,"言有尽而意无穷"一直是中国人深刻的美学体会,这恰恰是品牌名作为"表达"应该追求的。

品牌命名有哪些误区呢?这几年,随着创业节奏加快,很多创业者在创业之初常常会急于为品牌先起好名字,然后基于名字来完善其他表达。从SDi方法论看来,这其实是一种典型的"未发现,先表达"错误,从根本上忽视了品牌核心价值对品牌表达的指引。

那么,这种错误会导致什么后果呢?大家不妨试想,如果品牌名等表达是先于品牌核心价值发掘过程的(洞察—发现),随着我们对用户需求理解的深入,一旦创业者对品牌核心价值的看法与创业之初有了较大差别(此类情况相当普遍),由品牌名"统领"的整个表达体系就很难与品牌核心价值贴合,此时,想再做调整则代价不菲。

正因为这一点,在SDi方法论中,我们建议品牌严格遵循"先发现,后表达"的创业路径,先通过系统性的"洞察—发现"业务流,将品牌核心价值界定清楚,再据此确定各项表达。遵循这一路径,其实就是要把每个表达项都视为承载着品牌核心价值的"零件",后期就算要换"零件"(如因为商标申请未通过,需更换品牌名或者品牌标识),也不用太担心新"零件"与品牌核心价值,以及其他表达项之间的兼容问题。因为在底层,每个"零件"都会严格基于品牌核心价值来"制造",这就能在最大程度上实现"用一个声音说话"。

第五章 感悟"表达"艺术

最后，作为本节的收尾，我还想和大家探讨一下如何提炼"品牌口号"与"品牌价值主张"。讨论前，先来梳理一下这两个概念。

» 品牌口号，即大家常说的Slogan，这其实是一个很宽泛的概念。广义上，它包含了代表品牌、产品，以及在主题传播中使用的口号。例如，就产品口号来说，车企常常会为即将上市的新车单独赋予口号；就主题传播中的口号而言，耐克曾针对奥运会、欧洲杯等推出过"活出你的伟大""搏上一切"等口号。狭义的"品牌口号"，专指代表品牌本身的口号。

» 品牌价值主张是狭义品牌口号中的一种，在我看来，这是一种用简洁隽永的语言，同时贯穿功能与文化两方面，而对品牌核心价值进行表达的口号。换言之，品牌价值主张必须从品牌文化、价值观的高度，从与用户共同追求的角度提出，同时巧妙地激发用户关于产品的联想。苹果的"Think different"、Keep的"自律给我自由"就是此类口号的典型。

厘清了两者的差别，再来深入讨论一下它们的撰写。对此，建议大家在工作中参考上一版《洞察力》总结的"品牌三境"创意技巧。

具体来说，基于过往的观察总结，通过梳理，我发现林林总总的品牌口号，从撰写上看无外乎有"小我""大我"和"无我"三种类型，或说三重境界。其中，"小我"型口号反映产品功能，说的是"我能解决什么问题"；"大我"型口号反映品牌形象，说的是"世界如何因我不同"；"无我"型口号则是反映品牌的文化与价值观，由于在这类口号中，用户已然看不到作为品牌的"我"的存在了，而只能看到品牌与用户的共同追求，故称之为"无我"。

三类口号的创作示例如下。

(1)"小我"型口号：

红牛——困了累了喝红牛

京东——多、快、好、省

海飞丝——去屑实力派，当然海飞丝

汤达人——好面，汤决定

(2)"大我"型口号：

杜邦——创造科学奇迹

奥迪——突破科技 启迪未来

米其林轮胎——引领进步之道

小米——让每个人都能享受科技的乐趣

(3)"无我"型口号：

耐克——JUST DO IT

苹果——Think different

MINI——Not Normal

Keep——自律给我自由

木屋烧烤——每一天都值得庆祝

在现实工作中，我们应在何种情况下撰写何类品牌口号呢？

(1) 有学者认为，成功的品牌通常会经历"被信任""被喜爱""被尊敬"三个阶段，在我看来，这恰好对应了三类口号的撰写诉求：在品牌初创期，通过反映产品功能的"小我"型口号，建立用户信任；在品牌发展期，通过反映品牌形象的"大我"型口号，收获用户喜爱；在品牌成熟期，通过表达品牌文化的"无我"型口号，赢得用户尊敬。从"小我"到"大我"，再从"大我"到"无我"，这就是功能创新型品牌撰写品牌口号的主线脉络。

(2) 虽然"小我—大我—无我"路径普遍适用于功能创新型品牌，但并不适用于文化创新型品牌。对后者而言，由于自己的核心价值更多地体现

第五章 感悟"表达"艺术

在独特而新颖的品牌文化层面，因此，在进入市场之初，就应该选择"无我"型口号。

（3）在上述三类口号中，只有表达鲜明的文化态度，体现品牌与用户共同追求的"无我"型口号，才更适合作为品牌价值主张。由于在实践中，企业常常会将品牌价值主张视为其核心价值的"语言化身"，统摄诸多表达，因此其创意也颇为重要。进一步说，在特定周期内，一个品牌可以有多条不同类型的品牌口号，但有且只能有一条占据"C位"的价值主张。

（4）对撰写品牌价值主张而言，在凸显价值观的同时，要尽可能兼顾产品（品类）与功能。例如，木屋烧烤的"每一天都值得庆祝"，就恰如其分地表达出了一种颇能与烧烤品类相呼应的消费情绪。试想我们约上三五好友，去畅饮啤酒，挥汗"撸串"时的情景，我想这句口号妙就妙在，它能以一种毫不炫技、简单质朴的修辞，为顾客的消费行为注入强烈的情感动机。

36

设计品牌文化原型

在品牌价值表达组合中,位列第四的表达项是"品牌基础信息"。随着品牌创建工作依次展开,在品牌名、品牌标识和品牌口号相继诞生后,用多种形式来描述品牌,如撰写品牌介绍及有创意的品牌故事、拍摄品牌短片等,就成了此阶段的必做功课。鉴于相关创作灵活多样,优秀表达不拘一格,在这里就不再赘述了。

价值表达组合中的第五项是"产品(品类)",再次借助上一节中北斗七星的意象来看,与该表达项相对应的是"玉衡星"。该星在七星中,不仅位置居中显要,而且亮度也为七星中最高。与之类似,由于产品是满足用户需求、承载品牌价值最主要的载体,因此,在价值表达组合中,也应该发挥最重要的作用。产品做不好,整个价值表达体系必然暗淡无光。由于SDi方法论对该部分迭代不多,况且前文围绕着"如何为产品做洞察"已展开过不少探索,因此,在这里暂不做进一步讨论。

本节介绍另一个更有趣的表达项——价值表达组合中位列第六的"品牌文化原型"(简称"文化原型")。在SDi方法论中,对该表达项的定义如

第五章 感悟"表达"艺术

下：这是一个呈现品牌原型，传递品牌文化，满足顾客感性需求的形象。M&M's巧克力广告中的"红豆"与"黄豆"、江小白瓶身上的"围巾暖男"、万宝路广告中的"牛仔"都是典型的品牌文化原型。

看到这里，你心中或许会犯嘀咕，品牌文化原型和上一章介绍的品牌原型是不是一回事？

这两者并不相同，它们是一种主从关系。如果说品牌原型是一个"类型"，那么，文化原型就应该是反映此类型的某个具体形象。例如，江小白的品牌原型是"凡夫俗子"，文化原型是"围巾暖男"；万宝路的品牌原型是"拓荒英雄"，文化原型是"牛仔"。以此类推，假设某品牌的品牌原型被设定为"伙伴"原型，那么，其文化原型就应该是符合此设定的某个具体形象，可以是一只金毛寻回犬，也可以是一只乐于陪伴主人的"白猫""花猫"或者"粉猫"。从SDi结构来看，品牌原型位于"发现"层，是品牌核心价值的构成要素（CV=TFCA公式中的"A"元素），而文化原型则是位于"表达"层的表达项，它是对"A"的具体呈现。

接下来，以百威啤酒为例介绍品牌文化原型的价值。大家知道，许多动物都曾成为百威广告中的"座上宾"，其中尤以"马"的出镜率最高。从2013年开始，百威曾连续数年将"人马情"的动人故事搬上荧幕。该品牌为什么会如此钟情于"马"呢？

首先，百威在国外是一个主攻蓝领用户的品牌，从事于各类劳动是该品牌目标人群的典型特征。反观百威广告中使用的这种马，其实大有来头，它就是源于苏格兰的克莱兹代尔马。这种因腿部生有漂亮羽状饰毛而格外引人注目的挽用马，在前工业时代主要用于耕地和拉车，是劳动群体熟悉的对象，是"勤勉精神"与"劳动自豪感"的象征，因此也最容易与百威的目标客群建立情感联系。

更重要的是，因洞察到蓝领用户普遍渴望拥有一个能与其交流，为其解闷,还能一起分担工作压力的亲密伙伴,而将品牌原型设定为"伙伴"原型的百威,在品牌文化层面,多年来始终在赞美真挚的伙伴情谊。该品牌希望让目标顾客感受到百威啤酒是他们生活中的好伙伴。试想,对传达此信息而言,又有什么会比早就与人类结成了亲密关系的"马"更为合适的呢?

针对品牌核心价值构成中的"TFCA"四要素,通过克莱兹代尔马,百威既精准锁定了目标用户(T),又巧妙地凸显了自己的文化情怀与品牌原型(C&A),可谓一石三鸟,对品牌贡献极大。

除了帮助我们理解品牌文化原型,百威案例还为大家重新思考品牌吉祥物提供了契机。从文化原型视角看,如今,我们已经很难认同那种认为品牌吉祥物就是要"可爱""有趣""萌萌哒"的肤浅观点了。相比之下,更重要的其实是该形象的文化表达属性。就像大家在M&M's广告中看到插科打诨的"红豆"与"黄豆",会忍不住莞尔一笑;或者看到江小白瓶身上的"围巾暖男",会令工作中的紧张情绪舒缓一样。从特定形象能否体现品牌原型,传递品牌文化价值,有针对性地满足顾客的文化需求等方面,从业者就能更好地评估其优劣。

推出品牌文化原型的好处多多,如何才能做好相关设计呢?答案是,既然被命名为"品牌文化原型",大家就必须格外重视这个形象与"文化"的关联性。在实践中,可以通过以下两方面来具体把握。

1. 特定形象是否在文化中反复出现

如果品牌文化原型能以某个在文化中常见的形象为蓝本,或直接选择该形象,那么这样的文化原型通常会非常有力。例如,百威的克莱兹代尔马就曾被众多国外影视作品呈现;万宝路的"牛仔"更是美国西部题材电影中的绝对主角;据说大家熟悉的"江小白"也曾从赵宝刚导演的都市情感剧《男人帮》中,那个戴着围巾,略显羞涩,不时故作深沉的"顾小白"身上汲取了灵感。

第五章 感悟"表达"艺术

2. 特定形象，是否符合文化对原型的书写方式

看完以上论述，希望大家不要误以为所有文化原型都必须源于文化中常见的形象。相反，以M&M's的"红豆"和"黄豆"为例，我们会发现，也有很多成功的文化原型是品牌自行设计的。那么，如何才能让创作的形象达到作为品牌文化原型的标准呢？其实核心就在于，相关形象必须符合文化对特定原型的书写方式。

举例来说，假设我们现在要基于"智者"原型设计具体的品牌文化原型，那么这个形象，既可以被设计成一位符合我们对"智者"传统认知的慈祥老者（如漫画《灌篮高手》中的安西教练），也可以与我们的想象非常不同（如电影《星球大战》里的尤达大师），甚至可以被设计成某个动物（如电影《穿靴子的猫》中的那只猫）。但无论如何，该形象都必须符合文化对"智者"原型的书写方式——本身极具智慧，关键时刻现身，向别人提供点拨、启发，赠予宝物，以及在帮助别人前先暗中进行考察等。

从这里不难看出，并不是非要用一位"苍髯老者"满足品牌的"智者"原型设定。相反，在符合文化书写方式的前提下，就算是出人意料的形象，也有机会成为合格的"智者"。由此可见，通过文化研究，深入把握文化对不同原型的书写方式，我们就有机会在形象设计方面不拘一格，推出令人耳目一新的文化原型。

最后回到"北斗七星"的意象来看，有趣的是，与品牌文化原型这个表达项相对应的是"开阳星"，此星本身是一个十分罕见的"四合星系统"，恰好象征了一个品牌文化原型应具备的多重文化特征。而开阳星旁另有一颗伴星，借此意象，我们不妨将与文化原型关系紧密的品牌代言人视为此伴星，而在未来择机探讨（因为代言人同样要表现品牌的原型与文化，履行与文化原型相似的职能）。到这里，价值表达组合中的前六项均已谈及，下一节就要开始对第七项——"品牌内容"展开探索了。

37

品牌内容的五种类型

在M星的炎炎夏日里,昼长夜短非常明显,每天骑着M星牛,在星趣大草原上徐徐行进,会让人觉得岁月静好,十分惬意。这次旅行,让原本因工作而身心疲惫,心态也有些焦虑的我们,终于有了一次放松的机会。

这一天,正当大家在帐篷前闲谈,小K懒洋洋地诉说着一到下午就有些困乏时,学员Q突然大叫一声"哎哟",着实吓了我们一跳。

Q是一位用同伴的话来说有些絮叨、整日里说话不停的女孩。听到小K的话,Q说突然想起了自己前两天曾经做过的一个奇梦。梦境中,她见到智者迈及瑞从某个神秘、幽暗的角落走来,手中拿着一株通体如碧的植物并告诉她,在这片草原的最深处有一种被称为"灵感之绿"的"五叶草",创意者如能采撷,将其风干后,困乏时闻一闻,就能立刻舒缓疲劳,激发灵感。更难得的是,这种植物还蕴含着不为外人所知的"五悦",过去,能在星趣大草原上体验到这"五悦",一直被M星人视为幸运的象征……

听到这里,我心中怦然一动,Q接下去的话便没怎么听清。我暗自琢磨,为什么就在团队即将探索品牌内容时,Q会做这样一个梦?难道五叶草的"五悦"和SDi方法论划分的五类品牌内容有关吗？借着这个神奇的"仲夏夜之梦"，就让我们立刻开启对品牌内容的探索吧。

内容，这个曾经或许只有文艺创作者才更关心的领域，伴随着互联网的崛起，如今早已麻雀变凤凰，成为营销行业最热门的话题之一，其流行程度，从内容营销与文案类书籍的持续火爆就可见一斑。

回顾过去，企业创作内容之所以不如今天普遍，很重要的一点是，在传统媒体时代，内容创作对专业性的要求很高，而内容的传播渠道则相对匮乏。彼时，品牌往往会将自己最重视的内容类型——广告，交由广告公司打理。

随着互联网时代来临，新媒体不断涌现，管理者纷纷意识到，不仅品牌创作内容的门槛变低了，与消费者沟通的渠道也变多了，如果能瞅准时机，借内容发力，品牌就有机会摆脱对"花钱砸广告"的路径依赖。在此情况下，管理者看待内容的眼光自然变得不同起来。

这么多年来，品牌在内容运营方面与过去最显著的差别是什么？在我看来，传统媒体时代的内容（主要是广告）侧重于促销，却很少创造价值。除了沟通产品功能，内容本身很少给顾客带来实用信息、观念启迪与情感共鸣。换言之，内容多是推销"手段"，很少像产品一样被品牌视为值得追求的"目的"。

进入互联网、移动互联网时代后，越来越多的品牌意识到了用内容创造价值的重要性。例如，一个汽车品牌也许会通过微信公众号向用户介绍一系列自驾游攻略，也可能会拍摄与品牌文化契合的微电影。这些内容要么向顾客提供了实用信息，要么为顾客创造了文化体验。重要的是，它们本身就有价值。

在这种情况下，随着品牌内容越来越多地承担起了"促销+创造价值"的双重使命，"手段"与"目的"这两种角色开始并存。换言之，在今天的品牌内容矩阵中，既有作为"促销手段"的内容存在，也有作为"价值本身"的内容存在。

内容角色的这一转变，恰恰是内容营销深度流行的原因。因为开展内容营销并不是要大家"穿新鞋走老路"，去新媒体中推送更多促销信息，而是要借助全新的信息交互方式，用内容来创造价值，赋能用户的生活。从根本上说，内容营销就是要以内容为载体，通过持续的价值输出，来实现持久的顾客卷入。

图5-4反映了我们对品牌内容的上述理解，同时进一步展示了SDi方法论所划分的五种内容类型。如果现在把品牌内容看作一块美味的提拉米苏蛋糕，那么如今它已经被一分为二，一半留在了"交互"层，另一半被划到了"表达"层。

图5-4

留在"交互"层的内容，仍保留着传统媒体时代沟通、促销的核心使命，其类型主要包括以下几种：

（1）对品牌（产品）进行推广介绍的"推介型内容"，如电商详情页中的产品介绍、直播中的推销话术、产品广告等。

（2）用情感方式促进销售的"情感型内容"。

第五章 感悟"表达"艺术

（3）以互动方式促进销售的"互动型内容"，如抽奖、投票与主题活动等。

那表达层的内容又是什么呢？如前所述，随着内容角色的转变，这里涌现出了两类履行"创造价值"使命，直接赋能用户的生活，作为内容营销主要构成的内容类型。

（1）承载着实用信息的"实用型内容"。例如，上文提及的汽车品牌的自驾游攻略。

（2）承载着品牌文化的"文化型内容"。例如，上文提及的汽车品牌的微电影。

"交互"层的内容留在下一章"交互之旅"部分再去探索。下一节将讨论"表达"层的这两类内容。

38

实用型与文化型内容

本节依次讨论品牌"表达"层的两类内容——实用型内容和文化型内容。

实用型内容是指那些可以为用户提供实用信息，解决特定问题，带来生活启发或符合用户兴趣的内容。从主题分享到出版物，从微信长文到短视频，作为品牌内容矩阵中不可或缺的"标配"，形式多样的实用型内容，一直都是我们为用户创造价值的重要方式。

在实践中，实用型内容可以与产品配合，放大产品价值。在这方面，手机品牌苹果就做得不错。例如，通过"Today at Apple"栏目，消费者可以预约苹果门店中的一系列培训，包括摄影、音乐与编程等。同时，用户也可以在官网上查看培训师的视频课程，解锁产品的新颖玩法。相关实践表明，当消费者对产品"能做什么"知道得更多时，他们自然就会更乐于使用产品。

值得注意的是，虽然旨在为用户创造实用价值，但实用型内容的创作，也需要与品牌文化契合。仍以"Today at Apple"为例，就在我写下这些文字时，我关注到苹果官网上，该栏目下方的文案正写着"世界各地的培训师在居家日子里，录制了一些短小有趣的视频。跟着他们，让你在家也能尽展创

第五章 感悟"表达"艺术

意。"从这里不难看出,就算是文案细节,该品牌也会努力体现其"激发创造力"的品牌价值观。

　　类似的例子还有无印良品。基于家居生活与饮食等主题,无印良品相继推出过《无印良品生活研究所》《家》《无印良品的四季食谱》等图书。从内容选材来看,无论在食谱中介绍风格清新的简餐,还是在家装指南中分享略带禅意的设计,在这个手机信息无限加载的年代,该品牌却总是反其道而行之,诉说着平淡与简洁的珍贵。归纳来说,越是与品牌文化保持一致,实用型内容在用户心中的价值感往往越高。

　　结合用户洞察,应时应景地贴近顾客需求,是我们考虑实用型内容时应该努力做到的第三点。疫情期间,耐克公司邀请多位健身教练推出了"把运动,练到家"系列内容,通过直播和短视频向人们介绍居家运动技巧。该案例启发了我们,既然说实用型内容是"表达"层的,要为用户创造价值的内容,那么在构思时就一定要有一种"产品不达,内容来补"的心态,努力用内容匹配产品不易单独满足的用户需求。

　　回到"Today at Apple"案例,最近,我留意到在该栏目下有一个预约情况看起来相当火爆的"儿童光影实验室"项目。这是一个教小朋友如何寻找有趣背景,用苹果产品拍摄家庭合影的课程。这有什么特别的吗?在我看来,最值得留意的地方在于,对多数中国家庭而言,增进家庭成员间的亲密互动,增强孩子的创造性思维,是非常普遍而强烈的需求。在这里,不难发现苹果的"儿童光影实验室"课程,就体现出了一种将产品、内容与互动巧妙结合,从创新角度连接用户的逻辑。

　　不过话又说回来,在构思实用型内容时,我们也不必总是对产品那么"心心念念",其实很多时候,内容与产品之间也可以只存在微妙的间接关系。重要的是,大家都需要学会用更宏观的视角,从不同维度体察用户的生活。例如,除了烹饪技巧,一个厨电品牌不妨将内容选题适当延伸至生活美学方面；一个面向年轻族群的剃须品牌，可以考虑为刚毕业的年轻人精心编撰一份"职场进阶指南"。总结来说，在内容积极有益的前提下，只要满足"符合目标用户需要""与品牌（产品）有恰当关联""不违背品牌文化"这样三个条件的选题，都可以积极地予以考虑。

介绍完实用型内容，下面介绍文化型内容。

什么内容可以被称为品牌的文化型内容呢？顾名思义，就是那些承载着品牌价值观，输出品牌文化，进而帮助品牌建构文化影响力的内容。

文化型内容的重要特征如下：通过品牌文化表达，给用户带来观念启迪、情感共鸣和心理暗示。谈到这一点，我想到不久前，一位设计师朋友曾和我兴奋地谈起了他关注到的，一次名为"One of Not Many"的传播活动（中文译为"卓尔不群"，来自腕表品牌江诗丹顿）。这位朋友谈到，无论这句口号，还是品牌在这次传播中所传递的那种"深钻专业，持续突破自我"的人生态度，都令他深感共鸣，以至于那段时间，每每看到手中的设计稿，不禁多了些"作品心态"。从这些描述中，大家不难体会出文化型内容是如何巧借"人文电波"来打动顾客的。

在日常工作中，每当发现不错的文化型内容，我都十分乐于收藏。在撰写本小节时，我又在朋友的推荐下，关注到护肤品牌"多芬"前段时间推出的一支"逆向自拍"广告。广告先将镜头定格在了一张社交媒体中的"网红脸"照片上，然后通过"时空逆转"，在去除种种美颜特效之后，最后将其还原为一张普通女孩的脸。通过这支广告，多芬意在提醒大家，迎合社交媒体的美颜自拍正在影响女性的自信。借此，该品牌呼吁人们多多关注女性的外貌焦虑问题，并鼓励女性接受自己本真的样子。

"逆向自拍"的短视频让我意识到，在搜寻有代表性的文化型内容时，我很可能忽略了一个通过内容表达，借助文化创新，而让品牌得以"青春常驻"的典型案例，而这个案例的主角正是多芬。

第五章 感悟"表达"艺术

具体来说,自20世纪多芬第一款香皂面世以来,这个品牌一直非常强调"滋润"等功能卖点。不过进入21世纪后,或许是逐渐察觉到了理性传播的局限性,多芬开始有意识地践行文化创新模式,其标志性事件就是创造性地打造了"真美运动"系列传播项目。

"真美运动"是多芬于2004年推出的传播项目。据说在此项目开始前,该品牌曾在一次针对当代女性的调查中发现,在所有参与者中,只有大约2%的女性会将自己描述为"美丽的"。该品牌从这个数据中敏锐察觉到,突破对"美"的狭隘定义,向女性传递"你本来就很美"的自信消息,鼓励她们拥抱"简单而真实的美",正是这一时期非常值得倡导的生活态度与价值观,"真美运动"由此诞生。

在历时多年的"真美运动"系列传播项目中,涌现出了不少打动人心的作品,要论影响力最显著者,那就一定要来说说2013年推出的"真美素描"了。在广告中,品牌邀请了知名的肖像画家为不同女性画像,并请他为同一个人分别画出别人描述她的模样和她自述自己的模样。结果显示,"别人描述的自己"总是比"自己口中的自己"看上去更美。透过一幅幅让参与者感动莫名的画作,多芬尝试告诉她们——"你其实要比自己想象中更美"。

"真美素描"赢得了当年戛纳创意节上的大奖,并在全球斩获过上亿次播放,令无数女性动容。更重要的是,包括"真美素描"在内的持续多年的"真美运动"系列传播项目,还有效助推了多芬的销售增长,让这个老字号品牌得以焕发出勃勃生机。在我看来,相关实践堪称文化型内容的教科书式操作。

借着多芬案例,现在让我们趁热打铁,对文化型内容做出如下总结:

(1)无论在品牌生命周期的哪个阶段,在品牌的内容构成中,都应该有一定比例的文化型内容。在品牌的五类内容中,只有专注于承载人文价值的文化型内容,才能让品牌形成文化影响力,受到用户的尊敬,同时以一种隐秘而强大的方式促进销售增长。从这个角度来讲，没有任何一类内容能代替文化型内容的独特价值。

（2）对多芬的实践，很多人喜欢用"情感营销"来总结，在我看来，这很容易让人们忽略其成功的关键，那就是在广泛的社会心理层面匹配了目标消费者的精神渴求。这提示我们，必须从文化需求洞察的角度，从人们观念意识的流变来深入把握文化型内容的创作脉络，而不能将其矮化为脱离了特定时期人文需求的简单"煽情"。

（3）品牌文化不是企业文化，品牌文化是基于用户需求生发出来的，品牌与用户一起追求、共同持有的文化。从这个意义上说，邀请用户共创文化型内容，才能更大程度地提升用户对品牌文化的认同感。例如，白酒品牌江小白曾通过"语录征集"邀请用户创作内容。有参与，才更有机会让用户将品牌文化视为己出。因此，适当纳入UGC（用户生成内容）是更具生命力和影响力的品牌文化塑造方式。

（4）文化型内容可以引发消费者对品牌的联想，当消费者进入与品牌文化相关的生活场景，或内心泛起与品牌文化契合的情绪时，就容易联想到品牌（如人们在关注、参与极限运动或从事具有"自我挑战"意味的活动时，就容易联想到"红牛"）。如此一来，品牌在诸多生活场景及用户心绪下，被消费者想起、选择的可能性就会提高。

最后，回到一直给我们这段探索赋予灵感的"北斗七星"意象，大家会发现，在七星之尾，与"品牌内容"板块对应的是"摇光星"。"摇光"者，"光芒闪动"也，以此来说，实用型内容和文化型内容，其实就是要为品牌聚辉摇光。正所谓"念念不忘，必有回响"，通过这两类内容向用户持续输送价值，久而久之，就有机会让品牌变成一个"发光体"，吸引更多关注并点亮用户生活。

第五章 感悟"表达"艺术

宝物解锁

头顶着M星广阔的天空，在心中"仲夏夜之梦"的引导下，即将成功穿越星趣大草原，顺利完成品牌表达层探索的我们，终于如愿以偿地获得了这段旅程的宝物，想必大家都已经猜到了，这就是来自星趣大草原深处的"五叶草"。

寻找五叶草的过程艰辛，难以言表，当我们第一次见到这种植物时，立刻就被它奇特的外观和四溢的清香吸引了，将其托在掌中细嗅，更是顿感神清气爽、心旷神怡，这才知道五叶草提神醒脑的传闻不虚。

值得一提的是，自从知道有五叶草那天起，大家就听说这种神奇植物还有着"集五悦于一身"的珍贵品质，令我一度猜想，这"五悦"是否与SDi方法论所梳理出的五类品牌内容有关系呢？

后来经过大副J的多方考据才发现，原来它们并没有直接关系，这"五悦"原来是"视之悦""听之悦""触之悦""嗅之悦""味之悦"，分别对应着五叶草独特的形状、声音、触感、气味、味道。其中，"声音"是指该植物在起风时会发出优雅的沙沙声，一度被M星草原部族形容为"草原上的变奏曲"；"味道"则是指该植物能被用为烹饪辅料。在这颗星球上，除了"灵感之绿"的名称，M星人还将五叶草称为"表达之叶"，这是因为在他们看来，优秀的表达就应该像这种植物一样，能够针对不同感官创造出多重价值。

M星人的这个说法，让我又想起了自己非常喜欢的那句，来自营销大师菲利普·科特勒的名言："营销并不是以精明的方式兜售你的产品或服务，而是一门真正创造顾客价值的艺术。"现在，用它作为对品牌表达层探索的总结，再合适不过了。

Chapter
06

第六章
北寻"交互"技艺

39

开启M星"北寻之旅"

我们在星趣大草原愉快地度过了整个夏季，结束了对M星南半球的游历，现在，对即将开启的北半球旅程，大家早已满心期待了。为此，我们早早为这段旅程起好了一个寄托着无尽向往的行动代号——"北寻之旅"。

尽管如此，为了适应M星北半球的复杂环境，出发前，团队仍然在星趣大草原附近的峡湾内驻留了下来，以便对"宇见营销号"游轮进行一次系统性检修。凑巧的是，由于这段时间正值地球上举办世界杯比赛，人们纷纷走上街头狂欢，在M星上的我们也举杯遥贺。大家白天讨论营销，晚上一起喝酒看球，早晨起来，再闻一闻"五叶草"那沁人心脾的味道，日子过得舒心畅快。

世界杯结束后，检修也基本完成，学员们意识到，舒坦的"暑假"即将结束，是时候具体筹划"北寻之旅"了。那么，我们的旅程要从哪儿开始呢？此时，大家纷纷将目光聚焦在航程表上，M星第四个（也是该星球北半球第一个）探索地——"BG海港"之上。

"BG海港的命名，倒没什么特别之处"，在针对这一站的讨论会上，

第六章 北寻"交互"技艺

大副J向大家介绍说:"由于M星航海地图中对该海港的注释,翻译过来的大意就是'隐藏着品牌增长秘诀的增长之港',所以,我们就直接用Brand Growth(品牌增长)的首字母来为该港口命名。"

听了大副J的讲解,很多同学乍地回想起,航程表上曾明确标注过,在"BG海港",我们将探索与品牌增长相关的"交互"智慧。既然如此,在动身前,就让我们来温习一下"交互"的定义及其工作内容吧。

图6-1有助于大家更好地理解"交互",让我们沿着SDi结构,一层层从下往上来看。

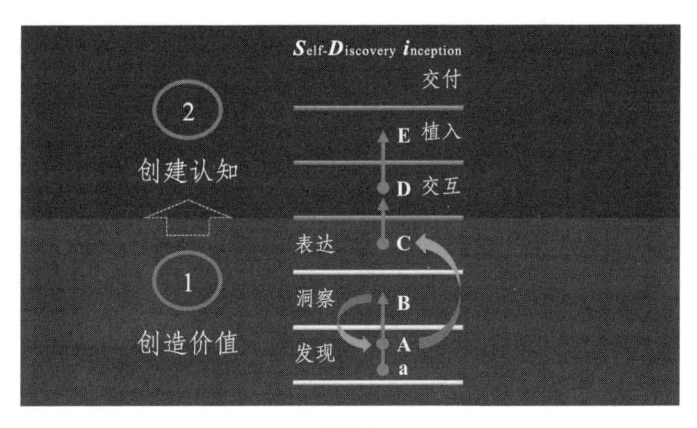

图6-1

首先,当创业者带着创业构想(a点,我们曾将其比喻为创业者心中的"种子"),向上寻求"洞察"印证(B点,我们曾将其比喻为"给种子浇水"),并在用户洞察的帮助下,获得了经过修正的更为成熟的"价值发现"(A点)之后(B—A),接下来,通过上一章介绍的价值表达组合,从业者将品牌核心价值呈现出来(A—C)。至此,品牌就完成了"营销二元"中的第一大步——"创造价值"的相关工作(图6-1中的步骤①)。

紧接着,营销工作要从"创造价值"迈向"创建认知"(从步骤①到步骤②），品牌要让消费者认识并选择自己，这就需要基于"表达"与消费者进行接触沟通，也即"交互"了（C—D）。持续"交互"在促进增长的同时，也不断构建着品牌认知（D—E）。由此可见，"交互"正是营销工作从"创造价值"转入"创建认知"时，具有上下衔接作用的关键一步。

由以上论述可知，"交互"的基本含义就是通过消费者沟通，促进品牌增长。更直白些说，就是通过和用户打交道，来获取持续的商业回报。在现实中，该层面的工作具体包括什么呢？作为对上一版《洞察力》的最新迭代，SDi方法论归纳出了"CCRO四步法"，如图6-2所示。

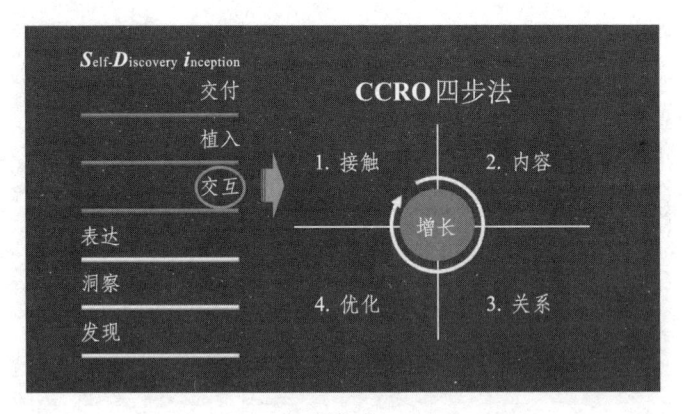

图6-2

CCRO四步法将"交互"层的工作划分为以增长为"靶心"的四个步骤——"接触"（Contact）、"内容"（Content）、"关系"（Relationship）和"优化"（Optimize）。

（1）接触。谈到"交互"，我们势必需要从接触用户开始。品牌应以何种方式触及并影响用户？这就是"接触"环节关注的核心问题。该环节的工作主要包括销售渠道与信息沟通渠道的建立；沟通、传播方式的评估与营销触达策略的设计执行等。

第六章 北寻"交互"技艺

（2）内容。"交互"离不开信息与内容，触达策略一经明确，就必须配合内容输出。内容（信息）的创意、制作、发布、更新等，是内容环节所关注的问题。

（3）关系。通过持续沟通，品牌开始与用户建立关系，于是如何维护好这些关系，就成了此阶段的工作重点。该环节的工作主要包括维系现有用户关系、拓展新用户关系，以及不断巩固、深化用户关系等。

（4）优化。关系的缔结并不意味着"交互"的完结，在"CCRO"最后一步——优化环节，运营人员还必须结合用户洞察来解决阻碍品牌增长的现实问题，不断提升前边三个环节的工作表现，推动"交互"层进入持续优化的良性循环（如图6-2右侧所示）。

总结来说，CCRO四步法既是我们对品牌"交互"层工作的分解，也是在"BG海港"与大家一同进行探索的主线结构。本章接下来的各小节将对这四步逐一展开探讨，并会和过去一样，将M星上的营销智慧同步整合。现在，有了上边这些铺垫，就让我们赶紧开启激动人心的"北寻之旅"吧。

40

设计最佳的触达策略

初秋的一天拂晓，空气清冽，经过长时间航行，我们的船队终于悄无声息地停靠在了"BG海港"，如图6-3所示。如今我算深切地体会到了，久历航程的人会格外期待闻到清新的泥土气味，就连夜晚也会梦见自己穿梭于闹市，醒来后才发现窗外是一如既往的海平面。如今，在这清晨薄雾之中，影影绰绰的数点渔火之外，突然出现了一个即将热闹起来的海港小镇，这情景怎能不让人激动？

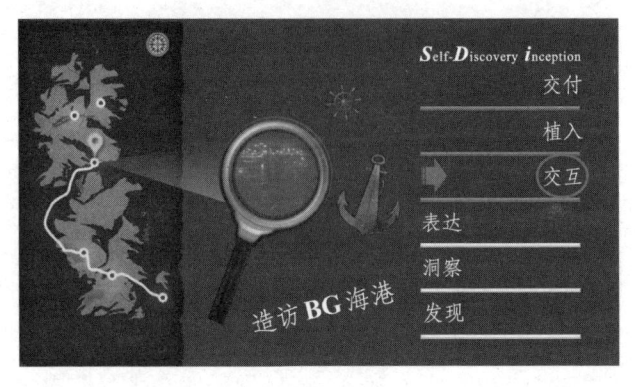

图6-3

第六章 北寻"交互"技艺

今天要带大家去探访的是M星上最具特色的海港鱼市。虽然这颗星球的科技已空前发达，但这里却遵照传统，对鱼市的原貌和经营方式予以保留。为什么呢？据说除了想让外星访客体验到原汁原味的人文特色，更重要的是，M星人认为这个鱼市见证了自己商业文明的发展历程——鱼商是如何与顾客建立关系的？他们有哪些别出心裁的传播方式？在颇具烟火气的日常经营背后，这里蕴含的恰恰是M星海洋文化传承下来的沟通智慧，非常值得一探究竟。

在鱼市大门口经过排队等候，我们终于认领到了一个属于自己这支队伍的代号为"M2"的智能机器人，据说有关海港鱼市的一切它都知道。

大家应该还记得，在上一节我们曾谈到CCRO四步法，也即"接触—内容—关系—优化"，其已经被设定为在BG海港，大家探索"交互"智慧的主线脉络了，因此，在进入鱼市后不久，学员们就忙不迭地向M2抛出了很多与"CCRO"第一步——"接触"环节有关的提问。

M2不急不缓地向我们道出了很多有趣答案。首先，它用头上的激光触角指着地上的"七彩路面"告诉大家，地球上有句谚语叫"酒香不怕巷子深"，而M星上的鱼商则并不这样认为。他们在很久很久以前就设计出了这样一种别出心裁的"引流方案"——将小镇石板路上的石块染上自家店铺的专属颜色，再连成线（线条时断时续），让游客像玩寻宝游戏一般，借助"色彩导航"找到自家店铺。

更有趣的是，在吸引顾客方面，这里还诞生过一种颇具娱乐效果的"天幕广告"。走访鱼市时大家发现，在许多商户的庭院中，如今仍保留着这样一种形如啤酒桶的硕大气囊装置，启动后，它们能向高空喷射出似烟似雾的彩色气团，以天为幕，演化出绚烂多彩的各色图案，效果亦真亦幻，着实令人称奇。

M2最后告诉我们，M星人对"接触目标顾客"有一种思考，那就是他们相信，最好是一边传递信息，一边为顾客创造价值。例如，无论"七彩路面"还是"天幕广告"，实际上都是将商业信息嵌入到能给顾客带来乐趣的营销方式当中。正因如此，长期以来，在M星上最为商业实践者偏爱的营销触达方式，其实就是用有益内容吸引顾客主动关注自己的内容营销方式。

M2的分享让大家深受启发，同时引发了踊跃的讨论，学员一边对比着两个星球在营销触达方面的思维差异，一边各抒己见。凭借着海港鱼市上的这些收获，接下来让我们对营销"接触"环节展开更细致的讨论。

"接触"的基本含义是选择触达、沟通目标用户的方式，设计营销触达策略，而其本质则是对"品牌如何增长"的思考。以此来看，设计营销触达策略，其实也是在同步思考着品牌的增长策略。

随着科技的不断进步，今时今日，品牌触达目标受众的方式空前丰富，代表性的方式包括线上线下广告、搜索引擎营销、直播、短视频、内容营销、邮件营销、游戏营销、活动营销、会展营销等，还不包括各种正在涌现中的新媒介、新方式。

面对这么多选项，逐一探讨显然并不现实，因此在我看来，更恰当的方式是先梳理出营销触达的基本逻辑。从企业内部视角来看，品牌的营销触达策略通常会受到如下因素的共同影响：① 品牌核心价值；② 品类营销传统；③ 决策者的营销方式偏好；④ 预算。下面对这四个方面展开讨论。

首先，对营销触达策略最具牵引力的第一要素，是品牌核心价值。在现实中，当我们设计相关策略时，大家势必需要先回到品牌的基本面，问一问——我们的品牌核心价值是什么？要让目标用户感知此价值，最直接有效的方式是什么？

比如虽然互联网和医疗设备都是典型的功能创新品类，但由于互联网品牌的产品价值往往可以直接在线上传递，因此，品牌常常会选择那些能在线上直接触达目标用户的传播方式；反观医疗设备行业，由于功能价值难以直

第六章 北寻"交互"技艺

接在线上传递，客户感知产品价值更依赖于线下体验，且客户多是专业机构，这就导致了该品类会优先考虑"活动营销"这类更能精准锁定目标用户，且能与之进行深度沟通的触达方式。

与上述功能创新品类不同，在文具、零食、酒类、奢侈品等领域，还存在大量文化创新品牌，为了更好地输出品牌文化，这些品牌就不得不更多地借助于漫画、短视频、影视剧植入、纪录片这类更有利于传递感性价值的沟通方式。

以上举例旨在向大家说明，品牌核心价值将指引每个营销层面的工作，"交互"层自然也不例外。更具体些说，品牌核心价值中"F"与"C"的构成与特征，必然会要求我们寻找能够与品牌核心价值更加适配的接触、沟通方式。

影响营销触达策略的第二个因素是品类营销传统。简单来说，每个品类都容易在特定时期形成对特定沟通方式的路径依赖。例如，前几年，一位家装行业的朋友曾跟我聊到，在该行业，消费者的决策周期漫长，品类本身的服务特征又导致销售人员需要与客户交换大量信息，建立充分信任，非常依赖于线下沟通。这些因素叠加在一起，再加上装修的季节性特征，就导致了该品类会对"会展营销"非常依赖，品牌每年都会将大量时间、预算花在参展上。

要突破类似的品类营销传统，并非不可能的任务，例如，小米就通过社会化营销，摆脱过手机行业"用巨资砸广告"的传统范式。然而，要做到这一点，我们必须对品类营销传统的成因与内在逻辑，形成比同行更深刻的理解，寻求突破的成功概率才能更高。

影响营销触达策略的第三个因素是决策者的营销方式偏好。例如，具有文科背景的管理者，可能会偏爱"内容营销"，而具有理科背景的决策者，则更有可能批准技术驱动的推广方案。

就像在生活中，想让某人接受自己情非所愿的选择通常很困难一样，在工作中，想让决策者接受自己偏好之外的推广方式，也常常需要我们给出更充分的依据。现实中，许多深思熟虑的推广计划最后付诸东流，问题常常是方案设计者不了解决策者的营销偏好，因此，没有将自己推荐的传播方式与决策者的营销偏好进行详细对比。看清了这一点，希望大家在未来都能更好地规避类似问题。

最后，对制定营销触达策略而言，还有一个更直接的影响要素，即预算。对此，从业者常常容易过于看重资金，却忽视了可用的企业资源。

提到这一点，我想起自己前些年，在为一个基于地理定位而向用户推荐各类主题活动的App设计增长方案时，曾留意到该公司有一支（服务于其他业务板块的）视频团队。了解到这一点，我当时就建议开展跨部门合作，优先考虑用短视频为那些入驻该App的，亟须传播支持的活动主办方赋能，通过帮助他们拍摄有趣视频，鼓励他们主动分享，从而将更多用户吸引到平台上来。

通过该案例我想说明，在设计营销触达策略时，从业者首先要端正心态，意识到"预算少、时间紧、压力大"，其实就是我们大多数人的工作常态。因此与其抱怨预算，不如先冷静盘点一下企业资源，看看能否将其中一些巧妙转化为推广手段，这才是一种更有助于缓解大家业务焦虑的务实思路。

第六章 北寻"交互"技艺

41
优化触达的三点洞察

围绕着什么是让目标用户感知品牌核心价值最有效的方式，上一节从企业内部视角对影响触达策略的四要素进行了讨论，本节将从外部视角，探讨如何借助用户洞察优化营销触达策略的问题。

"什么？用户洞察？这不是前边已经探索过的课题吗？"

听到这儿，学员小K又一次急切地询问了起来。如果你现在也有类似困惑，那就让我们把"时光进度条"向前拖拽，一起来回顾一下"故事前情"吧。

当我们还在"R记大峡谷"进行探索时（本书第三章、第四章），在学习如何通过用户洞察，定义品牌核心价值时（洞察—发现），只了解了洞察对品牌"发现"层的帮助而已，至于用洞察来优化"表达""交互""植入""交付"的知识，根据"其余诸法，他处寻觅"的智者箴言，我们当时推测，这些知识需要到与相关营销层面相对应的，大峡谷之外的其余探索地中解锁。

就目前的情况来看，既然大家已经来到了隐藏着"交互"智慧的BG海

洞察力2.0：驱动营销新增长

港，可以说，探索"洞察—交互"知识的时机已成熟，并且这种探索还应该细分到"CCRO"的每一步。例如，当前讨论到"接触"环节，本节就应该先来谈谈为设计营销触达策略，应该如何做用户洞察的问题，如图6-4所示。在我看来，这也是传播、运营人员应该格外关注的洞察技巧。

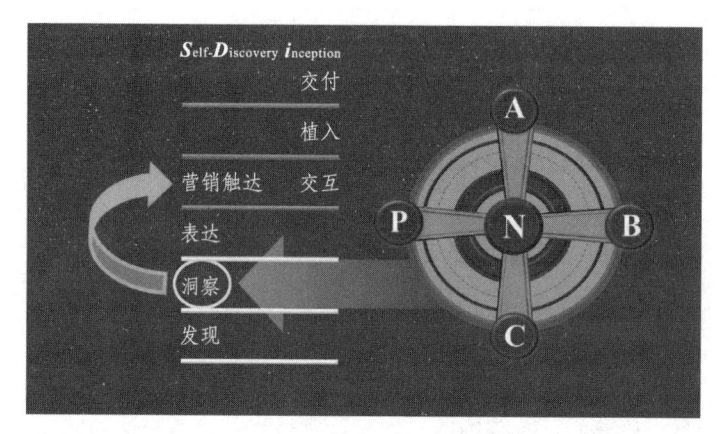

图6-4

借助图6-4，还有一点要说明的是，在SDi方法论中，无论为了优化哪个营销层面，我们的洞察研究都不会超出"ABCPN"这五个维度，只不过针对不同层面，大家需要从不同维度中调用不同方法，像"抓中药"一样，针对不同情况配出不同"药方"而已。举例来说，就当前优化交互层当中营销触达策略这项需求而言，我们就可以从"用户行为"（B）这个维度中调用如下三种方法：媒介行为研究、识别关键影响者、决策机制研究。

一、媒介行为研究

媒介行为研究（简称媒介研究）是围绕着用户接触、使用媒介的情况而展开的研究。相关工作可以细分为如下三个方面。

媒介研究的第一个方面是，对用户在生活中使用各类媒介的情况加以了

第六章 北寻"交互"技艺

解,具体可以先从手机、计算机、电视、广播等媒介类型入手,关注用户使用不同媒介的时段、频次与场景,然后根据用户行为主次进行细分研究。例如,针对手机,可以了解用户最常使用的 App;针对特定 App,可以研究用户在其中最喜欢的功能与栏目等。

这方面的研究,可能会引出媒体专项研究。例如,当某新媒体呈现爆发增长态势,或当我们发现某种信息交互方式对目标用户影响十分突出时,就应该考虑通过专项研究,来对其展开更细致的分析。

媒介研究的第二个方面是,关注不同广告形式对目标用户的影响,这尤其适用于计划将广告作为主要沟通方式的业务背景。假设 App 开屏、视频贴片、电视与楼宇广告都是品牌备选的推广方式,那么现在营销人员就可以从上述广告的触达率、目标用户对不同广告形式的信任度等多个维度进行调查研究,进而为策略提供指引。

媒介研究的第三个方面是,研究用户的消费信息来源,以及不同媒介与沟通方式对品类消费的影响。该研究会要求大家更多地关注"品类",其中消费信息来源是要研究用户接触、获取品类信息的媒介渠道与方式。例如,家电品牌要研究顾客接触、获取家电信息的渠道与方式,这一点很好理解。

再来看该研究的第二个方面——考察不同媒介和沟通方式对品类消费的影响。这是什么意思呢?这与前边提到的广告研究有何不同呢?其实主要区别就在于,前述广告研究虽然考察了不同广告形式对目标受众的影响,却无法反映出品类差异。说得更直白些,能说服顾客买薯片的广告形式,未必能说服顾客买珠宝,因此,要想理解在自己品类上,不同媒介与沟通方式对目标用户的影响差异,就需要叠加此方面的研究。

具体到方法上,首先需要区分品类。针对快思考品类,相关研究会相对简单,重点就是要对各种能够触达、吸引目标用户在本品类进行消费的媒介形式、信息工具、沟通方式进行比较;而针对慢思考品类,由于在这些品类中，消费者除了被动接收商业信息，还常常会主动"做功课"，会利用工具来辅助自己的决策，因此，营销人员必须对用户的主动行为展开研究。

例如，针对"家装"品类，就需要围绕着用户的"了解装修常识""参考装修经验""挑选装修风格""搜寻设计灵感"等需求，对其媒介行为进行洞察研究，角度应该涵盖——目标用户最常使用哪些媒介（工具）、在其中最常使用哪些功能、不同媒介（工具）的使用场景、使用频率，对这些了解越多，我们就越有机会设计出更具穿透力的触达策略。

二、识别关键影响者

为优化营销触达策略，从业者可以考虑的第二类洞察是识别目标市场中的关键影响者。开展此洞察的意义在于，在实践中，相较于那种"撒胡椒面"式的平均用力的传播方式，如果品牌能以一种"四两拨千斤"的手段，通过市场中的"关键少数"影响大多数用户，那么，无论从时间、预算还是效果来看，后者通常都会是更好的选择。

关于这种洞察方法，在上一版《洞察力》中，我是从马尔科姆·格拉德威尔的《引爆点》来切入相关讨论的。马尔科姆·格拉德威尔曾强调，对于引爆一则消息、一件事情而言，最重要的就是去人群中找出三类"关键少数"：

（1）对事物有深入了解的"内行"，如特定市场中精通产品的行家。

（2）能用"超感染力"说服别人的"推销员"，如口才出众的销售人员。

（3）拥有众多泛泛之交的"联络员"。对应营销，就是那些能帮助我们广泛接触目标用户的人。

品牌去哪里找出这三类人呢？其实每家企业内部都一定少不了"内行"（如资深的产品专家），"推销员"也不难找，只要诚意足够，肯定能招揽优秀的销售人才。在这三类人中，最难发掘的就是"联络员"。

第六章 北寻"交互"技艺

关于"谁是联络员",《引爆点》一书中曾讲了这样一个故事：一位想在某城市普及一种疾病预防知识的女护士（内行），有一天突然灵感迸发，想到了在这个城市中，那些拥有众多忠实顾客的理发师，不正是最符合自己传播需求的"联络员"吗？对此，女护士组织了一系列培训，还专门找来了一位口才出众者（推销员），来帮助自己用不失趣味的话术，将专业知识讲授给理发师，然后通过他们分享给更多人，结果在短期内就取得了极佳的传播效果。

虽然"联络员"可能会给传播推广带来意想不到的收获，但遗憾的是，很多品牌对"谁是联络员"问题的回答都太流于表面了。例如，在化妆品领域提到该问题，回答必是"网红达人"；在家装领域回答必是"设计师"。优秀的营销从业者，是不应该满足于此类浅显答案的。

为了启发大家思考，再来分享一个最近几年，我在这方面见到过的精彩实践——巴黎蓬皮杜艺术中心的推广案例。

在该项目中，营销人员面临的难题是，作为世界上最大的现代艺术博物馆之一，坐落于巴黎塞纳河畔，一心想成为"巴黎必去景点"的蓬皮杜艺术中心在全球游客心中的认知度却不高。此时，从常规思路来看，营销人员或许应该考虑大规模的广告投放等举措，然而，在现实中，他们却采用了另一种让人拍案叫绝的"非常"方法（看到这里，大家不妨合上书本想想看，如果你是该中心的营销人员，你会怎么做呢）。

通过游客行为研究，蓬皮杜艺术中心的营销人员发现，在巴黎，多数游客都会去少数知名景点——埃菲尔铁塔、凯旋门、卢浮宫等。在这些景点外围总是会有一些街头小贩，一年四季，不避寒暑地兜售着各个热门景点的小雕像。这些看起来稀松平常的现象，却让营销人员突然意识到，想成为游客心中的"巴黎必去景点"，必须也有自家的小雕像。

基于这一感悟，蓬皮杜艺术中心专门设计了小雕像，并由此催生了一个更重要的洞察，那就是营销人员发现，可以帮忙推销这些小雕像，进而让全球游客了解自己的"联络员"，正是那些景点外围的游商走贩。据此，该艺术中心的工作人员开始努力让自家小雕像也进入小商贩的摊位。更让人称绝的是，他们还专门成立了一支全部由自己员工组成的"街头小贩队伍"，去巴黎各大景点外围兜售小雕像，展开对蓬皮杜艺术中心的宣传，最后在极低的预算条件下，取得了令人惊讶的推广效果。

三、决策机制研究

优化触达策略的第三类洞察是开展品类的决策机制研究，这是一个主要应用于慢思考品类的洞察角度。具体而言，由于慢思考品类通常具有多角色参与决策的特征，因此，只有了解不同决策者在决策中各自扮演的角色，以及他们之间的配合机制，触达策略才能更有针对性。

具体到实践中，针对上述复杂决策品类，该研究会要求我们努力认清两类顾客：其一是负责挑选、沟通供应商的"技术买家"；其二是负责批准购买并付款的"经济买家"。不过，这两类买家的分工也不完全泾渭分明，在一些情况下，技术买家可能会拥有一定预算内的决策权，而在另一些情况下，经济买家在批准采购前，往往会就自己关心的技术问题与技术买家沟通。

了解不同决策参与方在消费决策中具体担任哪类"买家"，以及他们对产品（服务）的在意因素差异，是研究消费决策机制的关键所在。

仍以家装行业为例，留意一下设计师谈客户的情形，你或许就会发现：有经验的设计师在向夫妻介绍方案时，通常会在沟通设计方案阶段更多地和太太谈话，而到了预算部分，则开始兼顾先生。之所以会如此，正是因为他们熟悉在该品类中，女性常常同时担任技术买家与经济买家，而希望消费过程尽可能简单轻松，同时又要表现出积极参与姿态的男性，通常只是"客串"经济买家的常规决策机制。了解到这一点，对推广人员基于性别差异来

第六章 北寻"交互"技艺

设计触达、沟通策略，是很有帮助的。

在考虑触达策略时，决策机制研究要与媒介研究结合。例如，在 To B 领域，技术服务提供商常常会与客户方的两种人打交道——技术负责人与品牌决策者，因为他们通常分别担任着技术买家与经济买家。关注这两类人的决策分工情况与在意因素差异，同时研究他们在获取品类信息方面的渠道差异、沟通方式偏好差异，以及生活中的媒介使用特征差异，接下来，要在推广方案中决定"对谁说、在哪说、说什么"就会容易很多。

42

如何写好推介型内容

分享了SDi方法论中优化触达的洞察方法，海港鱼市的智能机器人M2，也向我们讲解了不少M星上的相关技巧，让我们得以顺利完成对"CCRO"第一步——"接触"环节的探索。

接下来的几天，大家继续在BG海港徜徉，在鱼市中大快朵颐之余，学员小K无意中瞥见了街角的一张电子海报，原来这里正在举办一年一度的"海港创意大赛"。比赛规则非常简单——每支来到这里的外星团队，只需为任意一种来自BG海港的海产品创作推销广告，然后将作品提交给大赛组委会即可。

看到这则信息，很多一路上自觉收获满满的学员，早已摩拳擦掌、跃跃欲试了。况且这几天来，M2还向我们分享了BG海港历史上众多优秀的广告作品，让我们获得了很多宝贵的创意经验。最后，这位机警可爱的智能向导告诉我们，在这颗星球上，M星人普遍认可那种创意虽然精妙，却不会让受众特别留意到创意本身的，能够实实在在促销的广告。

凭借这些学习收获，虽然距离海港创意大赛的截止时间只有十余

第六章 北寻"交互"技艺

个"M星日"了,但是大家仍然决定通过参赛来练一练手。所谓"磨刀不误砍柴工",为了帮助团队产出更好的作品,现在,就让我们一起来讨论"CCRO"第二步——"内容"(Content)板块的相关知识吧。

回忆一下在星趣大草原的惬意之旅,有心的朋友或许还记得,在SDi方法论中,我们将品牌内容划分为了"实用型""文化型""推介型""情感型"和"互动型"五类。其中,实用型与文化型内容属于"表达"层,因为它们是品牌价值的内容呈现,和产品一样,本身就是价值;另外三类内容属于"交互"层,因为它们是以"促销"为主要诉求的,沟通、传播品牌价值的信息"手段",其价值属性并不像前两类内容纯粹(请参见图5-4)。

从SDi结构看,"表达"层的内容属于"创造价值"单元,做好这类内容,品牌会变得更具价值,美誉度和影响力将不断提升;"交互"层的内容属于"创建认知"单元,做好这类内容,用户能更好地感知、理解品牌价值,品牌的销售业绩将持续增长。这两层的内容彼此配合,相互弥补不足。相信通过这些论述,大家能够将品牌内容理解得更加透彻。

"表达"层的两类内容已在第五章介绍过,而对于"交互"层的三类内容,又该从哪一类开始讨论呢?思来想去,为了帮助团队构思"海港创意大赛"的推销广告,还是先将目光聚焦在推介型内容上吧。

从电商详情页的产品信息到视频网站上的贴片广告,从新品发布会上的宣传短片到直播活动中的促销话术,可以说,凡是以推销为目的,对品牌(产品)展开推介的内容,都可以被视为推介型内容。这是品牌内容体系中占比最大,也最为基础的内容类型。

如何创作高质量的推介型内容呢?下面介绍两条实用建议——"讲事实"和"用比喻"。

"讲事实"是广告界前辈大卫·奥格威给我们留下来的宝贵经验。什么是"讲事实"?其实主要就是说,对推销商品而言,推介必须建立在扎实的产品事实之上，切忌使用空洞的言辞。对此，大卫·奥格威曾说过："如果你认为一句简单的口号和几个枯燥的形容词就能诱使顾客买你的产品，那你就太低估她们的智商了。她们需要你提供全部信息。"

与M星人认可那种"不显山露水"，却能促销的"实效型广告"非常接近的是，在广告历史上，大卫·奥格威的多数创作也带有这种"不炫技、讲事实"的务实风格。例如，在为"奥斯汀"汽车创作广告时，大卫·奥格威就照例以其长文案风格拟写了这样一个标题——《我用驾驶奥斯汀轿车省下的钱送儿子到格罗顿学校念书——来自一位外交官的匿名信》。在广告开篇，大卫·奥格威巧借"一位外交官的信"这种形式，用"外交官"口吻这样写道：

"离开外交部不久，我买了一辆奥斯汀汽车。我们家现在没有司机——我妻子承担了这个工作。她每天载我到车站，送孩子们上学，外出购物、看病，参加公园俱乐部聚会。我好几次听到她说：'如果还用过去那辆破车，我可对付不了。'而我本人对奥斯汀的欣赏则更多是出于物质上的考虑。一天晚饭时，我发现自己正在琢磨，用驾驶奥斯汀轿车省下来的钱可以送儿子到格罗顿学校念书了。"

在这个高度生活化的开篇之后，大卫·奥格威用了大量事实性陈述，从汽车的价格、油耗、折旧率、性能、空间、配件、服务、安全性等几乎每个购车者都会关心的各种角度，以逻辑严谨的笔法，对产品优势进行了细腻描绘。

从这则广告不难看出，一向主张将广告写长、写透的大卫·奥格威，其实绝非"为长而长"，而是要通过紧凑笔法，为受众提供远超字符数的丰富信息，让受众感受到"细节详确动人，事实无可辩驳"的说服力。今天，虽然媒介环境发生了剧变，但无论电商平台上的产品信息，还是直播中的推销话术，只要人心不改，"讲事实"的推销实效，在可以预见的未来也不会改变。

第六章 北寻"交互"技艺

另外大家还要注意，大卫·奥格威作品中的"不炫技"，其实是要让受众在几乎察觉不到技巧的前提下萌生购物的想法，而非创意本身不讲技巧。这一点，从奥斯汀广告别具故事性的开篇，到其不露痕迹的"顾客画像"（对中产外交官"父亲"的形象刻画，精准锁定了目标人群），乃至于"一击命中"的犀利洞察（开奥斯汀汽车既能像外交官那样体面，又能省钱送孩子到好学校念书），一系列精巧构思，都为我们提供了最好的佐证。

对写好推介型内容，我的第二条建议是"用比喻"。作为一种常见修辞手法，"比喻"有什么值得强调的呢？其实大家经常忽略了，比喻是一种最易降低受众理解难度，增进产品价值感知的沟通方式。

在传播中，比喻的运用不胜枚举，与"我们不生产水，我们只是大自然的搬运工"这类在文案中使用比喻的常规做法不同，家电品牌卡萨帝的一支广告，在我看来倒是一个借诙谐幽默的暗喻，来讲好品牌故事的精彩案例。

广告以《唐顿庄园》般的风格展现了一位睿智、严苛的老管家在管家学院中训练年轻管家的场景。老管家坚信"你只有成为贵族，才能服务于贵族"。他教导学员们不要在手托红酒时，"摇晃得好像刚出壳的鹌鹑"，又告诫女学员在护理包包时，千万别用那种"后妈对待灰姑娘"的粗暴手法。最后，当一位学员鼓足勇气，斗胆请教："先生，我们究竟如何才能达到您的期望"时，老管家沉吟半晌，最终深沉地回答道——"就像卡萨帝一样吧！我的孩子。"通过最后的悬念揭晓，广告不露声色地赋予了卡萨帝品牌如皇室管家一般，深谙高端品质生活的"不凡"与"智慧"。

通过这支广告，大家更容易体会到，在产品高度同质化的今天，当消费者越来越难区分品牌时，传播中的比喻反而成了凸显品牌差异的利器。当直白陈述力有不逮时，一个与众不同的比喻，往往更容易让消费者迅速记住你的品牌，这就是比喻的神奇魔力所在。

承接上边的两条建议，接下来，让我们再来谈谈为写好推介型内容，大家可以借助哪些用户洞察的问题。

从"CCRO"四步法出发,首先请大家注意,由于在第一个"C"(设计触达策略)之后,马上就要考虑第二个"C"(内容)的配合问题,因此,为"内容"而做的洞察,常常会与为"触达"而做的洞察结合在一起。以上一节介绍的"媒介研究"为例,关注用户会用哪些媒体来辅助自己消费的同时,也要研究用户在其中喜欢的内容、关注的问题、参与的讨论等。

又如在上一节"决策机制研究"这部分,我们谈到了不同决策者对产品的在意因素差异,这也是制定内容策略时应留意的重点。例如,在家装品类中,男性较少担任"技术买家",不想过多参与装修,而认为自己"还有1001件大事要去做"的心态,就会导致他们更在意家装服务的经济性(除了财务方面,还包括时间、精力消耗的"经济性"问题),这其实就为面向男性"说什么"提供了参考。

除了以上这些,为写好推介型内容,还可以考虑如下三种洞察方法:

1. 用户推荐研究

简单来说,用户推荐研究就是要搞清楚用户在推荐品牌时使用的表述,该研究隶属于五维洞察法中的"行为"维度。开展该研究的必要性在于,在营销实践中,传播人员常常会"入戏太深",按照自己的语言、逻辑来推介产品,却忘了日常生活中的用户推荐语才是更具说服力的促销广告词。

开展用户推荐研究的方法比较简单,一般来说,只需要在访谈中询问用户——"您过去是如何推荐我们这个品牌的呢?"(注意,这里务必请受访者复述出原话)。另外,大家也可以通过社交媒体扫描来进行该研究。例如,在某论坛上,一位用户在推荐某生鲜电商平台时,曾将其比喻为一个"天然大冰箱",让她可以"随时买到品种丰富的新鲜食物,就像从自家冰箱里拿东西一样"。将这类鲜活的用户语言提炼出来,往往能产生更好的推

第六章 北寻"交互"技艺

销效果。

2.寻找最打动顾客的承诺

寻找最打动顾客的承诺,这仍是十分看重广告调研的大卫·奥格威为我们留下来的经典方法。从五维洞察法的逻辑看,该方法隶属于需求洞察维度。在为赫莲娜面霜构思广告时,大卫·奥格威让消费者看印有不同承诺的卡片,然后请他们选出最有可能促使自己购物的承诺,最后在一系列表述中锁定了"净洁力可深入毛孔"这一条,并据此提炼出了"深层洁面"的概念,从而让赫莲娜面霜大受欢迎。

寻找最打动顾客的承诺,经常需要与用户测试结合。提起这一点,我想起前些年到海尔做分享时,恰逢该品牌在推广"空气洗"产品,当时一位同事提问说:"当前,受众对空气洗认知有限,如何才能找出突破点呢?例如,针对用户普遍存在的痛点之一,可否以'除味'(除油烟味、烟草味)为切入点,来提升用户对空气洗的认知,进而占领高端衣物护理市场呢?"

看似复杂的提问,回答起来却格外简单。我告诉这位同事,既然切入角度不易拿捏,为什么不求助于"用户心中的答案"呢?例如,借鉴大卫·奥格威的做法,先将"空气洗"最有可能打动消费者的承诺列出,再通过问卷来进行测试,不就更有把握找准切入点了吗?[①]

3.需求嫁接技术

第三个可以使用的洞察角度,是同样隶属于需求洞察维度的"需求嫁接

---

① 这里是对第四章"功能需求洞察"小节的悬念揭晓。作为第四章未及讨论的功能需求洞察方法,"寻找最打动顾客的承诺"不仅可以运用在"洞察—交互"实践中,也可以运用在"洞察—发现"(探索品牌核心价值)或者"洞察—表达"方面(优化产品)。比如,我曾指导某品牌以"更好的产品是……"为抬头,通过向客户展示一系列与产品功能有关的表述,来探查其中最打动客户的条目,进而为产品迭代提供参考。

技术"。该方法的中心思想是，在创作推介型内容时，营销人员不能满足于"直译"产品功能，还应结合用户心中的1001种欲望，来思考它们与产品之间的连接可能，然后尝试将产品"嫁接"到同行尚未匹配过的顾客欲望之上，让产品凸显出全新的现实意义。

比如上文大卫·奥格威广告《我用驾驶奥斯汀轿车省下的钱送儿子到格罗顿学校念书》，其实就是将"经济性"这一产品优势，嫁接到了"让孩子受到好的教育"的顾客期望之上。直到今天，这种技巧仍在被不断加以运用。

与大卫·奥格威广告如出一辙的，是上一版《洞察力》谈及的南孚电池案例。通过将"普通电池不耐用，孩子玩玩具总是被打断"这样一件小事指向"玩玩具被打断，影响孩子的专注力"，这样一个万千家庭都关心的头等大事，品牌在"南孚电池更耐用"与"让孩子健康成长"之间成功架起了一座桥梁，从而大大增强了顾客对产品的价值感知。

通过该案例，我想最值得总结的就是，为内容而做的洞察务必要"宽于"为产品而做的洞察。在很多时候，只有比竞争对手更敏锐地"嗅"出一些表面上看似无关，其实却有机会与你的产品建立关联的顾客欲望，并赶在对手前，创造性地将产品嫁接于其上，你才更有机会把推介型内容写得更好。

43

如何运用情感型内容

探讨过推介型内容之后，本节介绍"交互"层的第二类内容——情感型内容。开启该话题，我们的讨论将涉及营销领域最古老的课题之一——如何在营销中运用情感？或者说，如何做好"情感营销"？

关于这一点，行业中的观点是比较矛盾的。有一些人认为，情感营销是一种更易卷入用户关注的有效方式，另一些人则对它敬而远之，认为只有大品牌才有资格"谈感情"，中小品牌这样做很可能延误抢占市场的时机。

以上说法孰是孰非？正如医生不能不经问诊就开药方一样，要想在营销中运用情感，还必须结合品类背景与品牌生命周期等情况，具体问题具体分析。另外，为了更好地指导实践，SDi方法论还为大家总结了一些基础范式。尽管开展情感营销的方式看似千变万化，但梳理之后我们发现，最重要的策略主要有如下三种：

（1）将产品作为展现品牌价值观的"道具"，借助消费者对品牌价值观的认同，来实现促销的"借题发挥"策略。

（2）将产品代入情感场景，用感性方式述说产品功能的"述之以情"

策略。

（3）识别热点现象背后的用户情绪，让品牌借势而上的"东风巧借"策略。

归纳一下，我们可以将上述三种策略合称为"情感三式"。以下是对这"三式"的进一步分述。

第一式：借题发挥

以人文视角看营销，每个品牌都应该有一个"主题"，这个主题就是品牌的文化与价值观。所谓"借题发挥"，就是当我们推广产品时，先不谈产品本身，而是先演绎品牌的价值观，然后将产品引入，让其成为体现品牌价值观的"工具"，借助消费者对品牌价值观的认同，来达到促销目的。

2014年，苹果为推广iPad Air推出过广告《你的诗篇》，作品中，一个沉稳有力的男音这样讲述着："我们读诗、写诗并不是因为好玩，而是因为我们是人类的一分子。没错，人类是充满激情的，医学、法律、商业、工程，这些都是崇高的追求，足以支撑人的一生，但诗歌、美丽、浪漫、爱情，这些才是我们活着的意义。"

广告最后以一个隽永的诘问收尾："伟大的剧本仍在继续，而你也可以奉献一段诗篇，你的诗篇会是什么？"

众所周知，苹果的价值观是赞美与众不同的思维、改变世界的创造力。上述广告无疑是对这种品牌文化的表达，因为《你的诗篇》所说的正是"要用自己最独特，最有诗意的方式，来为世界留下创造"。在广告中，产品作为人们"开创人生诗篇"的工具，功能特写反复出现。借品牌价值观凸显产品，拉动销售，这就是典型的"借题发挥"策略。

值得注意的是，虽然都能展现品牌价值观，但"借题发挥"的情感策略与"表达"层的文化型内容是有着本质区别的。

第六章 北寻"交互"技艺

文化型内容要通过呈现品牌文化价值，满足用户感性需求，不断提升品牌的价值含量与文化影响力，因此是一种"品牌导向型"策略。在这类内容中，品牌文化是主角，所以，产品露出应该是极克制的；而"借题发挥"策略，则是要"借"品牌价值观这个"题"来推销，因此是一种"促销导向型"策略。在这类内容中，产品是主角，所以，凸显产品是必需的。只有先做好"表达"层的文化型内容，才能让"交互"层的"借题发挥"策略有"题"可借，因此，它们之间是"前人种树"与"后人乘凉"的关系。

另外，由于"借题发挥"策略在促销的同时，还能起到演绎、传播品牌文化的作用，比其他情感型内容更具"品效合一"优势，因此，在接手产品推广任务时，可以优先考虑该策略。

第二式：述之以情

区别于"摆事实、讲道理"的"晓之以理"促销方式，情感型内容的第二种类型——"述之以情"策略要求我们用情感叙事来讲述产品功能。在操作上，运用该策略需要先营造出一个高感性的"情绪场"，然后将产品代入进来，凸显其功能优势与情感意义。

仍以苹果的实践为例，2017年，为推广iPhone7 Plus，该品牌推出了广告 *The City*。视频以熙熙攘攘的大都市为背景，然而，音乐响起，当男主角将手机对准女友，并将相机调至能带来"背景虚化"的"人像模式"时，所有喧嚣荡然无存，整个城市变成了一个任由情侣徜徉、眼中只见彼此的大游乐场。最后借着"焦点只留给心中所爱"的文案，广告再次为"人像模式"进行了有力的情感拉票。

通过上例可以看出，"述之以情"策略中的情感运用并不反映品牌自身的文化设定（如 *The City* 中的情感内涵并非"创造力"），否则就应该被归入"借题发挥"策略了。

无独有偶，家装品牌欧派于2017年推出的广告《狼人的中秋烦恼》，也是这类内容中值得一说的佳作。广告表现了一个"狼人家庭"中秋之夜的烦恼：无奈变身的狼人先生为博得家人好感，而一路热心帮倒忙，面对惊恐万状的岳父岳母，只得不断指望着妻子妙手解围。一个个笑点与小感动，最后牵出了"定制家装"赋予的皆大欢喜，于是让"每个家，都值得特别定制"的收尾变得极具说服力。在戏剧化的反转中，通过不断表现产品契合了狼人先生的需求（如片尾那个尾巴从椅背圆孔中伸出的画面），广告也让我们心悦诚服地感受到了"家装定制"的种种好处，同时为品牌披上了诙谐有趣的温情外衣。

运用"述之以情"策略的两个优势如下：

其一，由于该策略会通过高感性方式"讲故事"，所以，比"功能直陈"式的广告更容易得到受众的关注。

其二，在通过情感述说产品功能之外，该策略还能优化品牌形象，赋予品牌更多人情味儿。对在传播中过于坚持理性化导向，并因此让顾客感觉有些无趣的品牌来说，通过"述之以情"策略，就能在一定程度上缓解自身的"营销乏味症"。

第三式：东风巧借

情感型内容的第三种类型是"东风巧借"策略。不同于上一种策略中，情感运用通常没有实效性，在"东风巧借"策略中，从业者需要借助人们当前，在某个热点现象背后的某种情绪来达到推广的目的。

例如，知名百货品牌John Lewis曾在2015年圣诞节推出过主题广告——《月球上的孤独老人》。作品描述了一位仰望星空的小女孩，无意中发现了月亮上有一位独居于小木屋里的孤独老人，于是善良的小女孩想了很多方法，希望给老人送去关怀，可惜射不远的弓箭和折翼的纸飞机统统帮不上忙。直

第六章 北寻"交互"技艺

到圣诞节当天,看似已希望渺茫的老人,却以另一种出乎意料的方式收到了来自地球上的圣诞礼物……

巧借人们在圣诞节期间很容易泛起的"爱己及人"情绪(此案例中的"东风"),广告在向世界传递温情暖意,赋予品牌人文关怀的同时,甚至让这个百货品牌——"在这个圣诞节,让一些人感受到关爱"的促销暗示,也变得难以拒绝起来。

通过对比我们更容易看出,在"述之以情"策略中,产品功能是被情感语言述说的对象;而到了"东风巧借"策略中,为了让产品更容易被用户情绪的"东风"吹起,内容常常需要剥离"沉重"的功能表现。这两种策略的共同点在于,它们都能在一定程度上优化品牌形象。

在实践中,"东风巧借"策略需要满足两个前提:其一,内容需依托于某个影响力巨大的活动或现象;其二,必须从这类活动(现象)中发掘出能让品牌搭载的群体情绪。这才是传播者真正要去借的"东风"。

为了更好地做到这一点,在运用该策略时,大家可以通过洞察层的"现象看法研究"来积极配合。具体做法如下:营销人员可以通过用户访谈、焦点小组、媒体扫描等方式来了解用户对特定现象的看法,以便从中感悟可供"借势"的用户情绪。

这种洞察方法常常能给传播者带来新鲜启发。对于将"以情动人"作为基本创作要求的情感型内容来说,如果只靠自己,天分再高的创作者也难免会江郎才尽,而如果能不时去用户心中"巧借东风",我们的创意灵感就很难枯竭。①

---

① 由于为用户创造了情感价值,所以,情感型内容也具有和"表达"层内容相似的"创造价值"属性。这类内容的创作诉求主要是促销,而且除了"借题发挥",另两类策略均不沟通品牌自身的文化,这与"表达"层的文化型内容专注于表达品牌自身文化,提升品牌文化影响力的创作诉求不同。这是我们将情感型内容归入"交互"层,而非"表达"层的主要原因。此外,除了本节谈到的"情感三式",情感型内容其实还有"第四式",那就是通过情感来塑造品牌形象的"抒情塑品"策略。鉴于该策略与品牌认知构建直接相关,有关内容留待下一章讨论。

44

如何设计互动型内容

本节让我们乘胜追击,尽快完成对品牌"交互"层第三类内容——互动型内容的探讨。这也是SDi方法论总结的五类内容中,最后要和大家讨论的一种。所谓互动型内容,是指由品牌发起,力求引发用户参与,与品牌进行信息、行为交互的内容(活动)。

为什么品牌需要互动型内容呢?其实就像日常交流中自说自话的人容易惹人生厌一样,品牌亦然。创作互动型内容有助于充实品牌的内容体系,丰富沟通方式,改善单向传播导致的用户倦怠。既然好处多多,下面就让我们来探讨几种常见的互动型内容吧。

1. 征集

一提到与用户互动,很多人最先想到的就是"征集"。从征集标识、口号到征集广告创意,由于这种方式已经被运用得太过普遍,所以,今天唯有在征集的标的与形式上大胆求新,才有机会产生更为理想的互动效果。

在这方面,令我印象颇深的一个案例是由百度发起的——"See You

第六章 北寻"交互"技艺

Again加德满都——尼泊尔古迹复原行动"。该案例的背景是，2015年，受严重地震影响，尼泊尔境内的众多古迹遭到破坏，于是品牌方开展征集活动，号召去过尼泊尔的旅友们上传自己拍摄的古迹照片，以便该公司能对其进行数字化复原，重现那些凝结着智慧与艺术的珍贵建筑。结果活动上线短短几天，就收到数万张照片，不仅引发了海内外好评，也让该品牌的"全景照片游"技术得到了关注。

上述案例启发了从业者，与其让每次互动都指向品牌，倒不如基于现实生活，邀请用户参与一件能让他们由衷感受到意义，收获到开心的事，然后以"甘当配角"的心态，让产品成为用户追寻意义，满足心愿的工具，这或许是一种更好的征集思路。

2. 投票

邀请用户就某一主题表态并投票，是一种形式虽然传统，但效果稳定可期的互动方式。这要求我们要多从与目标用户具有相关性的角度来考虑话题设计。另外，从话题的不同角度，多准备一些能给参与者带来启发、共鸣，可供他们援引的观点与素材，同样会对激发互动带来帮助。

在这方面，家电品牌方太发起的主题互动——"我们真的需要厨房吗"，就为大家提供了良好示范：传播先由品牌借助名人在社交媒体上抛出"家里该不该有厨房"开始"挑事"，提出了诸如"有人有灶有烟火，才能变成一个家"和"爱情最怕柴米油盐"的矛盾观点，也借此划分出了支持厨房的"有厨派"和持相反态度的"无厨派"两大阵营，然后将这场大争论抛向用户，请用户来投票表态。

在该案例中，作为话题发起者的方太，一方面，为用户准备了大量源于生活，针尖对麦芒的犀利观点；另一方面，自己没有急于跳进"有厨派"的阵营，去宣传自家产品的种种好处，而是借着争论升温，以更有针对性的方式来回应"两大派"对厨房问题的关切,这样既迎合了"有厨派"的需求,又燃起了"无厨派"的兴趣,为日后转化这部分用户创造了契机(今天的"无厨派"可能就是明日的"有厨派")。这的确是一种更具巧思的互动策略。

此外,这次互动还邀请了不少品牌参与联动,如"饿了么"为"无厨派"代言——"不需要厨房,照样尝遍天下私房菜","蜻蜓FM"为"有厨派"发声——"下厨时有蜻蜓FM,又怎会无聊",大大提升了传播的趣味性与声势。

3. 测试

从"快来看看,你是荣格心理学中的哪类原型人物?"到"电视剧《欢乐颂》里哪个角色有你的影子?"长期以来,测试似乎总是能屡试不爽地撩拨起用户的参与热情。

作为一个常年"码字"的营销从业者,我的一个切身体会是,测试尤其适合用在内容型产品的推广当中。举例来说,在市场营销领域有一本常年位居畅销榜前列的经典作品——罗伯特·西奥迪尼的《影响力》,在这本书中,作者就曾精明地抛出过一个"影响力水平测试"。只要参与这个测试,参与者的阅读兴趣就很容易提升,这是因为,一方面,他们会很想从书中获知自己在测试中所犯错误的正确解答;另一方面,基于"这个测试蛮有趣""看看别人能得多少分"这类心态,很多读者还会主动分享测试。由此可见,从提升用户兴趣到促进用户分享,乃至于提升用户的内容吸收效果来看,测试对内容型产品的益处多多。

4. 游戏

独具新意的小游戏,常常能以超乎想象的速度帮助传播者达成营销诉求,尤其是当我们结合媒介行为研究,了解到目标客群具有"玩游戏"的行

第六章 北寻"交互"技艺

为特征，并对他们喜欢的游戏类型获得洞察时，选择这种方式的胜算更大。下面分享一个颇具创意的有趣案例。

案例源于一条朋友圈中的"小游戏"广告，点击后，属于很多人少年回忆的"卡带游戏机"界面，会把我们送入一个玩法非常熟悉的"冒险游戏"当中。游戏分"男生版"和"女生版"，并鼓励大家去挑战一下那个更难的"女生版"。最后当你在"女生版"中屡屡受挫，不是开局即跌入深渊，就是迅速被怪物击中，无明火冒起三丈时，小游戏这才在结尾吐露——"如果人生是一场游戏，女生版难度更高"。在详情部分，该互动向大家说明了在农村地区女性更容易面临的困难与挑战，并号召大家参与"女生扶持计划"，向贫困地区的女性提供一系列帮助。

用一款小游戏依次牵出了玩家的"好奇心""好胜心"和"同理心"，最后轻轻一触，就让他们的心理天平倒向了伸出援手。这个由腾讯公益打造的案例，生动地诠释了推广中的一条金科玉律——如果你能把事情做对，就会发现不需要花那么多钱。

到这里，SDi所归纳的五种内容类型就讨论完了。虽然在本书中"内容五型"是一种一种分开说的，但在实践中这五种内容是相互混杂的。甚至在同一个内容中，也经常出现多种内容类型交替运用的情况。

这要求大家运营内容的手段必须高度灵活。要充分理解每类内容的创作要领，就如同书法学习中的"入帖"，而能将它们融会贯通则是"出帖"。如果说目标明确的推介型内容是"刚"，那么，迂回委婉的情感型内容就是"柔"；如果说灵活多变的互动型、实用型内容是"动"，那么，娓娓道来的文化型内容就是"静"。从中国文化的视角来看，"内容五型"恰似由"金木水火土"构成的"内容五行"，必须刚柔并济、动静相宜，才不失为最佳状态。

另外，从更宏观的层面来看，大家还要注意把握表达层与交互层的内容一阴一阳，相互增益的关系。例如，一方面，表达层的内容虽然是在"创造价值"，但也不能忽视了相对的"创建认知"，要避免价值创造的"泛化"倾向，如果不注意这一点，任何方向上的内容需求都想满足，就很容易让品牌在用户心中"失焦"。换句话说，就是在"创造价值"过程中也要有"创建认知"的考虑（阴中有阳）。

另一方面，虽然交互层的内容是在"创建认知"，促进销售，但若一味停留在"促销工具"层面，同样会难臻更高境界。此时，就要从对立面的"创造价值"方向寻求指引，如通过情感型内容为用户带来共鸣、借助互动型内容给用户送去启发与欢乐等。这就是说在"创建认知"过程中，也要有"创造价值"的考虑（阳中有阴）。

从品牌实际情况出发，因地制宜地设计内容结构，让内容彼此交融，相互配合。理想中的状态，可以借用李宗盛在《致匠心》广告中的一句台词——"就是要在各种变数与可能之中，仍然做到最好。"[1]

---

[1] 囿于篇幅，还有"猜谜""抽奖""众筹""试用""主题活动"等互动方式并未出现在本节讨论之中，让我们留待未来择机探讨。

第六章 北寻"交互"技艺

45

用户关系的五项精进

现在,汇报一下小K项目组参加M星"海港创意大赛"的最新情况。经过反复挑选,项目组最后选择了一款被M星人称为"海兰花"的海菜作为推广对象。结合刚学完的内容板块知识,团队从该产品的口感入手,拍摄了一支"讲事实"风格的广告,最后还在片尾加上了一只猫咪闻到"海兰花"时兴奋莫名的画面,希望向M星居民多多介绍地球上的这种可爱动物。

将广告提交大赛组委会后,我们决定再在这个宜人海港逗留一阵,以便养精蓄锐,迎接本次航海最为艰难的下一站挑战(长钥山脉)。这段时间,学员们除了继续关注"海港创意大赛",希望从其他星球的参赛作品中吸收经验,还需要沿着"CCRO"脉络尽快完成"交互"层剩余部分的学习。本节一起来探索"CCRO"第三步——"关系"(Relationship)环节的相关知识。

通过与目标用户接触、沟通,在"CCRO"前两步的基础上,越来越多的"目标用户"变成了"用户",于是,品牌也就自然而然地进入到了一个,需要重点考虑如何维系、发展用户关系的新阶段了。对于"CCRO"中间这个"R",即用户关系的维系与管理来说,在最新迭代的SDi方法论中,我们将最具价值的工作归纳为如下五项，并将它们合称为用户关系的"五项精进"。

第一项：提升品牌的可沟通性

"R"环节的第一项重要工作是提升品牌的可沟通性。这是什么意思呢？简单来说，就是要为用户创造良好的沟通体验，让用户与品牌沟通变得容易。"可沟通性"源于畅销书作家斯科特·麦克凯恩的《商业秀》一书。麦克凯恩基于多年的商业观察，认为在消费者最为看重的一系列品牌表现当中，"可沟通性"排在首位。

消费者真的如此在意沟通吗？我们不妨来回忆一下：当你在购物中心选购电器时，是更愿意独自评估还是咨询工作人员？当你去4S店保养车辆时，是不是更乐意找那位能准确称呼你姓氏的接待人员？当我们手拿新产品时，是更愿意查看说明书，还是询问身边的人？在多数时候，人们都会期望获得亲切沟通。作为品牌，我们就应该努力顺应用户的这一天性。

其实无论对于建立还是维系用户关系来说，"可沟通性"都至关重要，只有给用户良好的沟通体验，品牌才能与用户融洽相处，甚至还能借此弥补产品中的不足。对此，麦克凯恩在《商业秀》一书中就曾举例说："有一家干洗店，经常会把我们的衣服烫成'双眼皮'，但他们每次都高高兴兴地叫着我们的名字来招呼我们，于是，我们总是会去那家干洗店，这是为什么呢？是因为这家店最便宜吗？还是因为它让我们感受到了一种感情上的联系？"

与上例相反的是，就算卓越的产品，如果不能得到良好沟通的配合，同样容易受到拖累，多年前的购车经历让我对这一点深有体会。回忆彼时，我之所以放弃了自己原本做足功课准备购买的一个品牌，而选择了另一个品牌，原因很简单，那就是首选品牌销售人员的冷漠态度让我的购车热情大为缩减。作为营销从业者，这件事让我更深刻地意识到，沟通中的些许差错也足以将品牌即将到手的业绩，在一瞬间"转赠"给竞争对手。

在可沟通性方面，大家千万不要对自己品牌的表现太过自信，因为只需简单回顾一下自己的购物经历，相信你肯定不难回想起，那些"刷完卡就消失的销售代表"、那些"需要高智商应对的客服系统"、那些"让人费尽心机的产品说明"及那些"外交辞令般的自动回复"，种种拙劣的沟通表现如此普遍，提示着改善品牌的可沟通性仍然是用户关系课题下，最值得品牌反思，也最有机会促进品牌增长的工作项。

第二项：进行差异化沟通

在"R"环节，第二项要和大家讨论的工作是差异化沟通。该工作的基本逻辑是对用户进行分群，然后向不同群组匹配不同的信息、产品与服务。对此，互联网企业的做法就为大家提供了很好的参考。

具体来说，除了按照性别、年龄、地区等常规指标来进行用户分群，互联网品牌还常常从时间维度划分新、老用户；从产品使用习惯维度划分不同功能（内容）偏好的用户；从产品使用频次维度划分"超级用户""普通用户""消极用户"；从用户获取方式维度划分"自然注册""付费推广""活动沉淀"与"老用户推荐"等用户。通过属性识别，给用户分门别类地贴标签、分群组，从而为精细化运营创造条件，事实上，这就是我们在R记大峡谷（第三章），讨论"两类画像"时谈到的"Profile"这类用户画像的工作。

适合别人的，未必适合自己。在用户分群方面，营销人员要注意结合品牌的业务特征，找出最适合当前所需的分群逻辑，以便更好地适配用户需求，促进业务增长。以下是几个应用参考：

洞察力 2.0：驱动营销新增长

（1）某职业技能学习平台会按照用户工作年限，以"年龄"为比喻，将用户划分到"0"岁（尚未工作或工作不足1年），以及"1～3岁""4～8岁"和"8岁以上"的不同群组，然后向不同群组推送不同信息。例如，为"0～3岁"人群主要推送"免费课，限时领"等活动，而对"8岁以上"用户推送"写点评""改作业"等活动，让其得到某些稀缺权益。让不同用户各得其所，促进了平台良好生态的形成，也提升了用户体验。

（2）某母婴品牌会在用户注册环节邀请用户填写预产期或孩子年龄。据此，品牌就可以向用户推荐更符合其当前所需的内容和产品了。

（3）某知识付费平台意识到，"老带新"（老用户推荐新用户）是该平台目前最主要的增长方式。据此，品牌在后台设置了这样几类标签，其中"分享达人"是指那些热衷于分享品牌内容的用户；而"连接者"则留给了"投资人""中高层管理者""公司HR""媒体从业者"等若干类，能帮助品牌连接到更多潜在用户的现有用户。这些基于"社交影响力"的分群，为面向不同群组进行定向沟通、促进"老带新"提供了运营基础。

今天，许多管理者都会以"数据缺乏"为由忽视了差异化沟通，而通过上边的例子，相信大家已意识到，就算只有"自留地"里的"小数据"，只要善加珍视，运用得当，也同样有机会让品牌从中获益。

如果对这一点仍有怀疑，不妨再来回顾一下中国台湾"经营之神"王永庆早年间开米店的故事。当年，王永庆在给客户送米时会通过观察交流来了解客户情况，如客户住址、家中米缸大小、家里有几口人吃饭、家庭的经济条件等，这样不用等顾客上门买米，他就可以在客户缺米前主动送货上门，而且每次送往客户家中的米，也无一不与他们的购买习惯、偏好及家庭消费能力相符。那个时代的经营者尚能如此，今天的管理者又有什么理由不在差异化沟通方面多下苦功呢？

第六章 北寻"交互"技艺

第三项：激发用户"顿悟时刻"

当谈论"用户关系管理"时，我们的讨论将不可避免地涉及它的"孪生"话题——"用户运营"。得益于移动互联网，品牌与用户展开直接而高频的沟通变得可能，用户运营乘势兴起，成为近年来备受关注的热门领域。

基于SDi方法论，在我看来，很多用户运营手段，都是"交互"层"创建认知、促进销售"这一中心思想在用户关系建立后的接续贯彻。只不过在用户运营概念兴起前，品牌往往只看重"R前"（用户关系建立前）的认知创建与促销工作，觉得营销无它，就是要让目标用户"快到我碗里来"，而"CRM"（用户关系管理）与"用户运营"的兴起，则令这一状况大为改观，让品牌逐渐意识到了创建认知与促进销售，其实在"R后"也同样重要，同样大有可为。

例如，某用户受广告影响而安装了某App，现在他对产品的认知还停留在相对肤浅的层面，这时就需要运用"新手教程"等手段来引导用户将认知深化到体验层面，如果做不到这一点，该用户就有流失的风险，这其实就是创建认知工作从"R前"向"R后"的转移。如果说"R前"的工作像"生孩子"，"R后"就像"养孩子"，没有后者，前者的努力也有可能白费。

从这个角度看，用户关系管理环节的一项重要任务，就是要承接"R前"的创建认知努力，在与用户成功建立关系后，通过信息引导、奖励诱导、内容推送、活动刺激等手段，让其尽快体验到品牌核心价值，形成更为深刻的品牌认知。对功能创新型品牌来说，这意味着要让用户尽快体验到产品功能价值；而对文化创新型品牌来说，则要让用户尽快体验到品牌的文化与象征意义。无论哪种情况，借用肖恩·埃利斯在《增长黑客》一书中的比喻，就是要激发用户尽快达到"Aha moment"（顿悟时刻），意识到"啊哈，原来乐趣在此"。只有达到这一步，我们才能凭借良好的用户价值体验，持续巩固并深化用户关系。

第四项：鼓励用户推荐

从快思考品类到慢思考品类，有经验的运营人员应该都不会对这一点感到陌生，那就是如果我们在问卷中询问用户——"以下哪种方式最有可能促使您购物？"在名列前茅的答案中，"亲友推荐"这一条极少缺席。正因为这一点，在"R"环节，大家千万不要忽略了一项十分重要的工作——鼓励用户推荐你的品牌。如何做好相关工作呢？建议如下。

首先，结合上文"差异化沟通"中的案例（3），营销从业者在获客过程中，要注意识别那些推荐意愿强、社交影响力大的用户，待时机成熟，通过有针对性的运营举措，着重在这些人身上下功夫，往往就能事半功倍。

其次，撬动用户推荐的另一个关键点是对用户进行奖励，但如果奖励设置不当，如奖励过大，反而可能会起到反效果，让那些看到推荐的人，担心别人的推荐并非出于对产品的认可，而打消购物念头（相同的心理机制，也可能会让本来打算推荐的人，由于担心他人的看法而放弃推荐）。鉴于此，品牌可以多选用一些能满足用户心理需求的奖励方式。

例如，国外某知名商户点评网站就曾向特定用户颁发"精英"勋章，只有这些在档案中拥有闪亮勋章的用户，才能获得在参与品牌活动时提前入场等一系列特殊待遇。以此类推，限量版纪念品、定制礼物、意义特殊的头衔、稀缺活动的名额、在品牌举办的大型活动中露脸，甚至只是参访企业的机会，由于这些未必十分昂贵但有珍贵感的奖励方式，更能体现出品牌的诚意，更容易让用户收获心理满足，因此也往往更能激发用户的推荐热情。

除此之外，在鼓励用户推荐、分享你的产品时，运营人员还可以迎合用户对"成就"的展现欲。例如，出行类App在用户乘机累积到一定次数时，给予其"航空达人"称号,就很有可能促使其分享。类似思路还可以延伸到,用户使用产品过程中那些最有满足感、最开心的高光时刻,品牌也应该及时鼓励用户分享。

值得注意的是,由于鼓励用户推荐是"R"环节意义非常突出的获客举措,因此,在实践中,有经验的营销人员并不会等到"R"环节才来思考这项工作,而是常常会将其前置到"CCRO"的第一步,在设计营销触达策略时就予以优先考虑,提前谋划。

第五项:发展创新的用户关系

作为SDi方法论总结的,用户关系"五项精进"中的最后一项,发展创新的用户关系提示着我们,不要只忙于跟用户建立买卖关系,而遗忘了还可以跟用户结成朋友,甚至亲密合作伙伴的关系。

构建创新的用户关系,是增进品牌与用户情感联系,让用户关系得以持久维系的有效举措。对此,小米手机是一个比较有代表性的例子,在当初"为发烧而生"的口号下,该品牌曾将大量手机"发烧友"邀请到小米论坛,和他们讨论产品,收集用户意见。用心和用户交朋友,让小米尝到了甜头,"因为米粉,所以小米"的说法,也准确道出了该品牌的成功之道。

小米的实践表明,对于构建创新的用户关系来说,其中很重要的一点,就是要与用户在某些方面形成"价值共创机制",从而让双方都得以摆脱那种"除去买卖,无事可期"的乏味状态。当然,这种"共创"并不需要总是与品牌的业务直接相关,品牌也可以和用户一起去做那些能让他们感受到乐趣与意义的事。重要的是,无论品牌如何选择,这些努力都应该与品牌的文化态度相契合。换句话说,品牌文化及与之相符的品牌原型,其实早已为我们构建创新的用户关系提供了指引。

洞察力 2.0：驱动营销新增长

例如，"王者""照顾者"原型的品牌，就很适合从"扶危助困"的角度来邀请用户参与特定项目；而"探索者"原型的品牌（例如，强调越野性能的SUV），则不妨尝试从"探索可持续发展""环境保护"等方向向用户发出价值共创邀约。只有发自本心地让品牌的行为与自身的文化、形象保持一致，我们构建创新用户关系的努力，才更容易取信于用户，也才更容易联合用户，真正把事情做好。①

---

① 哪些洞察方法可以指导"关系"环节的工作呢？除了借助"Profile"的用户画像，做好"差异化沟通"，还可以通过"用户体验调查"来对品牌与用户的关系现状进行了解。例如，调查可以包括用户对品牌的沟通服务评价、用户推荐品牌的意愿与阻碍因素、用户对品牌的总体评价（正负面）、用户对与品牌进行互动（建立创新关系）会有哪些期待等。

第六章 北寻"交互"技艺

46

社会心理学优化交互

今天是我们即将动身离开BG海港的倒数第三天，对"交互"层的探索进入了冲刺阶段，目前只剩下"CCRO"四步法的最后一步了。大家能在离开前如愿完成探索吗？时间紧迫，话不多说，让我们马上投入到这一步的学习中吧。

"CCRO"四步法的最后一步是"优化"（Optimize）。所谓"优化"，顾名思义，就是要立足于"交互"层"促进品牌增长"的本职，通过对工作的不断改进来解决特定问题，提升工作成效，助力品牌持续健康成长。

图6-5展示了对于"优化"，大家通常会有的两种思维。其中，在A方式下，营销人员会更多地从"推广手段""增长策略""广告文案""用户运营"这些方面来考虑优化。换句话说，就是将优化更多地指向了与增长直接相关的"交互"层。我们将这种优化称为局部优化。

与之不同的是，B方式是一种更宏观的整体性思维，该方式会要求营销人员以一种品牌的任何一项工作，都与增长息息相关的意识，从更基础的角度，沿着品牌的每个层面来对工作进行全方位、系统性的优化。我们将这种优化称为整体优化。

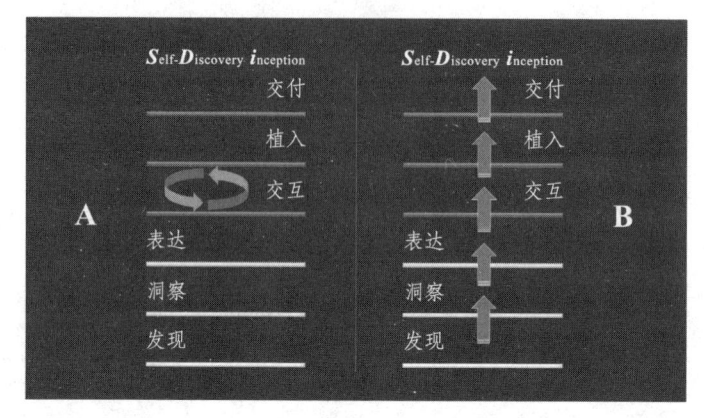

图6-5

本节介绍局部优化。

局部优化，即对品牌"交互"层本身的优化，要如何实现呢？顺着"CCRO"的结构来看，其实来到最后这个"O"时，就需要运营人员以一种纠错心态回到"交互"层的起点，来审视前边走过的每一步，寻找并解决其中的问题，从而驱动"交互"层工作的循环改进（如图6-6右侧所示）。

图6-6左侧显示出，为了配合这个目标，必须将SDi结构下方的"洞察"提上来，针对"接触""内容""关系"环节中存在的问题，品牌增长面临的阻碍，随时用前边介绍过的洞察方法来协助改进。换句话说，"交互"不足，"洞察"来补，在哪个环节意识到不足，就要在哪里迅速跟进洞察研究。①

---

① 由于很多洞察方法都有可能给"交互"层优化带来帮助，所以，在实践中不必局限于本章谈到的方法，还可以根据需要，将第三章、第四章中介绍过的来自"行为""认知""需求"等洞察维度中的方法也"借"来使用。

第六章 北寻"交互"技艺

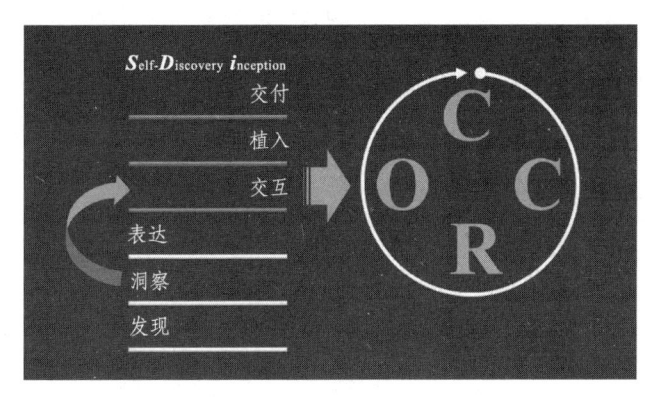

图6-6

另外,谈到"洞察"对"交互"层的帮助,我还想起了前几天学员问我的一个问题,他说针对"CCRO"前三步,之前谈到不少洞察方法,但为什么没有一条是来自"心理洞察"维度的呢?其实,这就是我们专门留待本节要拿出来跟大家讨论的"秘密武器"了。换言之,用好"心理洞察"维度中的一系列心理学成果,是在"优化"这一步可以重点依赖的工作手段。

回忆一下前文,大家应该记得,为了指导不同层面的营销实践,SDi方法论曾将"心理洞察"细分为"动机心理学""认知心理学"与"社会心理学"三大方向,并建议大家用"动机心理学"指导"发现"(前文已有探讨);用"认知心理学"指导"植入"(下一章讨论)。对于"交互",鉴于该层面的工作主要是与用户沟通,目标是激发用户购买、推荐,因此,大家可以从关注人类行为模式、人际沟通的"社会心理学"当中着重吸收有益经验。

说了这么多,以社会心理学为主导的心理学研究成果,究竟能给交互层优化带来哪些帮助呢?接下来就从这个角度讨论五条重要的心智规律。

1. 他人之证

作为一条最为大众熟知的用户心智规律,在消费领域,"他人之证"(又称"从众心理")指的是，我们的消费行为严重依赖于参考他人。这意味着当一个品牌被很多人选择时，它就有可能被更多人选择。在营销中运用"他人之证"的惯常做法是努力体现自家产品的受欢迎程度。例如，大家过去在广告里经常听到的"销量遥遥领先""销量绕地球8圈半"，就是运用"他人之证"的典型例子。

不过，并不是所有品类都适合使用"他人之证"。例如，对很多奢侈品品牌来说，由于顾客想购买的恰恰就是某种人无我有的"稀缺感"，所以，如果品牌努力表现自己是"大众选择"的话，结果就会适得其反。

此外，还有一点要格外注意的是，当某一心智规律被以特定方式应用得太过频繁后，其效果就势必会衰减。拿"他人之证"来说，除了用广告宣传产品的销量领先，在今天，大家还应该努力去拓展更多创新的运用角度。

例如，有一家倡导环保理念的餐厅，想鼓励客人减少使用一次性筷子，于是就在桌面上放置了这样一个小提示——"筷子均已消毒，在本餐厅用餐的客人中，85%以上都选择了可重复使用的筷子"。结果取得了不错的引导效果。该案例提醒我们，在运营沟通中用好"他人之证"，借以激发用户的特定行为，或许是当前更值得大家考虑的一个方向。

2. 依赖权威

人们在挑选品牌的过程中，会对品牌的"权威性"信息格外敏感。换句话说，一旦品牌在消费者看重的方面具备了某些"权威背书"，那么该品牌被选择的概率就会随之大增。

如今，建立品牌权威的重要性，早已无须向管理者强调了，问题与"他人之证"类似，是要考虑如何在堆砌奖状、证书的传统做法之外，找出建立品牌权威性的创新方法。在这方面，大家不妨多想想，能否将消费者更容易建立信任的"个人"作为体现品牌权威性的对象。

举例来说，国内某知名羽绒服品牌，为了说明自家男装"静立挺拔有范，运动伸展自如"的优势，就在电商详情页中贴出了与其合作的意大利版型师照片，在"拥有20年专业版型经验"的文案一侧，还标注了这位版型师合作过的其他世界级大牌。以此为参考，用鲜活方式来展现产品负责人某段不同寻常的学习、比赛、职业经历或某种师从关系，将"有故事的人"作为建立品牌权威的"抓手"，这样做的效果，也许会比突出"机构"更引人关注。

3. 锚定效应

锚定效应指的是人们的行为总是容易受到在先信息（即锚定值）的影响。在一个研究该心理现象的著名实验中，心理学家让两组高中生在短时间内分别估算出下面两道算式的答案。

A：$1 \times 2 \times 3 \times 4 \times 5 \times 6 \times 7 \times 8$

B：$8 \times 7 \times 6 \times 5 \times 4 \times 3 \times 2 \times 1$

结果，A组的平均估值为512，B组的平均估值为2250。不难看出，排列在前的数字是大还是小，是会对受试者的估算产生较大影响的。

在营销实践中，锚定效应被普遍运用于展现价格。例如，在当前价格旁标注一个数额更高的"画线原价"，就容易让顾客觉得当前价格超值。

与这些"入门级"方法不同，另一些运用锚定效应的方式更加隐蔽而巧妙。例如，曾有一个咖啡机品牌推出过一款售价昂贵的咖啡机，但销量不甚理想。直到某天，管理者决定在这款咖啡机的基础上再推出一个功能、外观略有升级，但售价贵了不少的"超级版"产品。当这个"超级版"产品被推向市场时（虽然并未卖出几台），原来那个"低配版"产品的销量却开始出现明显增长。

4. 确认偏见

消费者行为学曾经指出，有一类微妙心理，总是与人类的购物活动相伴随，那就是我们热衷于搜寻"证据"，来证明自己消费决策的正确性，证明自己比别人高明，如果这种心理得到了迎合，相关产品在我们心中的价值感就会更高，这就是所谓的"确认偏见"（Confirmation Bias）。

有经验的销售人员常常会借助该心智规律来提升业绩。以男士腕表的销售为例，假设顾客来到表行，打算为自己添置一款中意的腕表，并开始对某款产品表现出兴趣时，善于察言观色的销售人员（我们姑且称他为×先生）就会赶紧凑上来表示——"您的眼光真不错。"因为×先生深知，当顾客对自己的选择感觉良好时，对产品的好感度也会大幅提升。推而广之地去看，当顾客购买的服装得到赞美时，他们就会越发觉得这些衣服好看；当顾客购买的红酒得到肯定时，他们就越能品味出产品的独特口感。其实，这些都是迎合"确认偏见"后，消费者心理层面所起的"化学反应"。

如何借助"确认偏见"来促销呢？除了让销售与客服人员积极赞美顾客的消费决定，大家还应该努力将这一点嵌入其他运营细节。想象一下，当你在餐厅用手机点餐时，下单后跳出了这样一则信息："您刚刚点的××是本餐厅大厨最得意的菜品，他一定会为您的品位点赞！"你心中会是什么感觉？作为营销人员，大家要知道，很多时候消费者推荐我们的品牌，其实重点并非产品，而是想委婉地告诉别人他们是多么"会买"。如果品牌能为用户的此种心理倾向提供某些"证据"，那就将更有助于促进用户推荐。

5. 相似优先

许多年前，心理学家就关注到了这样一个有趣现象：在一场充斥着音乐与欢笑声的酒会上，你根本听不清别人在说些什么，但如果此刻有人叫你的名字，你却能在第一时间听到。每个人似乎都会对与自己有关的事情高度敏感，对与自己相似的事物持有好感，这就是"相似优先"的心智规律。

回到上述"男士腕表"的销售场景中，假设此时刚好有一位脚穿高档运动鞋，拥有着小麦色皮肤与完美身材的男士来到表行，在帮他挑选产品的过程中，那位资深销售×先生或许就会有意无意地说上一句："但愿周末别下雨啊，我刚跟朋友约好了去锻炼。"这其实就是在运用"相似优先"。

除了销售场景，大家还可以将该心智规律运用在哪里呢？在我看来，内容创意会是首选的方向。例如，"快来看看，12星座适合哪一款宝马车"这类选题，其实就是一种很典型的，通过让目标顾客觉得特定产品与自己"有缘""很像"，来促使他们对产品形成好感的沟通策略。又如，在产品包装或推广文案中嵌入一些各地方言中的俏皮话，其实也能巧妙借助"相似优先"。

基于相同思路，如果再次转换内容表现手法，借由对特定人物及其生活方式的描绘，来体现品牌现有顾客与目标顾客之间的相似性，就有机会生成一种更具感染力的"相似优先"策略。在这方面，汽车品牌MINI推出过的"一起来看看，究竟是谁买了MINI Clubman"，就属于运用此策略的典型。

在该内容中，品牌将视角聚焦在了一系列个性十足、职业各异的MINI车主身上，并用"车主语录"来呈现他们有趣有料的生活感悟。例如，一位车主就这样谈道："我觉得生活就应该这样，有个性，有自己的追求。像我同事，辛苦工作了一辈子，却发现自己什么都没尝试过。不像我，我尝试过极限运动、DJ、打拳，还去过很多地方。下一步，等孩子们稍微大点儿，我就带他们去南极、北极，还有欧洲、新西兰，感受一下森林、土壤和海洋。"

简单的语言，真实的情绪，这一系列描绘，其实就很容易让那些与MINI车主职业特征相仿、生活态度相近的目标顾客对MINI萌生好感。

除了以上五项心智规律，还有一些可用于优化"交互"的心理学成果，碍于篇幅，这里先将它们简单列出，以便未来再择机和大家进一步探讨。

- » 承诺一致：人们具有与自身承诺保持一致的行为倾向，销售人员可以利用这一点来促进增长。例如，销售金额大、决策周期长的慢思考品类，在与客户接洽的早期阶段，不妨先请他们对"在条件成熟时，会考虑购买产品"做出承诺。
- » 稀缺效应：人们对稀缺的事物非常敏感，"限时免费"就是典型运用。
- » 近因效应：人们倾向于认为"新的才是好的"。巴黎欧莱雅在传播中常常会强调"全新的巴黎欧莱雅""开启洗护全新之旅"，借助的就是该心智规律。
- » 禀赋效应：欧莱雅的"你值得拥有"，常常会激发人们"拥有"某物的美好感觉，该口号借助了"禀赋效应"。这一心智规律说的是，人们一旦拥有某物，对其价值评估就会比拥有前大大提高。运用该效应的方法是，尽量让目标顾客试用产品，想办法增强他们对产品的"拥有感"。例如，拉长客户试驾汽车的时间，邀请其家人陪同，切换场景创造出更多"经历"，就有机会提升客户的购车概率。

第六章 北寻"交互"技艺

宝物解锁

不知道什么原因，在BG海港举办的"海港创意大赛"，至今仍未公布结果，然而已完成"交互"层学习的我们，却又必须赶往下一个目的地开启新探索了。和来时一样，在一个薄雾轻笼的早晨，正当大家以为就要这样悄无声息地离开时，我们却意外收到了一封来自"BG海港管理处"的署名信件。

取过沉甸甸的信封，打开一看，短暂沉默后，同学们爆发出了一阵惊叹。原来，随信寄来的是若干枚由海港管理处专门为我们定制的纪念"金币"，这些"金币"由M星上的稀缺金属打造，在正反两面分别镂刻着SDi方法论中"CCRO四步法"和"五维洞察法"的图样，工艺精湛，熠熠生辉，让人爱不释手，如图6-7所示。

为什么"金币"上刻有SDi方法论的图样呢？大副J解释说，这其实是她提交的设计。原来，来到BG海港后不久，大副J就发现这里

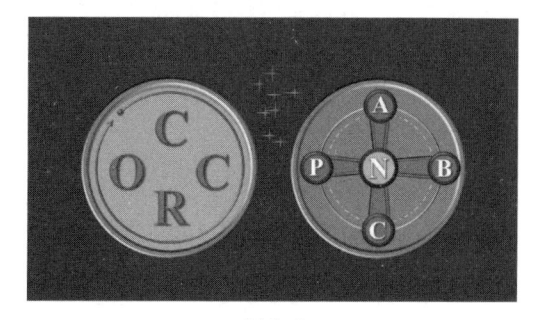

图6-7

有一个已延续数百年的传统，那就是每当有外星客人到访，M星人就会邀请他们留下设计图样，以便在客人离开时，将镂刻这些图样的象征着友谊的"金币"送上……

手中握着沉甸甸的"金币"，大家的获得感又多了几分。仔细想来，在SDi方法论中，"交互"与"洞察"或许恰如这枚金币的两面，当"交互"层出现问题，品牌增长受限时，决策者就需要"换一面"来思考，需要学会用"背面"的用户洞察，来驱动"正面"的品牌增长。交互在上，洞察在下；交互于外，洞察于内，这两者相互配合，才能最大限度地推动品牌增长。

另外，还有一件事情，必须及时向大家解释，以免细心的同学责怪我。这就是在上一节特别提到的，"CCRO"的最后一步"优化"，在实践中是存在两种做法的，然而上一节仅探讨了其中的"局部优化"，却没有下文来对"品牌整体优化"加以讨论，这是为什么呢？

实际上，由于"品牌整体优化"是SDi方法论中十分核心的技巧，一旦掌握了相关方法，品牌增长的诸多难题都将迎刃而解。然而，虽然我已就该题目三次组织内容，却仍感尚有未臻完善之处，需要更多时间，通过多做一些项目复盘与思考，来深入打磨这篇内容。等你拿到本书时，我想应该就能够取得相应突破了。

看到这里希望大家明白，我并没有遗忘"品牌整体优化"这个课题，如果你也和我一样，希望尽快把握立足全局的品牌增长优化之道，那么欢迎关注我的公众号（宇见），向我发送关键字"整体优化"，尝试解锁相关内容。

Chapter
07

第七章
求解"植入"之法

47

一切从"Inception"说起

在M星的北半球中部，呈东西走向横卧着一条"巨龙"，它以吞云吐雾的气势绵延千里，将近百座海拔数千米的高峰纳入，这就是被我们冠以"长钥"之名的，M星上最为雄奇险峻的山脉了。

在长钥山脉，我们将要探索"植入"，即构建品牌认知的营销智慧，如图7-1所示。根据大副J早前的研究，大家将会在这里迎来本次探索之旅中最为严峻的一系列考验。听到这个消息，团队中很多成员都开始惴惴不安。

图7-1

第七章 求解"植入"之法

大副J建议大家收摄心神,她觉得对不确定的未来多思无益,不如调整好心态,尽可能多做准备。我趁机接着J的话头向大伙儿提议,最好先来复习一下"植入"的基本概念,以便尽早进入状态,更好地迎接长钥山脉地区的挑战。

在SDi方法论中,"植入"是要"在用户心中放入特定信息,让用户形成品牌认知"。这其实是受到电影《盗梦空间》的启发,在该电影中,导演克里斯托弗·诺兰用到了"Inception"(植入)一词,后来我将其引入营销领域,逐渐充实、发展成了今天SDi方法论中"植入"的概念。

"Inception"的本义是"开端",从营销角度解读,可以说"植入"就是品牌建立的"开端",因为建立品牌必须先让用户认知品牌。具体该怎么做呢?从词根上分析,"in"表示"进入","cept"表示"拿",连在一起,"Inception"就是"将特定信息拿来,放进人们意识深处"。

将这层含义丰富一下,在SDi方法论中,"植入"的完整含义是将品牌所代表的价值放进用户意识深处,在他们心中建立起系统性的品牌认知,并持续巩固品牌的认知优势。简单来说,"植入"就是要在用户意识空间进行"品牌认知管理",它追求建立并提升品牌的"心智显著性"。

"心智显著性"能让品牌获得长远优势,因为卓越的品牌认知一旦建立,就不会在短期内消亡,它将有助于消费者(合作伙伴)将品牌作为长期惯性选择,恰如行业里广为流传的可口可乐前总裁说过的:"即使大火烧掉了我的所有资产,只要可口可乐的牌子在,第二天,我就可以从银行贷到足够的钱,来重建可口可乐的生产线。"

在SDi结构中,"植入"是"交互"之上的一个单独层面,它在一定程度上依赖于"交互",却又不同于"交互"。具体来说,虽然"交互"也能帮助品牌构建认知,但其核心诉求是推动增长,这就带来了一个问题——"交互"无法为建立长远而系统的品牌认知负责。例如,以"增长"为导向的

"交互",很可能会过于重视建立功能认知,而对建立品牌形象认知关注不足,有时为了追逐短期利益,甚至有可能牺牲品牌形象,正如某位"增长黑客"专家谈到的——"做增长可能会让你想得比较短期"。这就是需要有一个专门的"植入"层来对"交互"层提出要求、进行修正的原因。

在"交互"与"植入"的关系中,"交互"关注"效","植入"关注"品";"交互"瞄准"市场份额"(Market Share),"植入"瞄准"心智份额"(Mind Share);"交互"侧重于让人"买","植入"侧重于让人"记";"交互"追求阶段性业绩,而"植入"追求长远竞争优势。这两种思维一短一长、一急一缓,在营销实践中需要并举,品效合一方为王道。

值得注意的是,在SDi方法论中,我们除了用"Inception"代表"植入"环节,还用它来呼应由"交互""植入""交付"这三个环节结合在一起的"创建认知"概念。这时的"创建认知"(Inception)是与"发现""洞察""表达"结合在一起的"创造价值"(Self-Discovery)相对应的。"创造价值&创建认知"也即"Self-Discovery inception",组成了SDi方法论的整体,也是其简称的由来,如图7-2所示。

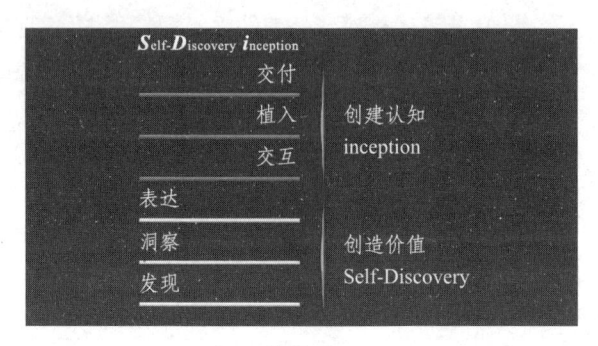

图7-2

为什么"Inception"既能代表"植入"环节本身,又能呼应三个环节叠加在一起的"创建认知"呢?原因其实前文曾讲过,从广义上看,品牌认知

第七章 求解"植入"之法

创建是一个系统工程，它不仅依赖于植入层本身，也依赖于相邻的交互层与交付层。具体而言，在交互层，我们对产品（品牌）进行大量推介；在交付层，我们竭力优化用户体验，这些都必将影响用户的品牌认知。从更完整的角度看，创建认知其实是需要"交互""植入"和"交付"来共同完成的。

正因为这一点，所以，"Inception"在SDi方法论中其实是一个"可狭可广"的概念。狭义上，它专指植入层的本职工作，如推出品牌形象广告、开展公关传播等。广义上，则是指以"植入"为中心，将"交互"与"交付"纳入，进行创建认知的整体设计，然后统筹多层面共同执行。通俗来说，狭义的"植入"主要对应公司内品牌部门的本职工作；广义的"植入"则是品牌部门从整体上制定其他部门共同参与的认知创建策略，然后统筹联动其他业务部门，相互配合，共同达成认知创建目标。

刚才拆解了"Inception"，下面再来拆解另一个同样有趣，并且更为大家所熟悉的单词——"Marketing"（市场营销）。

什么是"Marketing"？从词根上看，可以按主流说法将"Mark"视为"Merc"的变体，表示"商业""交易"，将"Marketing"理解为拓展商业与交易的行为。我个人更偏爱的解读则是将"Mark"理解为"标记"，所谓"市场营销"，其实就是要在用户心中"标记"（Mark）你的品牌，令其清晰、显著，进而开创出"市场"（Market）的"现在进行时"（Marketing）。

拆解"Marketing"，不是为了多玩一次文字游戏，而是想让大家再次感悟"植入"之于"营销"的意义。我想，对"Marketing"的两种解读至少会有助于我们看清"营销"微妙的两面性——营销虽然也求交易，求增长，这是"交互"的追求，但从其大理想来看，或许更在于通过品牌认知创建，来塑造一个广为人知、深入人心，能够长期赢得用户选择，备受用户尊敬的品牌。这就是"创出了牌子"的真实含义，就是"植入"的追求。

48

迈及瑞指点"心感知"

这两天,与学员们谈起了"长钥山脉"名字的由来,这让我又回想起了大航海之初的那次咖啡时光。那是在团队刚获得M星航海地图后不久,为了便于大家在旅程中更好地记住我们将要前往的六大探索地,大家聚在一起,讨论起了如何用我们自己的语言,来对这些地方进行命名的问题。当天除了我和大副J,还有之前提到过的Q等几位同学。Q虽然平日里极爱说话,但只要琢磨起事情就会变得格外安静,我清楚地记得,那天正是她灵机一动,想出了"长钥山脉"这个名字,并给出了如下3个理由:

(1)虽然从形状上看,M星北半球这个山脉很像一只耀武扬威的龙虾,但其实也可以说很像一把设计精巧的钥匙。

(2)M星航海地图中的线索提示,这里隐藏着"打开用户心门的植入技巧"。对此,用"钥匙"来比喻不是很贴切吗?

(3)因为"植入"追求的是建立品牌的心智显著性与长远优势,而"长钥"谐音"长耀",即持续在用户心中闪耀,可以很好地体现这层含义。

对于要在长钥山脉完成的任务,大家尚不十分清楚,不过有一点是肯定

第七章 求解"植入"之法

的,那就是我们只有翻越这里才能延续探索之旅。为此,经过反复研究,团队最后选定了山脉东段海拔较低的"E峰"作为翻越对象。

在BG海港逗留期间,正值金风送爽之际,当我们经过跋涉来到这里,时节已然入冬,为了让登山行动胜算更大,大家极有耐心地等到了一个和煦的好天。这天清晨,大家早早换上了登山装备,在背包中塞满了威士忌、巧克力等各式物资,呼吸着山脚下清冽的空气,整装出发。

行至半路,突然不知何处传来了一阵悦耳的笛声,众人纷纷四下寻找,最后隐约在东北方向发现了一座小亭,笛声似乎正从那里传出。赶到亭前一看,我们又惊又喜,原来端坐于此,身着灰袍的吹笛老者并非旁人,正是大家熟悉的智者迈及瑞大师。

一番寒暄后,大师告诉我们,他已在这里等候大家多日了,自从在R记大峡谷与我们结识以来,迈及瑞坦言,自己越来越被地球上的东方文化所吸引,以至于每每想起"空山新雨""小桥流水""竹林云海""松间名月"这类意象,都免不了心驰神往,因此,今天特意在这个小亭中摆下暖炉,营造一种"围炉抚笛、品茗叙旧"的场景,来和大家分享这种美学体验。

言归正传后,小K迫不及待地向智者请教,我们在这里究竟要完成哪些任务呢?迈及瑞捧杯在手,轻轻呷了一口龙井,这才缓缓地回答,关于具体任务,他不太方便透露,但关于如何完成任务,他倒是可以给些提示,那就是对于此阶段的探索而言,大家一定要多在"心"字上下功夫,要"以心为本",多多关注与构建品牌认知有关的用户心智规律。

听了这番提醒,读过上一版《洞察力》的同学,特意向迈及瑞介绍了SDi方法论所归纳的,"植入"部分的"心—感—知"认知构建原理,并解释了其中的"心"就是大师强调的用户心智规律;"感"是指基于用户心智规律,设计出能让用户感知品牌价值的植入策略,并通过恰当方式予以执行;而最后的"知",自然是指通过上述努力,构建出从业者期待建立的品牌认知了，如图7-3所示。

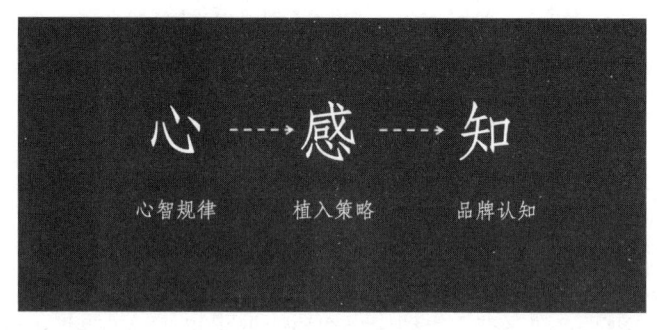

图7-3

听完这个"感从心上起，知从感中来""由心而感，由感至知"的认知构建原理，迈及瑞深表赞同，不过他略加思索后又提醒我们，在充分理解"心—感—知"的底层逻辑后，在实际工作中，需要以终为始，将最后的"知"提到前头来，用"知—心—感"的路径来开展具体工作。

这是为什么呢？迈及瑞解释说，因为对于"植入"的执行者，即品牌传播人员来说，想要有效构建认知，就必须先搞清楚什么是"品牌认知"，并科学地设定认知构建目标，然后才能基于用户心智规律去设计植入策略。据此，迈及瑞建议我们应该按照更贴近实际工作的"知—心—感"顺序，在长钥山脉地区展开探索。总结来说，用"心—感—知"理解"植入"，而用"知—心—感"路径来探索并实践"植入"，这就是大师给我们的重要提醒。

说完这些话，这位身材矮小的智者站起身来，掸了掸身上的茶渣，准备与我们道别。小K赶紧从怀中掏出地图，请迈及瑞帮忙标注一下适宜的登山露营点，大师并未拒绝，他略加思索后圈圈点点，标出了几处地方，并提示说，这是根据刚才建议的探索路径推荐我们前往露营的地方。

迈及瑞最后提醒说，长钥山脉地区隐藏着M星人，其在构建品牌认知方面的高超智慧，其价值含量之高，绝对不容忽视，不过想解锁这些智慧并

第七章　求解"植入"之法

不容易，如果大家能按照刚才谈到的"知—心—感"探索路径，依次解答路途中遇到的问题，成功到达山顶的话，就有机会收获这些智慧。

"然而最难的部分恐怕还在于"，大师话锋一转，接着说道，"到达山顶后，还会有一次终极大考，这次考试将基于同学们登陆M星后的探索历程，对一路上的学习成果进行一次系统考察"。大师特别透露，他虽是这次考试的出题者，却不是监考者，监考者会由M星上另一位异常严厉的神秘考官担任，希望大家认真复习，切莫存在侥幸心理。最后，在预祝我们好运之后，智者飘然而去。

49

品牌三元认知（FAC）

拜别大师，我们开始登山，初段山势并不陡峭，只休息过一次，下午时分，大家就抵达迈及瑞标注的第一个露营点了。眼尖的同学在附近石缝中发现了一张任务卡，卡片信息提示，大家现在所处的位置是E峰山腰一片刚刚被命名为"知之地"的开阔区域，这里有一条通向第二个露营点——"心之地"的捷径，若能回答出任务卡中的问题，就能找出这条捷径。

卡片中的问题是："在宇宙中，智慧生命普遍拥有强大的认知能力。然而M星的研究发现，在商业领域，不同星系的智慧生命，在品牌认知方面却有着不小的差异。对此，地球人的品牌认知又是怎样的呢？"

回想起早晨，智者迈及瑞刚刚提醒过大家，应按照"知—心—感"路径在长钥山脉地区展开探索，而现在，我们遇到的第一个问题就指向了"品牌认知"（即"知"环节），大家觉得，这肯定是M星人根据迈及瑞建议的探索路径设计的题目。想明白了这一点，大家很快围拢在了一起，现在，团队需要赶紧复习SDi方法论中与品牌认知有关的知识，以便尽快解开这个谜题。

在地球上，消费者的品牌认知究竟是怎样的呢？对此，有别于一些传统

第七章 求解"植入"之法

营销观念会将品牌认知更多地指向顾客对品牌的第一联想，SDi方法论认为，所谓品牌认知，其实是消费者在与品牌持续接触的过程中，对品牌形成的一种结构化意识。

参考上一版《洞察力》的举例，大家不妨来想想星巴克的品牌认知。当提到"星巴克"时，我们也许会想到"咖啡"，但不能说星巴克的品牌认知就是咖啡，而只能说"咖啡"是顾客对该品牌的一项重要认知。除此之外，我们对这个品牌还有着或深或浅的诸多了解，涉及产品特色、门店环境、服务体验、品牌形象等方面。所以，什么是星巴克的品牌认知呢？应该说，它是存在于人们心中，关于星巴克的一种结构化意识。

基于这一理解，SDi方法论将用户的品牌认知大体上分为如下三层：功能层、形象层、文化层。

（1）功能层（F）：这一层的认知主要围绕着产品功能（Function），大致包括用户对品牌提供什么产品、产品解决什么问题，以及产品的类别、功效、特色、优劣势等方面的认知。

（2）形象层（A）：这一层的认知围绕着品牌形象，大致包括用户对这个品牌的基本概况、行业地位、创始团队、经营理念、风格调性、使命愿景、发展历程等方面的认知。构建良好的品牌形象是"植入"层非常核心的工作，而让用户对品牌的"人设"，即"品牌原型"建立起认知，又是构建品牌形象认知的核心。我们要让用户将品牌认知为"创造者"原型、"英雄"原型，还是其他原型呢？基于对品牌原型认知的重视，SDi方法论选择用品牌原型（Archetype）的首字母"A"来代表品牌要构建的形象认知。

（3）文化层（C）：这一层的品牌认知围绕着品牌文化（Culture），是用户对品牌的文化态度、价值观等方面的认知。

据此划分，在SDi方法论中，我们用品牌三元认知（FAC）来对品牌认知这个看不见、摸不着的概念进行了概括，如图7-4所示。同时，该示意图也表现出了品牌三元认知的边界并不是完全分明的,对产品功能(F)与文化态度(C)的认知,有时也会被人们同时感知为品牌形象(A)。

品牌三元认知(FAC)

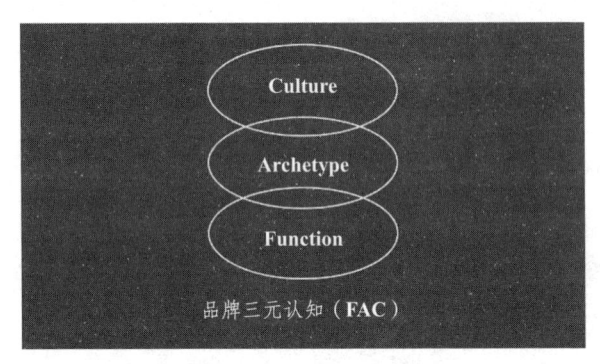

图 7-4

例如,可口可乐早年间的瓶身设计,最初只是消费者产品认知中的一部分,但久而久之,这一独特而经典的设计逐渐成为可口可乐最显著的标签之一,成为消费者对该品牌形象认知的一部分。由此可见,品牌形象认知是可以涵盖另外两个维度中的部分认知的。

看到这里,希望大家能更好地理解本章开篇第47节谈及的,"植入"是要在消费者心中建立起系统性的品牌认知。这个"系统性",就是指要基于"FAC"结构来建立认知,而不能将"植入"理解为单一维度上的认知构建。例如,从"困了累了喝红牛"到"你的能量超乎你想象"的口号升级,所反映的恰恰是红牛在其功能认知深入人心后,希望构建品牌文化认知的诉求。

理解了"植入"层的工作是要力求在用户心中,构建出比竞争对手更具优势的系统性认知之后,基于"FAC"结构,大家可以用"丰富性"与"一致性"这样两个原则来指导实际工作。

其中"丰富性"是要求我们在"FAC"每个层面上构建出尽可能丰富的品牌认知。例如,当提到A品牌时,用户能滔滔不绝地说出很多,而提到B

第七章 求解"植入"之法

品牌时，却只能耸耸肩，勉强留下只言片语，这就反映了A、B两个品牌在认知丰富性上的差异。品牌的认知丰富性越高，在日常生活中被消费者忆及、选择的机会就越大，这对任何品牌来说都意义非凡。

所谓"一致性"，是指虽然我们追求品牌认知的丰富性，却不能不注意维护用户认知的一致性与统一性。在实践中，大家务必要使"FAC"三个层面上的用户认知焦点清晰、彼此呼应，高度统一于品牌核心价值。

例如，汽车品牌MINI的核心价值可以用"特立独行、与众不同"来概括，该品牌会利用微电影、图书等手段来表达品牌的文化态度，这是MINI要构建的品牌文化认知。在形象层面，无论在公关传播、自媒体运营还是市场活动中，该品牌都会努力保持自己顽皮感十足的"叛逆者"形象，以支撑品牌文化。再来看功能层面，从"镀铬附加大灯"到多种样式的"LED迎宾踏板"，乃至于在细节处，帮顾客体现自己审美情趣的"后视镜盖"和"车顶贴纸"，众多可定制配件，也统统对车主"彰显个性、表达自我"的追求构成支撑。这就是力求让"FAC"三个层面上的顾客认知，能够形成"一致性"的可取做法。

构建认知应遵循什么顺序？这是另一个经常被问及的问题。对此，请回忆一下本书第五章提到过的：曾有学者将品牌成功之路概括为"被信任""被喜爱""被尊敬"三个阶段。

从SDi的观点来看，这恰好与品牌三元认知，以及第五章介绍过的三类品牌口号形成了对应：在品牌初创期，通过"小我"型口号构建功能认知，赢得顾客信任；在品牌发展期，通过"大我"型口号构建形象认知，收获顾客喜爱；在品牌成熟期，通过"无我"型口号构建文化认知，获得顾客尊敬。从"小我"到"大我"，再从"大我"到"无我"的"F—A—C"路径，就是功能创新型品牌构建认知的一般顺序。

与上述功能创新型品牌不同的是，文化创新型品牌的认知构建路径往往是"C—A—F"或"A—C—F"的顺序。归根结底，这都是由用户需求决定的——在目标市场中，用户会对创新的产品功能更敏感，还是会对创新的品牌文化、形象更敏感？对用户需求的理解，将决定品牌创新方式，品牌创新方式又决定认知构建顺序。这意味着，从业者必须学会依循着我们解读到的用户需求脉络，以及所倚靠的品牌增长逻辑，来因势利导地构建品牌认知，这样才能与"交互"层的工作形成合力，让"植入"事半功倍。

另外，值得一提的是，在用户心理层面，"FAC"三元认知是彼此相通、相互影响的。例如，在浏览科技资讯时，用户无意中看到了某App获大笔融资的消息，之后再打开该App，竟有一种"产品越做越好"的感觉，这就是品牌形象认知刷新，影响到产品认知的一例；相反，有时企业高管发表了一些不当言论，除了影响品牌形象，甚至会让消费者对其产品心生厌恶。

深入体察品牌认知之间的联动机制，将有助于我们多角度地评估增长问题。增长问题并不总是与增长明显相关的问题，也可能是某些我们不了解的品牌负面认知影响了增长，这时就必须结合品牌认知洞察，深入了解负面认知的成因，努力对这一增长阻碍予以排除。

此外，深谙品牌三元认知的联动机制，还有助于我们多多运用"由此及彼"的"植入"技巧。进一步说，由于"FAC"任何一个层面的认知提升，都有机会给另两个层面带来积极影响，因此，当某一个层面的认知构建难有作为时，从业者就应适时调整传播方向与策略，从另两个层面来带动整体认知优化。微妙之处在于，虽然这些工作在从业者的任务列表中是一项项地划分明确的，但其效果在用户心中却是彼此相通相连的。

在充分讨论了品牌认知的底层逻辑后，"知"环节还剩下最后一个关键问题——如何科学地设定"FAC"认知构建目标？

对熟悉SDi的读者来说，答案是不言自明的。就像在SDi结构中，每个营销层面都必须以"发现"层为基础一样，品牌的认知构建目标，当然也要

第七章 求解"植入"之法

基于品牌核心价值,根据品牌的"价值发现"来设定。

请大家回想一下,本书第四章介绍完"品牌原型"这部分后,我们曾获得一个扩充后的价值发现公式——CV=TFCA,其中"TFCA"分别代表品牌的目标用户、功能价值、文化价值与品牌原型。现在将"T"暂时拿开不看,将剩下的"FCA"变更一下顺序,其实就与"FAC"一一对应上了。换句话说,在"发现"层,我们对品牌核心功能价值、品牌原型与文化价值的定义,其实就是在"植入"层,从业者要去构建的三元认知目标。

不过必须说明的是,由于"植入"追求的是建立具有丰富性、一致性的结构化认知,所以,这里的"三元"认知目标应该理解为"三组目标",而非"三个目标"。换言之,在任何时候,品牌的认知构建都应该包括三个不变的核心目标(品牌核心价值中的"FAC"定义),以及围绕在这三个目标周围,需不时调整、更新的一系列阶段性子目标。

以构建品牌形象认知为例,构建并维系清晰的品牌原型认知,是其中不变的核心目标,在其周围还应根据不同阶段的实际需要,设定一系列认知构建子目标,如品牌的"使命愿景""经营理念""行业地位""奖项与荣誉"等。核心目标不变,子目标则应时、应势地常换常新。

看到这里,大家可能又会问了:在实践中,具体用什么方法来实现上述认知构建目标呢?别着急,等探索到"知—心—感"路径中的"感"环节,即植入策略的设计与执行这部分时,我们就能解锁相关知识了。

50 认知心理学优化植入

在"知之地"露营当晚,我们有幸观赏到了这样一番奇景:是日夜,"月"上中天之时,大家忽然听到头顶上有脉冲式的巨响,抬头仰望,正好看到一束激光从峰顶激射而出;与此同时,E峰两侧山峰上也依次有形如探照灯的装置投射出激光,三束光源在天空交汇,幻化成三个相互连接的彩色圆环,不断变换着方位,却始终将一轮"明月"嵌套在其中。

众人惊叹之余,学员Q若有所悟地谈到,这个"三环套月"的景观应该是M星人向我们发送的提示,它是对白天学习成果的一个意象化印证。其中,"月亮"象征品牌价值发现,三个圆环象征"FAC三元认知",提示从业者要基于品牌核心价值来构建品牌三元认知。听了Q的解释,大家都觉得她所说不错,对"植入"的理解也更深入了。

第二天,得益于回答出了任务卡中的问题,我们成功找到了通往"心之地"的捷径,这是一条多年无人问津的封闭密道,大家缓步屈身地行走了半个多小时,通道才逐渐宽阔起来。三小时后,大家钻进了一个形如葫芦的"中央大厅",这里异常开阔,四壁上刻有依稀难辨的M星文,众人也无暇多

第七章 求解"植入"之法

看,都希望能从"葫芦嘴"的位置尽快通行,没想到却被一扇金属门拦住了去路。

金属门一侧的信息牌提示,原来,这里已接近密道尽头,若想出去,就必须在大门中间的触摸屏上,输入三条与"植入"相关的地球人心智规律。小K主动上前一试,他自觉对"营销心理学"这部分学得不赖,略加思索,就戳戳点点地,在触摸屏上输入了前边学过的"他人之证""确认偏见"等数条心智规律,两分钟过去了,金属门却纹丝未动。

看到小K额角冒汗,大副J这才上前提醒他,下次一定要先把题目看清,这里要求写与"植入",即"构建认知"有关的心智规律,而你写的却是与"交互""增长"有关的心智规律,大门自然无法打开。望着小K和其他同学疑惑无助的表情,我建议大家先回到"中央大厅",找空地坐下,吃点东西补充一下体力。看来是时候和大家谈谈与植入有关的心智规律了。

学习与植入有关的心智规律,即探索"心"环节,这是迈及瑞建议的"知—心—感"探索路径中的第二步,也是SDi方法论中"心—感—知"认知构建原理的源头。为什么"心"是构建认知的源头呢?这是因为"植入"就是要"在用户心中放入信息",而要做到这一点,显然无法脱离对"心"的理解这个前提。更具体些说,只有对用户认知事物的心智规律具有深刻理解,传播者才能设计出更为有效的植入策略。这也正是迈及瑞强调多在"心"字上下功夫的原因。

那么,与"植入"有关的心智规律具体包含什么内容呢?再次回忆前文中反复提及的,SDi方法论对心理学做的三个应用方向划分:用动机心理学指导"发现"、用社会心理学指导"交互"、用认知心理学指导"植入",这是因为认知心理学的研究重点正是人类的认知规律。据此,本节将从认知心理学中摘取,并和大家探讨四条对"植入"颇为重要的心智规律与认知机制。

1. 五感效应

要想将品牌"植入"用户心中，就需要关注可以连接到用户内心的"感知通路"。人们通过"视、听、嗅、味、触"来接收信息，感知世界，这就是"五感效应"的认知机制。营销从业者应该多多考虑如何借助"五感"来建立品牌认知。

在商业世界中，许多品牌都拥有独特的视觉认知，例如，麦当劳的"金拱门"、宝马的"双肾式进气格栅"、Burberry 的"格子"；也有一些品牌，成功构建了听觉认知，如英特尔的"灯，等灯等灯"、麦当劳的"叭啦叭叭叭"等。前几年，可口可乐推出过一组名为 Try not to hear this 的广告，而内容却是一个人用食指扣动可乐罐拉环，将可乐倒入玻璃杯，看着色泽诱人的饮料裹挟着冰块，与无数升腾着的小气泡溢出杯口的画面。广告激活了怎样的听觉体验，我想答案不言而喻。

想想下面这些情况：苹果曾在科技圈掀起过"白色美学浪潮"；宝路强调自己是"有个圈的薄荷糖"；21Cake 宣称只做"新鲜方形蛋糕"；"很久以前羊肉串"为顾客提供"草原空气易拉罐"。这些案例说明，在消费者的每个感知维度上，努力塑造独属于品牌的记忆节点，在日常生活中，品牌被消费者认出、记住乃至于选择的概率就会提升。

提到用"五感"来构建认知，大多数人首先想到的或许都是"视觉"与"听觉"，但实际上，"嗅觉"也是不容小觑的维度。例如，奔驰旗下的"AMG"就做过一个让人眼界大开的尝试，相关案例可以被视为巧借五感效应，来帮助品牌与特定概念建立认知关联的典范。

具体来看，作为奔驰旗下，强调"速度与激情"的高性能独立车系，AMG 对自身功能与形象的传播常常受母品牌"尊贵豪车"认知的制约。在一次旨在突破该认知壁垒的尝试中，AMG 邀请 F1 传奇车手驾驶着自家产品

第七章　求解"植入"之法

在专业赛道上高速过弯，然后派出工作人员采集汽车过弯时所留下的那些气味——让赛车迷们为之癫狂的"烧胎碎屑"，再经由专业调香团队调试，最终推出了一款能够"激发内在狂野，带你重回赛道"的"烧胎味"古龙水，以此"献给那些拥有狂野内在的灵魂"，同时，让车友们也有机会与F1冠军车手共享荣耀记忆。一系列别具话题性的操作，顺理成章地为AMG贴上了"高性能""强悍"的标签。

2. 依赖重复

重复是我们认知、记忆事物的基础方式，依赖重复的心理机制，决定了在构建认知时，大家传递的信息只有不断强调，才更有机会被用户记牢。作为营销基本原则，由于"重复"的重要性本身，已经被专家重复得足够多了，因此，在这里讨论两类值得警惕的操作误区。

误区之一是进行简单粗暴的语言信息重复。例如，前些年，一些品牌推出的"洗脑广告"在社交媒体上引发了吐槽。相关现象在一定程度上反映出，在移动互联网时代，令人厌烦地重复信息，不仅会让消费者对信息逐渐无感，更容易引发负面讨论，对品牌形象造成伤害。

如何做到重复却不令人生厌呢？前些年，汰渍在美国"超级碗"上投放的广告就做出了不错的示范。这支广告对其他"超级碗"上的广告进行了趣味横生的调侃，并宣称——"凡是出现干净衣服的广告，都是一支汰渍广告"，其场面令人捧腹，重复的技巧十分高超，着实让人称妙。

误区之二是，从业者往往过于看重功能信息的重复，而忽略了品牌形象与文化的重复。万宝路曾在广告中数十年如一日地坚持使用"牛仔"，以不断巩固自己的"英雄"形象；而"妙趣挡不住"的娱乐精神，则可以说是M&M's长期表达的品牌文化。将时间跨度拉长，我们就更容易看清，成功品牌的信息重复，会更接近于一种不断变换手法的，对品牌功能、形象与文化的"立体滚动式"重复,而非只有功能信息的重复。

3. 扭曲熟悉

从远古进化而来,人类一直偏爱熟悉的事物,因为熟悉意味着安全可靠。不过话虽如此,如果熟悉的事物总是一成不变,也会让人厌倦。此时,人们就会想要给这些事物添加一些变化,在认知层面,小小地扭曲一下它们的原貌,赋予它们些许新鲜含义,这就是"扭曲熟悉"的心理倾向。

在日常生活中,消费者常常会不自觉地为喜欢的品牌起昵称。有人将麦当劳称为"麦当当",有人将KFC戏称为"开封菜",这就是"扭曲熟悉"最典型的体现。

这类现象带来的启发是,一方面,当用户给品牌起昵称时(有利于品牌),我们可以积极响应,扩大宣传,借用户之力来刷新品牌认知;另一方面,品牌还可以主动迎合用户的这类心理倾向,为自己创新昵称。例如,因鞋履产品而扬名的户外品牌Timberland就曾在广告中称自己"踢不烂",通过用趣味化方式"自我扭曲",不仅降低了消费者记忆品牌名的难度,创造了话题,还巧妙地巩固了鞋子"牢固性"的功能认知,可谓一箭三雕。

"扭曲熟悉"可以与"重复"结合,在让人熟悉的重复中叠加变化,就能将"重复"做得更好。例如,日本亦竹烧酒每年都会推出主题海报,且作品长年保持一致风格。从"那是夏日里的一天"到"通往有古书的房间",细腻感悟、唯美图景交织着和煦文案,再加上画面中不断藏融自家酒瓶的做法,构成了顾客"熟悉的配方",而"扭曲"则源于应时应季、常换常新的百变主题。亦竹烧酒让创意持续游走在"熟悉"与"扭曲"之间,润物无声地维系着清新的品牌形象,每每给人耳目一新之感,无怪乎被誉为酒类广告中的一股清流。

第七章 求解"植入"之法

4. 品类为先

在认知事物的过程中，人们总是习惯于给事物分类，分门别类有助于更好地管理事物。

事实上，类别思考对消费的影响同样显著。由于对应着不同需求，所以，在消费中人们总是会对产品的"类别概念"格外敏感（隔离霜是隔离霜，防晒霜是防晒霜；当朋友推荐的产品不合你心意时，你经常会说——"哎呀，我不想要那一类的"）。此外，在消费过程中，我们还常常会遵循"先品类，后品牌"的路径来进行决策（例如，基于不同购车需求，消费者会先评估自己是要买轿车还是SUV，然后才是具体的品牌选择），这就是"品类为先"的心智规律。

"品类为先"对营销实践的启示在于，如果你能基于品牌对应的用户需求，提出一个与众不同的"品类概念"，让自己成为这个品类的代表者，那就能给品牌认知构建带来巨大帮助。例如，网易严选在品牌创建之初，曾将自己定义为区别于第一代、第二代电商的"严选模式新电商"，通过与既有电商经营模式对比，网易严选让自己代表了一个全新的电商品类，从而让品牌的心智显著性迅速提升。

网易严选的案例印证了一条有违直觉的商业原理，那就是与我们在传播中热衷于强调的"更好"相比，"不同"的认知牵引力往往更大。我在做一个时尚饰品品牌的策划案时，对此又有了不少新鲜体会。具体来说，我发现在时尚饰品领域，很多品牌都会标榜自己与众不同的美学概念，如"极简美学""先锋美学""禅意美学""智趣美学"等。在这个品类中，其实很难说哪种美学概念"更好"，关键在于哪种概念最有利于匹配顾客需求，凸显品牌的核心价值与差异，为品牌贴上一个耀眼的"类型标签"，就像"青春小酒"之于江小白，或者"电动汽车"之于特斯拉那样清楚、独特、明白。

总结来说，如果没有一个让人"一触即知"的品类概念，品牌常常需要花时费力地解释品牌价值，传播的动作多、成本高、效率低。相反，若能提出一个出色的品类概念，那就相当于给品牌增加了一个"认知快捷键"，就能更快完成品牌价值信息的"植入"，从而在传播中抢占先机。

第七章 求解"植入"之法

51

四层联动　创建认知

我们学习了一部分与"植入"有关的心智规律，在触摸屏上输入信息，从密道中成功走出来后，眼前的景象已然大变。陡然间，我们感到寒意逼人，放眼四望，植被也变得十分稀疏，看起来，大家已经来到非常接近山顶的位置了。

"心之地"宿营点虽不难找，但前往的过程要比之前更消耗体力，沿着陡峭的山坡，大家呼哧带喘地赶路，纷纷抱怨平日里运动太少。当夜，在"心之地"宿营时，我们携带的许多取暖装备都派上了用场。翌日清晨，怀着尽快通过迈及瑞大考，解锁M星"植入"智慧的迫切心情，团队一大早就整理行装，准备向山顶进发。

或许是从前一天的乌龙事件中汲取了教训，这次小K异常冷静地提醒大家，如果此刻我们去往山顶，心态焦躁，知识储备不足，面对迈及瑞的终极大考，反而可能忙中出错。不如趁现在抓紧时间把"知—心—感"探索路径中的最后一环——"感"环节补上，再去应对考试，成功的把握才会更大。一番话说得大伙儿频频点头，于是大家纷纷解下装备，迅速重新进入学习状态。

再次将"知—心—感"路径还原为"心—感—知"的认知构建原理来分析,"感"位于"心"与"知"之间,是负责让用户的"心"可以"由感而知"的关键环节,在实践中对应着"植入"的策略设计与统筹执行。在三者的关系中,"心"是"感"的基础,不懂用户心智规律,就设计不好"植入"策略;而"知"是"感"的目标,没有"FAC三元认知目标",策略设计就没有方向。接下来对"感"环节进行讨论(由于本环节的知识点多且琐碎,希望大家提前做好心理准备。)

在"知"环节我曾向大家交代过,从业者应基于品牌核心价值设定好"FAC三元认知目标"。目标明确后,是不是就可以设计"植入"策略了呢?除非是一个全新品牌,否则,在规划传播策略(如年底做新一年的品牌传播计划)或是在做重要的推广方案之前,最好先开展一轮用户认知洞察。

记得在R记大峡谷,我们也探讨过用户认知洞察,不过那时的探讨是围绕着"洞察—发现"的任务进行的,相关洞察是为定义品牌核心价值服务的。今天的讨论则是围绕着"洞察—植入"的任务展开的,这些洞察是为了设计"植入"策略而服务的。大家不妨把今天讨论的认知洞察,理解为一种根据阶段性需要而开展的阶段性"认知体检"。

简单来说,基于当前的认知建立目标,从业者想设计出更有效的"植入"策略,就有必要将用户当前的品牌认知情况了解得更清楚。在实践中,开展这种"认知体检"的必要性及要点主要包括如下三个方面:

(1)随着与用户持续沟通,品牌在达成一系列认知构建目标的同时,也肯定会有这样一类情况——在一些意想不到的地方,用户认知与品牌的认知构建目标出现了偏差,用户对品牌形成了某些误解。开展品牌认知洞察的第一个要点就是要了解这类情况及其成因,进而思考如何解决。

(2)同理,基于品牌过往的表现,在用户心中是否存在某些我们并不了解的负面认知?通过"认知体检"加以侦测,传播者才能对症下药,给出切

第七章 求解"植入"之法

实的解决方案。

（3）当前，我们的品牌认知大体居于何种水平？就过去设定的"FAC三元认知目标"来说（包括核心目标与子目标），哪些目标的完成度高？哪些目标的完成度低？高与低的原因何在？了解并分析这些问题，才能让未来的"植入"策略更有针对性。

通过认知洞察，对用户心中的品牌认知情况做到胸中有数之后，就可以开始具体的策略设计了。那么，此时的工作又该从哪儿下手呢？

结合图7-5，回想一下前文谈到的，品牌认知创建是一项系统工程，其核心虽在"植入"层，但也需"交互"层与"交付"层共同配合。另外，由于在"交互"层与用户沟通时，还有赖于"表达"层提供品牌识别、产品、内容等"营销供给物"，没有"表达"，就没有可供用户体验品牌价值，形成品牌认知的价值载体，所以，从更完整的角度来看，认知创建其实是由"植入"牵头，然后结合"表达""交互""交付"共同完成的。在公司里大家常说，做品牌不光是品牌部的事，更是所有部门的事，说的就是这个道理。

图7-5

回顾这一点，是希望大家更好地意识到，我们当前要讨论的"植入"策略，并不仅仅是"植入"层本身的策略，更是对"表达""交互""植入""交付"统筹设计的策略，是广义上的"Inception"。对此，借鉴《孙子兵法》中的军事思想，SDi方法论总结了一句话，叫作"以多围少，以四攻三"，意思就是要调动上述四层之力，针对待构建的三元认知，通过统筹性强的策略设计，快速形成群策群力、以多打少的局面，确保"植入"目标达成。下面将以逐层方式对"植入"策略展开具体讨论。

一、交付层

要创建良好的品牌认知，首先要消除负面认知。在SDi结构中，交付层密切关注企业的"价值交付水准"。结合用户认知洞察的结果，如果品牌存在某些负面认知，并且这些认知源于一些不佳的营销行为，就必须立足交付层予以改进。这是"植入"策略设计中，首先要考虑到的基础部分。

二、表达层

创建认知依赖于"交互"，与用户"交互"又依赖于表达层提供品牌名称、标识、口号、产品、内容等表达项。所以，在讨论"交互"对"植入"的配合前，必须先来谈谈"表达"对"植入"的配合。

当大家基于"植入"目标，重新审视品牌表达层时，首先应关注每个表达项是否都与我们期待构建的认知相符，看看有没有需要调整、改进的项目。对于发现的问题，品牌人员可向负责表达层的部门提出需求，推动特定表达项的升级。

有时，当品牌进行业务调整（如从单一品类进入多个品类），品牌的

第七章 求解"植入"之法

认知构建目标也随之变化时，就势必需要表达层跟进调整。提出新品牌口号就是此类情况下颇为常见的做法。对此，从业者可以从小米公司的营销实践中吸取经验。

回顾一下手机行业的发展，大家不难发现，在最初"为发烧而生"的口号之后，小米在近年来的对外传播中，经常会使用如下三句口号：

（1）做感动人心、价格厚道的产品。

（2）让每个人都能享受科技的乐趣。

（3）永远相信美好的事情即将发生。

稍加分析不难看出，这三句话恰恰精准匹配了该品牌在"后发烧时代"的FAC三元认知目标。其中，表述（1）巩固的是小米一直以来的功能认知优势——性价比；表述（2）意在反映品牌形象，从原型角度看，小米和京东、优衣库等品牌类似，也是一个典型的"普通人"原型品牌，该表述强调要让科技造福于普罗大众，在勾画品牌愿景的同时，也凸显了小米让人倍感亲切，像身边朋友一样的"人设"；而表述（3）则意在构建品牌文化认知，倡导一种"始终对未来心怀期待"的文化态度。

值得肯定的是，小米针对FAC三个层面所设计的口号层次清晰、彼此呼应。其中，"感动人心，价格厚道"的产品表达来自一个让人熟悉的"普通人"形象，显得格外有说服力；而坚信未来可期的文化立场，又颇能与不断追梦的普通大众产生情感共鸣。相关工作体现了该品牌在营销方面的专业积累。

针对品牌形象、文化认知羸弱的情况，在表达层，过去没有"文化原型"的品牌，不妨将该表达项的设计作为一项重要策略来考虑。值得留意的是，我们不一定非要将品牌文化原型设计为人物、动物，像第五章提到的"围巾暖男""克莱兹代尔马"等，其实特定意象甚至符号，只要能鲜活地传达品牌文化，反映品牌形象，同样可以被用作文化原型。

在这方面，洗衣品牌奥妙的"啪嗒"是一个绝妙例子。"啪嗒"是我们经常能在奥妙产品包装及广告中看到的那个，像泥浆"啪嗒"一下甩到墙面上所留下的飞溅图样。该设计巧妙传递了奥妙"Dirt is good"（泥污也可贵）的价值理念。

具体来说，正如奥妙在广告中表达的，当人们在体验奇妙世界，孩子们在探索中快乐成长时，必须学会与污渍和睦相处。污渍，也是我们生活经历的见证。因此，与其担心衣服被弄脏，不如尽情尽兴"活出去"吧，因为有了奥妙，这些都不是问题。通过赋予污渍积极的生活含义，"啪嗒"以一种高感性方式体现了奥妙"专业，更懂生活"的"乐观智者"形象，与"冷酷专家"品牌形成了认知反差，有力地促进了我们对其文化态度——"活出奥妙人生"的理解。

除了上述工作，在表达层还有一系列常用的品牌认知优化举措，如改包装、门店形象升级、更换代言人，以及上一节介绍的利用"五感效应"来丰富品牌识别元素，创造独特的品牌记忆点等，在这里就不再延伸讨论了。

三、交互层

对创建认知来说，交互层的作用十分重要。一方面，"交互"把"表达"带到用户眼前，借着"表达"建立认知；另一方面，交互层基于"促销"本职，撰写产品文案，发起传播推广，展开沟通运营，同样有力地促进了品牌认知的形成。基于待构建的FAC三元认知目标，从业者可以对交互层的工作提出如下要求：

（1）针对品牌功能认知不足的问题，我们应加强功能传播，具体措施包括优化推介型内容，以及研究是否需要扩充推广手段、加大推广力度等。

（2）针对品牌形象认知中存在的形象刻板、乏味等问题，大家应在增长策略中适当增加运用"述之以情""东风巧借"策略的情感型内容，有意识地优化品牌形象。

（3）针对品牌文化认知不足的问题，一方面，应在推广中增加运用"借题发挥"策略的情感型内容，利用产品推广契机，同步促进品牌文化传播；另一方面，还应该从"表达+交互"的角度，提高表达层文化型内容的创作水平与数量，丰富文化型内容的媒体类型，然后在交互层加大力度推广。

四、植入层

介绍完以上三个营销层面，对品牌认知创建的配合之后，接下来回到作为"主角"的植入层，探讨该层面下的策略与手段。

1. 品牌形象广告

前文曾谈到，建立并维系良好的品牌形象是植入层的核心任务之一。推出品牌形象广告，是这方面最常用的手段。

众所周知，与促销类广告追求"用户购买"不同，品牌形象广告的核心诉求是影响用户对品牌的印象与态度。例如，2016年，New Balance在品牌成立110周年之际，曾携手李宗盛推出过名为《每一步都算数》的主题广告——"人生中每一个经历过的城市都是相通的，每一个努力过的脚印都是相连的"；透过李宗盛独具特色的沙哑念词，"人生没有白走的路，每一步都算数"的感慨被娓娓道来，为"屹立百年、仍有新枝"的New Balance贴上了独具人文情怀的标签。

在构思形象广告方面，有时以品牌最具特色的产品、服务为抓手，借着舒展其情感内涵，映照出有温度的品牌形象，凸显品牌原型，也是大家必须学会的策略。在此方面，京东的"Red Story"（红的故事）就是一个很有代表性的案例。该系列广告将聚光灯对准了那些身着红色服装的"快递小哥",用毫不炫技的质朴笔触描绘了他们送货途中的感人故事。通过将一个个真实可爱的"人"置于故事中心,广告将品牌亲切朴实的暖心形象,带进了用户关闭广告后的生活。[①]

2. 公关传播

在"植入"层,公关传播是一项重要的基础性工作,对品牌认知,尤其是形象认知的构建来说,其作用具有不可替代性。公关传播的业务范围很广,主要工作包括管理者的影响力塑造、媒介关系的拓展与维系、日常传播、会务类工作与危机公关等。鉴于该课题内容宏大,无法铺开细讲,建议感兴趣的同学另行深入学习。

3. 事件营销

构建认知不能只依靠常规打法,出奇制胜的事件营销,在植入层的"策略工具包"里,具有与众不同的意义。

在我看来,成功的事件营销常常会遵循这样一个基本"格式",那就是策划者首先需要依托于一个宏大背景(如某个备受关注的节日、赛事或社会现象),然后在其中做出某种超乎寻常,但仔细想来,又在情理之中的另类举动,从而快速形成"谈资效应"。

举例来说,餐饮品牌老乡鸡曾在2020年"用200元预算",在乡下搞了

[①] 在品牌形象广告中,情感的运用非常普遍。SDi方法论将通过情感塑造品牌形象的策略,定义为情感型内容中与"借题发挥""述之以情""东风巧借"策略并列的"抒情塑品"策略,只不过受植入层工作诉求的"牵引",该策略的位置发生了从"交互"到"植入"的向上偏移。推而广之地看,虽然植入层也有一些内容产出,但并未超出SDi方法论归纳的五类内容,大家不妨将这些内容视为交互层三类内容的向上延伸,伴随着"位移",其主要诉求也发生了从"促销"到"建立品牌认知"的相应变化。

第七章　求解"植入"之法

一场别开生面的"战略发布小会"——地地道道的村口讲台，疏疏落落的几位观众，手写在黑板上的会议主题，外加"热水壶""搪瓷口缸"和土墙上的"辣椒与腊肉"，与那些"科技感爆棚"的"高大上"发布会形成了强烈反差。然而，在疫情的大背景下思考，大家又会觉得这番"土到极致就是潮"的操作，其实十分合情合理。利用乡土意象来凸显"土鸡"这一老乡鸡核心价值；以"荣获战略投资"的信息提振品牌形象；用宣布"干净卫生战略升级"来迎合因疫情凸显的用户需求，老乡鸡的"奇葩"举动收获了十分不错的认知构建效果。

上例从一定程度上印证了营销圈流行的一句话——"旺季做销量，淡季做品牌"。从SDi方法论的业务逻辑来看，在审时度势，尽可能把握好时间节点的前提下，利用淡季与困难时期巧建认知，待情况好转，品牌就有机会成为消费者的优先选择。

在植入层，除了上述工作，还有一些构建品牌认知的典型手段，如进行赛事赞助、影视剧植入、开展主题传播活动等，在此不再逐一探讨。

最后，回到"心—感—知"的认知构建原理，对SDi方法论中的"植入"做一个总结：以用户的心智规律为基础，以FAC三元认知为目标，用中间的价值感知策略牵起两头，联动四层，在用户心中创建出比对手更显著的系统性认知。"Inception"说起来容易，但毕竟"纸上得来终觉浅"，其中的千变万化与奥妙种种，只有靠大家在实际工作中勤勤勉勉、亲身躬行地去体悟了。

宝物解锁

以"知—心—感"的顺序完成了对"心—感—知"认知构建原理的学习,为了更全面地回顾所学,在迈及瑞设计的终极大考中"成功上岸",在去往山顶前,同学们还利用宝贵时间,对最近学的"交互"与"植入"进行了简单的总结讨论。

一位同学的发言相当精彩,给大伙儿留下了深刻印象,我记得他大体上是这样说的:"个人感觉'交互'与'植入',很像金庸小说里的'左右互搏术',左手使出一路品牌增长的功夫,右手使出一路认知构建的功夫。左手在前,右手在后。左手含'CCRO'四式变化,力求灵活出奇;右手依'心感知'脉络,注重稳扎稳打。明明是招式不同的两套武功,却偏偏要在工作中同时使出,让它们时而各自为战,时而分进合击,相互配合之余,偶尔还要彼此'互搏',相互制约一下,从而使营销工作张弛有度,真正实现品效合一。"

经过不懈努力,我们已经成功通过了这段旅程中的一系列考验,解答了一系列难题,距离解锁M星的"植入"智慧又近了一大步,理应感到开怀才对,然而,当我们来到E峰之巅,面对最难的这最后一关——迈及瑞终极大考时,大家的心情却紧张万分。

第七章　求解"植入"之法

此时此刻，只见E峰山顶一字排开，耸立着五座高台，学员可依次在高台前排队，然后顺梯子攀爬上去，在电子屏前答题。关键是，这里地势本已极高，再爬上高台，面对万丈深渊，立刻就会有一种脚下生风、身悬半空之感，如不能快速集中精神或是对自己的学习信心不足，恐怕当时就要坐倒在地。

更让人胆战心惊的还有那位"监考官"。原来，它竟然是迈及瑞的宠物助手——飞猴训迪！此时此刻，这位"监考官"完全没了主人在旁时的乖巧神情，它神色严峻，将如鹰般锐利的目光投向高台，不时拍打翅膀、作势欲扑。一旦有学员答错题目，成绩掉落到及格线以下，高台上红灯闪烁时，飞猴训迪就会立刻飞上前去，将学员抓起，从半空一路提溜到离此不远的"心之地"宿营点，让他们在那里复习好之后，再手持火把，爬上山顶，重新考试。

整场考试从当天傍晚一直持续到第二天早晨，那些顺利通关的学员从高台上下来之后，欢呼雀跃，兴奋不已；而一些没能一次通过的学员则仿佛经历了一场梦魇，他们被飞猴训迪抓下山顶，所留下的尖叫声，仿佛至今仍在半空中回荡……对所有人来说，这都是一个充满了紧张、刺激与惊喜的不眠之夜。

本章解锁的宝物是"植入印章"，如图7-6所示。这是一个由大副J设计，然后用M星上特制印泥，在每位通过考试的学员笔记本上所加盖的印记。

在该印章中，旋转的陀螺象征长钥山脉的探索主题——"植入"，中间镶嵌的"Self-Discovery inception"代表获得该印章的同学，在经历了M星上的重重考验之后，已经对SDi方法论获得了相当理解，初步具备了在实战中运用的条件，成绩可喜可贺。更神奇的是，得益于M星上的特制印泥，据说大家所获得的图样随着时光推移，还会泛起水银般的光华。我想这种令人期待的效果，也必将成为同学们心中对长钥山脉的美好回忆。

286

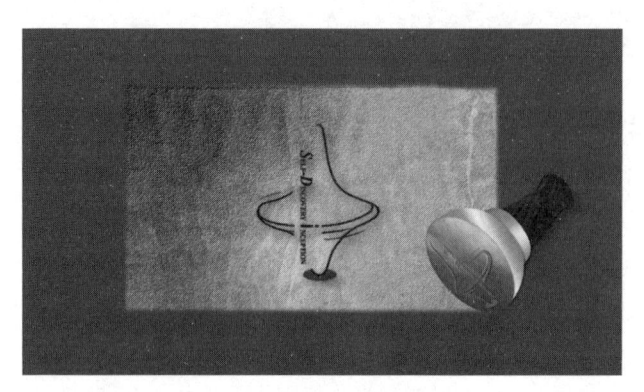

洞察力 2.0：驱动营销新增长

图 7-6

最后，鉴于我们通过了 E 峰之巅的终极考试，智者迈及瑞终于拿出了存放于长钥山脉某密室中的营销典籍，向我们传授了不少 M 星人对构建品牌认知的专业知识。迈及瑞的传授让我意识到，原来，大家当前对"植入"的理解，还只能说初窥门径而已。智者介绍的一系列策略，以及通过经年累月实践才得以总结出的，能让品牌"长耀"在用户心中的宝贵经验，很多都超出了我们的想象。我暗自盘算着，下次再组织营销大航海或者类似活动时，一定要优先向大家分享这部分来之不易的珍贵知识。

Chapter 08

第八章

领悟"交付"智慧

52

尾航 V 字雨林

  翻越 E 峰之后,我们原本以为会极度疲劳,没想到却一个个兴奋得不得了。大家在山脚下支起帐篷,点起篝火,从背包中翻出所剩无几的干粮与饮料,开始为成功通过长钥山脉地区的考验,尤其是迈及瑞大考,庆祝了起来。

  繁星点点之下,温暖的篝火边,最活跃的莫过于小 K 了,他以"奔走相告"的状态诉说着自己是如何不为飞猴训迪所吓所扰,冷静应试、机敏答题,还帮助其他学员克服困难,顺利通过考试的。越说越激动的小 K 甚至还略带感伤地回忆起了自己的大航海之旅,早先他并不被公司里的同事看好,然而这一路坚持下来——在"R 记大峡谷"挑灯作业,在"BG 海港"参赛实战,竟取得了远超想象的学习收获,感觉实属不易。

  小 K 的话触动了很多人,由春到夏,自秋转冬,想到在这个星球上,大家不避寒暑一起走过的路、学到的东西,从在草原并肩驰骋到相互鼓励着翻越山脉,乃至于将"五叶草""海港金币"等各式宝物悉数收纳在背包之中,我们心中一种经历感满满,觉得自己与往昔已大为不同的情绪油然而生。同时大家觉得,在经历过长钥山脉的艰辛探索后,剩下的旅程一定会是

第八章 领悟"交付"智慧

轻松惬意的。

果然,没过几天,回到"宇见营销号"游轮的我们,就收到了M星神秘信使派送的来信。信函大意是,在M星上,有关"工作技巧"层面的营销知识,到长钥山脉为止,就已经探索得差不多了,接下来,M星人诚挚地邀请我们前往位于长钥山脉更北端的雨林,如图8-1所示,参加即将在那里举办的"雨林焕新节",希望我们通过这个节日,来感悟与营销人"职业幸福感"密切相关的"价值交付智慧"。我们又该启程了。

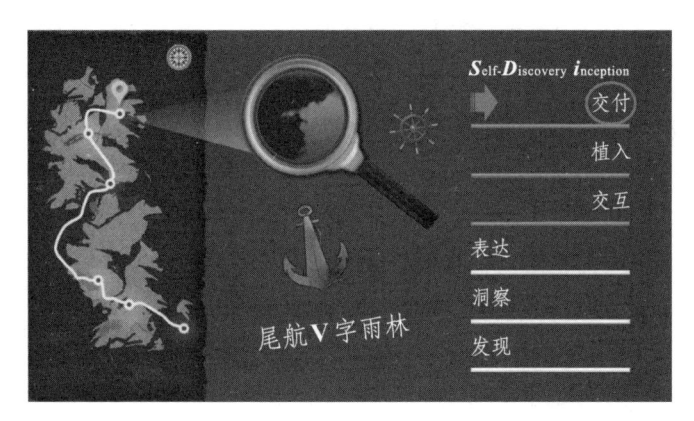

图8-1

查阅航程表,大家立刻回想起了在本次大航海珍贵的尾航——V字雨林,团队的目的是探索如何做好价值交付。"V字雨林"中的"V",恰恰是我们在大航海之初,根据M星航海地图所提示的,此地与SDi"交付"环节的对应关系,由"价值"(Value)一词的首字母得来的,目的是体现"交付"是要"坚持向用户交付价值"这一中心思想。

基于经验,这次大副J依然建议团队采取最节省时间的策略,利用前往V字雨林的这段航程,先来对"交付"环节展开预热学习。

在SDi方法论中,我们将"交付"定义为"给予并持续创新价值"。简单来说，该环节就是要"将纯净的价值持续交给用户"，并在用户需求变化时及时展开对品牌核心价值的重新探索，更新品牌核心价值。

在SDi结构中，"交付"位于营销六环节的末端，与前五个环节差别极大。具体来看，纵观SDi的"价值流"过程，大家会发现前五个环节的工作依次如下：

（1）发现——探寻、定义品牌核心价值。

（2）洞察——协助探寻品牌的核心价值。

（3）表达——呈现、诠释品牌核心价值。

（4）交互——传递、传播品牌核心价值。

（5）植入——在用户心中建立价值认知。

到这里，所有工作都是围绕着品牌核心价值在"做加法"，然而，在此过程中，也一定会有一些"非价值"的部分、一些不好的"营销行为"、有损用户体验的做法被有意无意地掺了进来。此时，从业者就需要及时剔除这些负面元素，对品牌价值进行优化和净化，这就是"交付"的基本使命所在。

通过以上论述，不难发现，位于SDi最末端的"交付"充当着一个"价值守护者"的角色。如果把SDi的前五个环节视为品牌"从0到1"不断"+"的过程，那么"交付"就是一个主动"−"的环节。

具体来说，"交付"这道"营销减法"，除了会要求我们将有损品牌价值的行为"清零"，还会要求我们将自己对"品牌价值"的习惯性看法定期"清零"，这是什么意思呢？简单来说，就是要意识到"价值"是流变的，今天的"价值"到明天就可能一无是处，因此，必须不时清空自己，清空对用户需求的已知心态和对业务现状的自满情绪，适时推动品牌进行价值创新，驱动品牌迈入新发展周期，实现跨周期的持续交付。

在SDi方法论看来，品牌每进五步就需要在第六步主动反思，在"从0到1"的基础上，不断归零再出发，持续追求自我更新，这才是实现基业长

第八章 领悟"交付"智慧

青的良方，如图8-2所示。

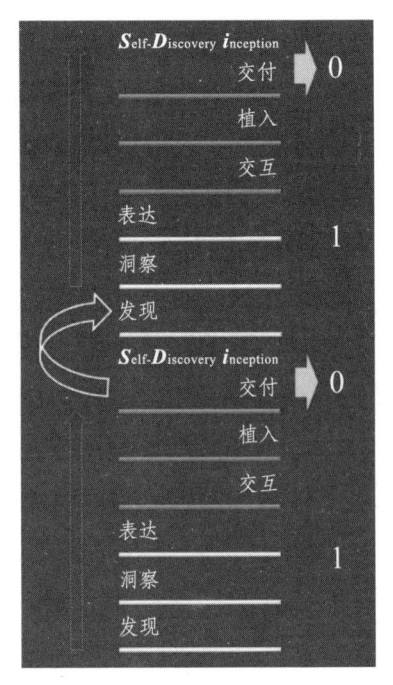

图8-2

探讨了"交付"的基本含义后，下面依次探讨"交付"层的三项工作：

（1）培养良好的职业心态与遵守营销行为准则。

（2）提升用户体验，优化品牌价值。

（3）持续创新品牌价值。

53

寻找有"意义感"的工作

在英文中,"企业"(Enterprise)由两部分组成,"Enter"表示"进入","prise"代表"抓"。从词根上看,"企业"的字面意思就是"进入并抓住"。

进入哪里?抓住什么?对应营销的不同层面,会有不同解答。例如,从"洞察"角度看,企业是要"进入市场,抓住需求";从"交互"角度看,企业是要"进入渠道,抓住用户";从"植入"角度看,企业是要"进入心智,抓取关注";从"交付"角度看,企业是要"进入社会,抓牢本职"。

为什么说"交付"是要让企业"进入社会,抓牢本职"呢?因为任何一个企业都会在社会中扮演一个角色,而一个企业最大的义务首先在于自己的业务。正如管理大师彼得·德鲁克指出的——"企业是社会的器官",如果每个企业都能恪守本职,努力将业务做好,持续向用户交付价值的话,那么现实中的很多问题都会消弭于无形了。

本节介绍"交付"环节的第一项工作:培养良好的职业心态与遵守营销行为准则。这是我们以高标准向用户"交付"价值,让业务日臻完美的前提。谈到职业心态,一个略显尴尬的现状是,近年来,我经常能听到营销

第八章 领悟"交付"智慧

从业者的抱怨,如"压力大""非常累""内卷严重"等,却较少听到大家用"令人激动""让人愉快"来描述工作。这究竟是什么导致的呢?

诚然,我们会发现一系列外因,如急剧变化的用户需求、与日俱增的行业竞争等。不过除了这些,在我看来,真正导致大家职业心态不佳的内因,还在于很多时候从业者并未真正厘清"营销为谁而做""营销的意义何在",以至于对达成工作目标,自然就会缺乏内在动力。

进一步说,造成从业者"职业倦怠感"的根源之一,是大家挑选工作时,常常对"第一性"的问题思考不足。举例来说,择业中的年轻人,似乎总是会被"这个行业是不是风口""待遇怎样"这类问题牵引了太多注意力,以至于对下面这些问题的关注不足:

(1)企业为用户创造了何种价值?

(2)我对这项工作是否确有热爱?

(3)选择这项工作意义何在?

(4)此选择与我的人生追求相符吗?

(5)我有通过这份工作,改善用户生活的强烈意愿吗?

古人常说"四十不惑",在人生阅历尚浅时,虽然我们很难有一个深入的意念迸发的瞬间,意识到——"啊,原来自己要做的就是这个!"但至少,在迎来人生中这个重要感悟前,大家还是应该努力寻找自己的志趣,从而找到有"意义感"的工作。这一点,对我们克服职场焦虑,培养良好职业心态,乃至于获取长远的"职业幸福感"来说至关重要。

虽然在现实中每个人,对工作意义的感知都不尽相同,但在这里,我仍希望能以自己的小小感悟,为大家思索该问题带来些许参考,那就是随着工作经历的丰富,我更深切地体会到,营销人的自我价值是通过帮助有价值的品牌来实现的。去服务(或创建)让你有"意义感"的品牌,去做那些能让你真切感受到价值的事,哪怕只是在看似微不足道的地方,让用户生活发生了积极变化，久而久之，我们也会体悟到其中的珍贵内涵。

总结来说，用营销人自己的方式，让世界变得微有不同。在我看来，这就是营销工作最大的乐趣所在。在这里，借用大卫·奥格威的一段话和大家共勉："我们这些人谁都不会在半夜惊醒，为自己靠做广告养家糊口而不安。用丘吉尔的话说，我们继续做自己该做之事。在给牙膏写广告时，我并没什么颠覆性的念头，但如果能做得更好，孩子们就不用频繁地跑去看牙医了。为波多黎各创作广告时，我没有什么'罪恶'感。广告帮助这个400年来一直挣扎在饥饿边缘的国家发展了工业和吸引了游客。为世界野生基金会创作广告时，我并不认为自己'让一切变得无足轻重'。我写的广告从盗狗人手中解救了我家的狗——特迪，孩子们为此而欣喜若狂。"

讨论了职业心态的话题后，下面再来聊聊营销人的行为准则，这个多少会让人觉得有些无趣，但又不得不面对的重要课题。从"交付"就是要向用户持续交付价值的基础含义出发，在日常经营中，营销人应该努力秉持良好的营销行为准则，竭力杜绝侵害用户价值的行为。

谈到这一点，我想起不久前看过的一部国外纪录片，该影片对某些社交媒体一味追求增长，而采用让用户越来越容易沉迷其中的"致瘾性设计"，提出了犀利批判，并对如何解决问题给出了建议。

受此启发，我进而想到，或许每个营销人都可以尝试整理一份清单，将自己意识到的有可能损害用户价值的行为记录下来，以便更有针对性地思考解决之道。至少，在没有更好的办法前，我们可以确保自己绝不触碰这类行为，并尽最大努力来规劝别人，尤其是企业决策者。在这方面，我能想到的一些典型负面行为如下：

（1）过度打扰用户的行为。

（2）不注重保护用户隐私的行为。

（3）给生态环境造成负面影响的行为。

第八章 领悟"交付"智慧

（4）低俗趣味的行为。

（5）弄虚作假的行为。

（6）易导致用户过度沉迷于产品的行为。

正所谓"爱人者，人恒爱之"，试想一下，如果上述行为都能通过从业者们的努力抵制而大为减少，营销人都能从本职工作中感受到意义与乐趣，并能够得到用户真心认可的话，那将会是一件多么令人开心的事！这不正是最值得我们追求的吗？

54
"收到爱"的方法论

连续航行之后,再转经陆路,现在团队业已来到了M星上最大的雨林——V字雨林。在星球北端居然会有这样一个四季如春、绿意盎然的奇妙世界,V字雨林的诞生,一直是一个不为外人所知的秘密。来到这里,但见古树参天,藤萝密织;百草竞秀,老茎生花;瀑布飞倾,池水静谧。一步一景,让人目不暇接,心旷神怡。

在雨林中洗涤劳倦,放松身心,畅游三天之后,我们循着指引来到了雨林边缘的D城,在这里,翘首企盼着"雨林焕新节"的盛大开幕。

说起M星上的"雨林焕新节",其缘起也相当耐人寻味。不知各位是否还记得,在飞临M星前我曾向大家介绍过,很久很久以前,膨胀的商业私欲曾导致这颗星球上的生态环境惨遭破坏,璀璨文明岌岌可危。万幸的是,当时,一批M星先贤与商业逆流展开了斗争,并取得了最终胜利,之后,又通过数十个世纪的修复,总算让星球重新焕发出勃勃生机。曾经的教训如此惨痛,而修补创伤又如此漫长,因此,今时今日,为了谨记前车之鉴,M星人才在当年被严重破坏,而如今修复颇为成功的V字雨林举办了一年一度

第八章 领悟"交付"智慧

的"雨林焕新节"。

与地球上的盛大节日一样,"雨林焕新节"也有一系列重要传统,其中一项是祈求M星的商业价值观能够长久流传。该价值观的主要内容如下:无论从事何种商业活动,商业主体都应该持有成熟的"价值交付"理念,在经营中,始终遵循对星球居民、环境、其他生物,以及外星世界友好的"四好原则"。任何不符合该价值观的行为,如今都会被视为异类而没有生存空间。

此外,在这个与M星许多地方,每年此时早已大雪飘飘截然不同的温暖雨林,一年一度的"雨林焕新节",也被M星人视为进行回顾与反思的最好时机。节日前数周,M星人就开始从四面八方向这里集结,他们通常会在开幕前先寻找僻静所在,对自己过去一年"为别人创造了什么""向世界交付了什么""如何做得更好"展开独自思考。"雨林焕新节"的这些传统,让我们对"交付"的内涵获得了更深的领悟。

除了这些,就是小K更为期待的各类节目,从当地人将美食拿出来招待宾朋开始,这里还将举办盛大的巡游,以及各类表演与比赛。然而,遗憾的是,由于天气不佳,开幕式和巡游活动预计将被推迟到第二天下午。不过主办方也贴心地提醒大家,不妨在小雨中探访一下这座充满了历史感与清新气息的小城,寻找那些门面虽不起眼,却别具特色的饮品店。

我们参照建议在城中闲逛了起来,不久,就在一条曲径通幽的小巷里找到了几家惬意小店,于是大家决定在这里休息一下,先对"交付"环节所剩无多的知识进行收尾,然后去"雨林焕新节"尽情玩耍。

前文说过,"交付"环节包含三项工作,上一节谈了"培养良好的职业心态与遵守营销行为准则";现在介绍后两项——"提升用户体验,优化品牌价值"和"持续创新品牌价值"。

提升用户体验应该是大家再熟悉不过的了,众所周知,要做好这项工作,就会牵扯大量细节——每个产品中存在的麻烦、每句表述未必准确的文案、每条并无必要发送的信息、每次沟通中模棱两可的回复。对所有这些追根溯源，不厌其烦地改进，其实就是提升用户体验，优化品牌价值的真实含义。

值得注意的是，在现实中，一些企业为了少在改善用户体验方面下功夫，而和用户玩起了"躲猫猫"，以种种方式来隐藏工作中的失误与不到位。这类做法将对用户体验造成更大的伤害，极易导致用户流失，必须引起高度警惕。

谈到这一点，我想起不久前一位女学员讲起的一次电商购物经历：那天，她在一家店铺中下单了三件首饰，没想到不久后就接到客服通知，说其中一件缺货。无奈之下，她只得发起取消购买的申请，却发现网页上"取消理由"只有"我不想要了""地址写错了"和"忘了用优惠券"三项表述。"明明是商家的问题，却为何要甩锅给消费者？"心中大为不悦的她表示"与这个品牌在宣传中所体现的高格调、在意用户体验的形象相比，这种做法不仅让人意外，更令人非常失望，以至于我今后再也不想购买该品牌的产品了"。

对提升用户体验而言，另一个值得注意的误区是，与那种对用户不理不睬的表现相反，有些企业却走向了另一个极端——来自顾客的任何诉求都想满足。这些企业忘记了，实际工作要懂得舍弃，做得更少，才能做得更好。这意味着对用户体验优化而言，只有遵循"与品牌核心价值相符"这个前提，才不至于令品牌变成那种"当盐不咸，做醋不酸"，好像什么都在做，却又无一极致的"万能品牌"。

品牌无视自我核心价值，盲目迎合顾客，结果事与愿违的例子不少。对此，上一版《洞察力》就曾提到，无印良品有一段时间由于急于增加销量，于是听从了顾客"只有单色调很容易让人乏味"的建议，推出过一系列颜色鲜艳的衣服，结果却因为与简洁、自然的品牌核心价值相悖，销量很快就跌入了谷底。

第八章 领悟"交付"智慧

以上案例表明,在经营中,品牌一定要注意"有所为,有所不为",只有恪守品牌核心价值,在用户体验方面,专注于解决与其相关的种种问题,才能把这件事做得更好。

"交付"环节的第三项工作是"持续创新品牌价值",它要求我们在品牌面临重大机遇或挑战,以及感觉品牌核心价值有衰退迹象时,应及时重新探索自我价值,获取全新的价值发现(交付—发现),推动品牌步入新发展周期。例如,运动品牌李宁在"国潮"机遇下,通过"运动服饰潮流化"的价值发现,借"中国李宁"再次打开上升通道;多芬以文化创新模式升级核心价值,靠"真美运动"系列传播焕新品牌,都是这方面的典型。

这里有一个常见问题是,现实中,如何把握重新探索品牌核心价值的时机呢?在我看来,当从业者发现品牌一贯针对的用户需求出现了转移与下降;或虽未出现此类情况,但从业者从宏观环境、技术革新、行业趋势、文化潮流及用户生活方式等角度,觉察到品牌正面临重大机遇(或阻碍),意识到品牌向用户"交付"的价值(甚至目标用户本身)应该做出重大改变时,其实就到了刚才所说的时机了。作为评估这个问题的"风向标",下面几类情况通常值得格外重视:

(1)某种新技术方兴未艾,导致越来越多的消费者开始用新技术解决老问题,如数码相机逐渐取代胶片相机。

(2)某种新媒体广泛流行。一些内容创业者,通过将创作阵地从图文平台迁移到短视频平台,以此重塑核心价值而取得了更大的成功。

(3)用户生活方式转变。例如,疫情导致用户外出减少而居家烹饪增多,这对餐饮品牌来说究竟是短期还是中长期影响?这会引发怎样的顾客需求与消费习惯转变?品牌又该如何响应变化?

(4)文化与消费思潮变迁。这或许是最容易被忽视的核心价值重塑信号了。例如,近年来,女性内衣市场刮起了"悦己"风潮,和"拥抱多元身材"的呼声叠加，导致很多过去强调"完美身材、性感至上"的品牌与新时期女性文化需求格格不入。因此，重新探索自我价值，就成为了这些品牌无法回避的课题。

除了上述理性信号，对把握品牌核心价值的升级时机来说，其实还有一个更简单的感性手段，那就是切实关心人们的生活。具体来说，假如在工作中，在与品牌相关的生活场域内，从业者总能发自内心地关心目标用户的生活现状，并对他们的所思所想保持好奇的话，那么从业者自然就会更容易与用户同频，并由此敏锐判断出品牌核心价值的更新时机。

基于这种理解，过去我经常会和大家开玩笑说，如果你没记住"SDi"的全拼是"Self-Discovery inception"的话，那么干脆就把"SDi"记为让用户"收到爱"的方法论吧。因为从"交付"的逻辑来看，营销就是要基于对用户的洞察理解，让用户感受到来自品牌的爱，从而自然而然地实现增长。创建品牌是我们表达内心感受，向用户传递温情暖意的个性化方式，对用户生活有真切关爱，大家才更容易感知用户需求的起落，及时把握品牌核心价值的创新契机。

第八章 领悟"交付"智慧

55

从中国文化的源头看营销

星霜荏苒,暮去朝来;一如大家所见,在经历过一连番动人心魄的探索后,本次品牌营销大航海就要抵达胜利的终点了。深夜,我兀自辗转反侧地琢磨着,在这个故事的尾声,还有什么最值得珍视的内容是可以"交付"给大家的呢?

回顾心路历程,回想自己当初开启这次探索,正是希望和大家一起去体会品牌营销的三种美——对用户的人文洞察之美、对自我的价值发现之美、能够给今时今日之商业实践不断赋予新鲜内涵的中国文化之美。

本节,我想暂时超出"交付"层的知识范畴,基于刚才提到的"中国文化之美",从我们的文化源头——《易经》出发,对SDi方法论和本次大航海做一个总结。这种尝试,要从第一章谈及的迭代SDi方法论的小插曲说起。

回想起来,在刚提出SDi方法论那几年,我是用一个"坐标图"来展现SDi六要素。后来,随着自己思考营销时越来越多地从中国文化中感受到共鸣,尤其是受《易经》用"六爻"(或断或连的六条横线)来诠释事物规律的启发,我才将SDi结构图从"坐标图"迭代为今天的"六线谱"形态。

"书不尽言、言不尽意",正如古人早已意识到用语言来表达事物规律的局限性,在我看来,《易经》对今天营销实践最重要的启迪就在于,它采用了一种"立象尽意"的思维方式。具体来说,虽然《易经》中的"六爻"看似简单,但通过其中每一"爻"或阴或阳的变化,这个形态极简的六线体,却能够用各种"卦象"向我们传递出无穷深意。

这让我切实感受到了,今天的营销世界所缺乏的也正是这种以象表意的思维方式,原因就在于,营销的逻辑有千万条,其实是无法用语言"说全"的,某个观点一脱口,实际上就已然包含着"变",蕴含着它不能成立的对立面了。在行业里,不少营销流派都想证明自己"放之四海而皆准",结果,充其量也只是证明了一时一域下的正确性而已,切换时空场景,往往就能发现其反例,因此,从以象表意的逻辑来看,以每个现实的"象"(情况、场景)为基础,具体情况具体分析,让不同营销逻辑可以根据实际服务于不同情况,而绝不刻板地固守于一种思维,我想这对实践来说是非常重要的。

另外,从更深远的意义上来说,"六爻"这种因人、因时、因事不同,就会向你展现不同答案的结构,还提醒着大家,营销也如是,其实是不存在标准范式的。由于每个"我"都独一无二,所以,人才应该凌驾于范式之上。这意味着每个人都可以"将自己作为方法",基于营销的基本元素与原理,去搭建能让自己的性格与能力优势,发挥到极致的营销思维体系。

以这一系列感悟为基础,后来,再通过将 SDi 六要素代入《易经》"乾卦"进行对照分析,如图 8-3 所示,我又获得了一重对营销六环节的具体启示,过去实践中的大部分心得,都在这种对照中得到了印证,一些存在多年的困扰,也在对照中得到了解答,颇有打通了"任督二脉"之感。

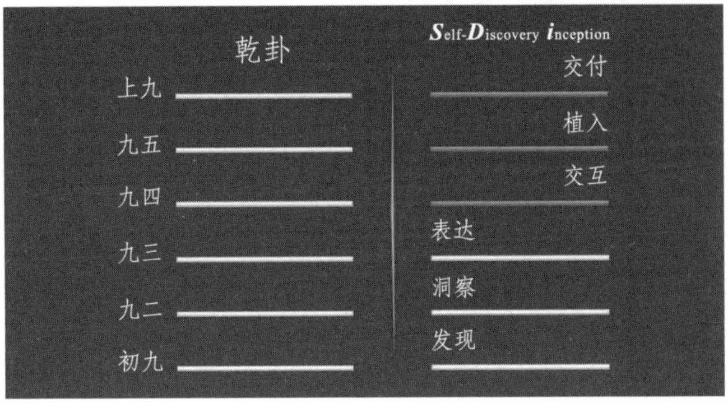

第八章 领悟"交付"智慧

图8-3

首先要说明的是，为什么在《易经》中要选择用"乾卦"与SDi对应分析呢？

主要原因有两点。第一，乾卦被普遍理解为《易经》首卦，其论述了事物发展的基础规律，重要性不言而喻。对应营销，由于我们提出SDi方法论，就是要探索营销的本质规律，所以，从这个角度上说，就理应先来参考乾卦。

第二，大家都知道乾卦的精神是"天行健，君子以自强不息"，而就营销主题来看，我们为什么要去创业？要去塑造品牌呢？我想有此想法的人，都是想要实现一些目标，给用户生活带去积极变化。从这层逻辑出发，对于想奋发有为的品牌创建者、营销从业者来说，也理应从乾卦中寻求指引。

明确了这一点，接下来，就让我们将乾卦中的六爻爻辞与SDi六环节一一对应分析，来看看会有哪些奇妙发现吧。

初九，潜龙勿用。

大家知道，《易经》每个卦中的六根爻，是一爻一爻从下往上看的，阳爻称"九"，阴爻称"六"。乾卦第一爻是阳爻，这里就称为"初九"，后边每一爻也都是阳爻，所以，就被依次称为"九二""九三""九四""九五"和"上九"，如图8-3所示。

"初九"的爻辞是"潜龙勿用",意思是潜伏中的龙还不能去施展,这是什么意思呢?

对照SDi方法论来看,"初九"对应着SDi的第一个环节——"发现"。前边我们说过,"发现"是对品牌核心价值的探索与发现,它是后面所有工作的基础。这里的"潜龙勿用",从营销角度解读,其实就是说,在品牌核心价值尚未探索清楚前,不宜轻举妄动,不要急于施展才华。

举例来说,前些年移动互联网创业风口期,曾出现不少这样的例子:创业者想做一款产品,刚有初步构想,未经洞察印证,就急于启动项目,以便拿着"数据"去见投资人。结果折腾了几个月,创业者却发现产品从功能定位到名称标识等基础表达,其实都没有很好地匹配用户需求,于是又火急火燎地推倒重来,造成资源浪费不说,更容易错失宝贵的创业时机。

从这类情况来看,"潜龙勿用"就是提醒大家,创业早期一定要"耐得住寂寞",先静下心来,沿着创业构想,把品牌核心价值摸索、定义清楚,谋定而后动。具体该怎么定义呢?接着往下看。

九二,见龙在田,利见大人。

"九二"是乾卦第二爻,先来看爻辞后半句——"利见大人"。这里有两种解释,一种是说"见"通"现","利见大人"就是说"有利于表现得像大人物";另一种则是大家通常理解的——"有利于拜见大人物"。对应营销,我们认为这里应该取第二种理解。为什么呢?因为刚才"初九"还是"潜龙勿用",品牌核心价值都还没搞清楚,现在就要表现得像一个大人物(大品牌),这显然是不合理的,因此,这时应该去"拜见一些大人物"。

谁是"大人物"呢?当然就是目标用户了。过去我们常说"顾客就是上帝",足见在营销语境下说"利见大人",其实就是说要去拜访目标用户。去做什么呢?去了解他们的需求,以便更好地定义品牌核心价值,这就与"九二"这个位置所对应的SDi"洞察"环节联系上了。

第八章 领悟"交付"智慧

再看爻辞前半句,"见龙在田"——看见龙出现在田野,这象征着什么呢?

这其实印证了"大人物"是目标用户,因为在乾卦中,"龙"是对事情"主人公"的代称,而在中国古代农耕社会,"田"是人们最主要的生产、生活区域。当我们的主人公主动来到田间地头时,他是在做什么呢?显然,他来到人们中间,是要了解人们的生活和所思所想。

对应营销,当创业者想要洞察用户需求时,也必须来到用户聚集的"田间地头",无论线上还是线下,去跟用户进行交流。关于这一点,在人类学研究中,有一种经典方法被称为"田野调查法",该方法倡导调查者与被调查者共同生活一段时间,从而更深入地了解他们的文化与习俗。田野调查法从一个侧面为"见龙在田"提供了很好的注解,让我们更深入地意识到了,做洞察就一定要"在田",要多到用户所在地与他们沟通,待在舒适的办公室里是不行的。

九三,君子终日乾乾,夕惕若厉,无咎。

来到"九三",爻辞前半句说"君子终日乾乾",也就是说,我们的主人公(此处从"龙"变为了"君子")一天到晚都在忙忙碌碌,这是为什么呢?

回到SDi结构来看,"九三"对应"表达",来到这步,意味着我们已经通过"洞察",对品牌核心价值有了"发现",这时就需要把品牌核心价值具体地"表达"出来。

怎么表达呢?方法有很多,除了推出产品这项最重要的工作,还要构思品牌名、提出品牌口号、设计品牌标识、编写品牌信息、挑选代言人、规划品牌内容等。要做好这些,又涉及招人、组建团队、设定绩效指标、挑选供应商……突然间这么多工作要做,可不就忙到"终日乾乾"了吗?

再来看后边的"夕惕若厉,无咎。"大意是说,就算到晚上也要保持警惕,这样就没有灾祸。这又是在说什么呢?

这其实是在提醒大家,"表达"层往往是创业过程中最容易失控的一个环节，因为来到这儿，工作一下子全面铺开，对整个初创团队都是重大考验。如何才能避免麻烦？乾卦说要始终保持警惕。那么，问题又来了，我们需要警惕的究竟是什么呢？

在我看来，其实最需要警惕的莫过于出现"表达走样"了。由于"表达"层的工作千头万绪，因此，最大的挑战往往就在于，品牌能否在每个"表达项"上都忠实于品牌核心价值，"用一个声音说话"。工作稍有疏忽，就可能导致品牌"人格分裂"，正因为这样，大家才需要"夕惕若厉"，一定要对"表达"的准确性、一致性高度警惕，十分在意。

九四，或跃在渊，无咎。

来到"九四"，这里又出现了"无咎"，告诫我们一定要如何如何，才可以避免麻烦。这里的如何如何——"或跃在渊"，又是什么意思呢？

根据国学大师傅佩荣的解释，此处的爻辞采用了修辞上的省略，完整表达应该是"或跃，或在渊"，其主体仍然是乾卦中反复提到的主人公——"龙"，龙时而腾跃而起，时而下潜深渊，这就是"或跃在渊"。

结合 SDi 结构来看，"九四"对应"交互"，这是一个非常微妙的位置，因为它恰好处在营销从"创造价值"向"创建认知"过渡的节点上，是品牌通过"洞察"，取得"发现"再形成"表达"后，要去建立用户关系的关键一步。下边的循环做好了，现在要接着往上走，处于该位置的"交互"，就好像身处两大板块间的地震带一样，工作本身具有较强的多变性，必须上衔下接，灵活变通，才能获得良好表现。

具体到实际中，"交互"除了要完成"促销"的本职使命，还常常需要与其上下方的"植入""表达"积极配合。对此，可以从"或跃"与"在渊"两种状态来对"交互"层的工作加以审视。

"或跃"——向上配合"植入"

前文我们谈过，"植入"依赖于"交互"配合，当我们基于"植入"，即

第八章 领悟"交付"智慧

"认知构建"的诉求来看待"交互"时,首先会要求交互层,尽量剥离那些有可能对品牌认知产生负面影响的促销方式(像洗脑广告、频繁打折等)。另外,品牌功能认知的构建,本身非常依赖于交互层的传播与沟通,这就是"交互"上跃,配合"植入"的体现。

"在渊"——向下帮扶"表达"

"表达"离不开"交互"来为其创造与用户接触的渠道,只有通过销售、内容渠道的建立,产品、内容这些"营销供给物"才能被带到用户眼前;另外,"交互"还将不断赋能"表达",通过增加新的信息交互方式、内容推送渠道,表达层中的各个表达项,就有了更多与用户接触的机会,品牌的内容创作形式也将得到充实,这就是"交互"下潜在渊,对"表达"层的帮助。

其实进一步看,"交互"有时甚至应该"跃"得更高,形成对"交付"层的促进,如通过减少运营瑕疵,优化用户体验;以及"潜"得更深,形成对洞察层的帮助。例如,客服在解答用户疑问时,可以用心聆听用户意见,然后将信息反馈给业务部门,如图8-4所示。

图8-4

总之，作为品牌的"腰"，"或跃在渊"对"交互"的要求就是，要像上可腾云、下可入海的龙一样，灵活地上下配合，与各营销层面积极联动，而不可眼中只有"增长"，却不懂得配合其他部门，就像球队中只顾得分，却从不配合队友的球员一样，最终会给整个团队带来灾难，对此大家必须高度警惕。

九五，飞龙在天，利见大人。

来到"九五"，爻辞中又出现了"利见大人"，这次就应该取刚才谈到的第一种解释，将其理解为"有利于表现得像大人物"了，这是为什么呢？

因为迈入"九五"位，意味着品牌已通过"交互"建立了稳固的用户关系，取得了显著的业绩增长。这时，就像古人常说的"九五之尊"一样，品牌已经步入一个相当高的位置，也就理应"表现得像一个大品牌"了。

再次回到SDi结构来观察，"九五"对应"植入"。"植入"是要构建品牌认知，所以，"利见大人"就是说要在用户心中建立认知，树立形象，表现出一个成功品牌应该有的样子。

再看回前半句——"飞龙在天"。从明处看，这半句是在说一个品牌经过努力，现在有了巨大成就，如龙行于天的样子。结合营销语境，大家不妨想深一层——品牌如"飞龙在天"一般成功，那么这个"天"又对应着什么呢？在我看来，它对应的是用户的"心"，因为从用户体验角度看，品牌并不等同于产品，更是高于产品的一种内心体验。

就此而言，"飞龙在天"暗示了品牌的"心智显著性"。营销人应该牢记，当用户的心与心连成了片，这就是品牌最大的"天"。"飞龙在天，利见大人"，实际上就是想告诉我们，要以提升品牌的心智显著性为目标，树立卓越的品牌形象，让品牌像"飞龙"一样活跃在人们心中。

上九，亢龙有悔。

来到"上九"，爻辞说"亢龙有悔"——"高傲的龙，有悔恨"，这是什么意思呢？

"上九"是事物发展的第六阶段，按周易"物极必反"的哲学观，当一件事始终都好，无以复加时，就必然会向不好的方向转化。"亢龙有悔"就是提醒大家，品牌来到这个阶段，就一定要懂得反省。在小说《射雕英雄传》中，洪七公在传授郭靖"亢龙有悔"时，特别强调"亢"字好懂，而"悔"字难悟，说的正是这个道理。

再看SDi结构，"上九"对应"交付"，"交付"是"给予并持续创新价值"。从"亢龙有悔"看"交付"，到了"上九"阶段，虽然品牌一帆风顺，但要居安思危，积极反省——品牌有没有坚持向用户交付价值？有无侵害用户价值的行为？用户体验又该如何提升？通过对这些问题的深究，来持续净化品牌价值。

另外，从"亢龙有悔"的反面来看，这句话其实也向大家传递了"无悔"的办法，那就是不要"亢"，要尽量保持谦虚。正如本章前半部分谈到的，对于已取得的商业成就，大家不能居功自傲，而要随时做好"清零"的准备，一旦意识到用户需求转变，就应主动创新品牌核心价值，推动品牌进入新循环。对此，《周易》中还有一句话——"穷则变，变则通，通则久"——当品牌价值看似"山穷水尽"时，通过创新谋变，就有机会柳暗花明，实现基业长青。这句话恰恰可以和"亢龙有悔"一并，帮助我们更好地领会"交付"的内涵。

最后，将乾卦的六条爻辞依次放置到与其对应的SDi六环节的一侧，如图8-5所示，以便对品牌营销各阶段的要旨做出如下概括：

（1）在事业初创期，品牌管理者要做"潜龙"，一定要静下心思，踏踏实实地思考自己"要为什么人做什么"，探索品牌的核心价值。

（2）在用户洞察期，管理者要做"田龙"，要多去目标用户所在的"田间地头"开展洞察研究，深入理解用户需求。

（3）在呈现品牌价值的"表达"期，管理者要做"惕龙"，要时刻警惕各个表达项是否都很好地贴合了品牌核心价值。

（4）在大力推动增长的"交互"期，管理者要做"跃龙"，带领增长团队灵活通达，积极主动地与各部门形成联动，在追求增长的同时，努力促进各业务部门的相互配合。

（5）在构建品牌认知的"植入"期，管理者要做"天龙"，以提升品牌的"心智显著性"为目标，构建强有力的"FAC"三元认知。

（6）在品牌经营稳定的"交付"期，管理者要避免做"亢龙"，要通过积极反省，来持续优化，并适时重新探索品牌核心价值。切记，对品牌经营而言，最值得珍视的"传统"就是"创新"。

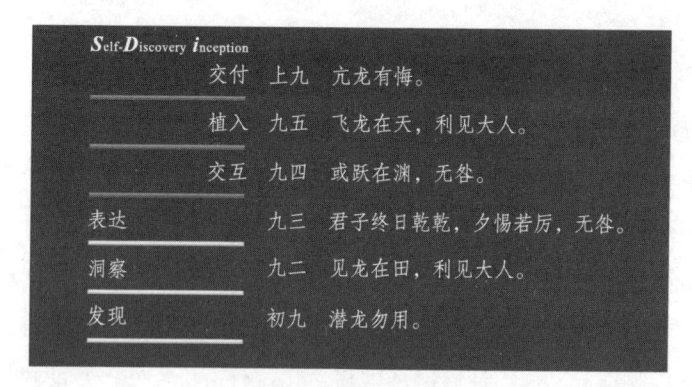

```
Self-Discovery inception
交付    上九    亢龙有悔。
植入    九五    飞龙在天，利见大人。
交互    九四    或跃在渊，无咎。
表达    九三    君子终日乾乾，夕惕若厉，无咎。
洞察    九二    见龙在田，利见大人。
发现    初九    潜龙勿用。
```

图 8-5

从中国文化的源头看营销，借《易经》乾卦与 SDi 对照分析，我想最大的收获也许就是，在未来，当我们对营销再起困惑时，可以多借乾卦反复感悟其中蕴含的营销本质规律。针对实际工作中遇到的问题，大家也不妨先判断问题归属的营销环节，再通过与之对应的乾卦爻辞，寻求指引。最后，当品牌遭遇不确定因素侵扰时，大家更可以用"天行健，君子以自强不息"的乾卦精神自勉，以终日乾乾的不懈努力走出困境，迎接美好未来。

第八章 领悟"交付"智慧

宝物解锁

随着12声缅怀M星12位先贤的礼炮响过,"雨林焕新节"终于正式开幕了!从观赏盛大的花车巡游到参加热闹的篝火晚宴;从仰望绚烂的烟火表演到置身雨林市集,在一个个以树为屋、藤萝环抱的悬空小铺间流连忘返,大家尽情尽兴,玩得不亦乐乎。

在为期六个M星日的"雨林焕新节"即将结束之际,M星上一位德高望重的长者,开始为每个来到这里的团队颁发纪念品。V字雨林是此行最后一站,"雨林焕新节"上异彩纷呈,更是为这次探索画上了圆满句号。此时此刻,学员都开始期待,我们究竟会得到何种纪念品呢?

长者告诉我们,"雨林焕新节"为大家准备的是这里一种珍稀植物上的朝露,它散发的幽香,能让人如置身于雨林一般。长者赠予我们这份礼物是希望提醒大家,在发展商业时,一定要注意保护环境,因为对环境友好也是向用户交付价值的重要体现。对此,大家一致同意,要将这件珍贵礼物命名为来自M星的"交付甘露"。

"宇见营销号"游轮的8号休息室不算狭小,离开V字雨林的归航途中,我和同学们在这儿煮起咖啡,聊起了大航海上的收获。最近一直活跃的小K率先谈到,自己过去常常会在游戏中寻求"廉价满足感",而"老板不给机会"和"无聊的工作",更是拉低了他的社交欲望。但他现在已开始反思,在这些表面症状下,更本质的问题似乎还是自己心中没有"价值发现",所以,才会像电影《这个杀手不太冷》里那盆被移来移去的绿植一样,过着一种"没有根"的生活。

小K接着谈到,对这次重点探索的"用户洞察"课题来说,自己现在更清楚地意识到了,在做洞察前,不能只问"如何"却不问"为何"。如果心中没有对某事的热爱,就不会有强烈的内心动力去开展相关洞察研究。就此来说,寻找能让自己更有目标感、意义感的工作,其实是至关重要的。

听完几位同学的发言,大副J也忍不住谈起了自己的心得,她说最近自己一直在脑海中复盘以前做过的项目,感慨自己从前虽然做到了中层管理者,但做事还是太浮于表面了,更多是在凭经验、灵感做事,效果时好时坏,碰运气的成分很大。这次探索之旅,让她领悟到了许多营销底层逻辑,意识到了若能基于这些更本质的东西来做事,在未来,在自己喜欢的领域创业时,成功的概率肯定会更高。

听到这里,有同学好奇——"那经验、灵感难道就不重要吗?而你说的更本质的东西又是指什么呢?"

J不急不缓地回答道:"关于这些更本质的东西,有一些让我很受触动,例如,无论树立品牌形象,还是追求增长,大家都应该多研究用户心理,基于心智规律来做事;又如,与那种只知道洞察用户功能需求的'直男思维'相比,如果我们可以用'原型研究'等方式,对用户感性需求进行更深入的理解,就可以帮助品牌通过文化创新来实现增长。并不是说经验和灵感不重要,而是当你对营销的底层逻辑有了更多更深的领悟之后,就能更好地发挥经验、灵感的价值。"

后边几天,大家的谈话又自然转向了下一步的打算。对此,小K正计划着另寻一份工作;而大副J还在打磨她的创业构想,在没思考透彻前,她拒

第八章 领悟"交付"智慧

绝透露具体信息；至于我本人，短期内，除了想通过书籍向大家分享这次难忘的旅程，还有意寻找合作伙伴，将这次大航海的故事改编成多种内容载体，或许是线上课程，或许是视频节目，或许是线下的主题学习项目，脑海中勾勒着一系列可能性。

经过航行，这一天，大家就快到达返回地球的飞船发射点了，正当学员们在甲板上集合时，突然，一个熟悉的身影挥舞着手臂从船的另一头向我们跑来，到近前一看，原来是气喘吁吁的学员Q，她手中拿着一封与众不同的信件，说是刚刚在自己房间里发现的。

我们拿出翻译器，将信展开，令人意外的是，内容却不是用M星文写的。幸亏翻译器自带的检索功能，帮我们识别出这是来自另一个神秘星系的"L星文"。

信件大意是，在浩瀚宇宙中，L星同样是一颗拥有着璀璨文明的星球，得知大家刚刚完成了对M星的探索，L星人特意邀请我们再赴该星之约，前往那里展开"天空漫游"（据说L星的航船都只行驶在空中）。有趣的是，L星人之所以会对我们的动向非常了解，竟是因为该星球上的一位智者恰好就是智者迈及瑞的师弟。信件最末，还说明了如何在导航上设定前往L星的路径。

怎么办？是按原计划先返回地球，还是马上出发，开启L星探索之旅呢？在热烈的讨论声中，我突然回想起了早在R记大峡谷，智者迈及瑞就说过的一句话。那天他在高坡上眺望着远处，前额的触角微微颤动着，用深沉的语调告诉我们："别用脑，要用心，去做你内心觉得当做之事，成为一个合格的营销人，首先要学会聆听自己的内心。"[1]

---

[1] 为了帮助大家更好地回顾本书内容，与第四章结尾相似，我在公众号中留下了"航海日志"后半部分，是用简洁的图文对本书第五章至第八章的精要归纳。感兴趣的朋友可关注公众号"宇见"，然后发送"航海日志下篇"提取查看。

后记
Postscript

"功夫在诗外"的四点感悟

从本书开始构思,到写下这行文字,时间已过数载,从这样的进度来看,似乎颇有些"前工业时代"的写作风格。虽然并不是每个人都理解为什么花这么长时间打磨一本书、这样会不会让内容失去实效性,但我并没有因此而担心。原因之一是,在本书撰写之初,我就已经将"关注营销中更本质的部分""努力在变化中找出不变"设定为写作原则。有人说,今天市场上缺少那种在"流行"之外还可以"流传"的好内容,不知不觉中,这成了我为之努力的目标。

写作是最辛苦也最有获得感的学习方式,每当我将涓滴意念汇聚,小心翼翼地斟酌措辞,并在键盘上敲下文字时,就好像在攀岩过程中又敲打下了一颗钉子一样,能够将自己对事情的理解确立在一个新高度上。

与小说等文艺作品不同,在我看来,想要在营销话题下写出打动人心的文字,未必需要有多高超的文案技巧,却必须有自己的亲身实践。营销是一门非常强调"亲证"的学科,本书列举了不少我自己的案例,希望为大家提供贴近现实的"实践参考",而非"标准答案"。

除了书中介绍的工作方法,还有一些对营销实践非常重要的思维与技巧。利用后记,再来和大家分享四点个人感悟。

1. 找到自己的"根本"

如果营销人没有"根",将是一件很可怕的事。一提到营销,有人满嘴热门概念,但一深问,又说不出个所以然来,这就是一种非常危险的现象。

古语云:"君子务本,本立而道生。"营销人只有先找到"根本",建立自己的营销观,然后广泛吸收知识与经验,这样才会有所进步;相反,如果今天信这个,明天信那个,眼睛总是盯着热点,这样终究难有所成。

基于这一理解,本书开篇就探讨了营销的五个学派,其实也是希望帮助大家更好地思考自己的"本"可以从哪里建立。在我看来,营销实践的核心其实是"人",专业知识必须与从业者自身相融无间。如果在学习、实践营销的过程中感觉非常痛苦,那多半不是营销出了问题,而是尚未找到合适的入门角度,简单来说,就是营销之"本"尚未建立的问题。

2. 方法论的重要性

承接上一点,营销之"本"是如何建立的呢?如果将自己作为思考对象,我想自己还是更多地受到了心理学、文化学营销学派的影响,当然更基础的,还有中国文化带给我的启发。站在前人肩膀上,再结合自己的实践,我得以意识到"洞察"这个营销根本,并提出了本书中呈现的SDi方法论。

重点在于,我发现很多人都忽略了方法论的重要性。其实我们未必需要系统地总结,简单几条原则也可以成为方法论,因为所谓方法论,无非是对于某事,你自觉最"管用"的是什么而已,但有没有这方面的意识,恰恰是营销之"本"是否建立的标尺。对于营销方法论,可以自创,也可以"拿来",关键是一旦选择就要坚持实践,切莫朝三暮四,轻易"改换门庭"。

此外,任何方法论都必须被灵活地运用,切忌教条。谈到这点,我想起小说《笑傲江湖》中,风清扬教令狐冲练剑时说的:"剑术之道,讲究如行云流水……剑招中虽没这姿势,难道你不会别出心裁,随手配合吗?"在分享SDi方法论的过程中,我也经常跟大家说,SDi方法论是"参考"而非"规定",例如,开车前你可以看一下地图,但不能开车时还把它贴在挡风玻璃上。

3. 先问"因",后求"果"

这些年来,通过接触不同客户,我对客户需求的理解也在不断加深。以我今天的眼光来看,林林总总的客户需求其实只有两类:一类是直接要"果"的需求,如需要一个标识设计、需要一句品牌口号、需要一个传播计划。另一类需求,则是希望为品牌经营提供根本依据的"因"类需求,如开展系统性的消费者研究、进行深入的品牌价值挖掘、制定品牌战略等。

在我看来,今天营销服务市场上"果"类需求远多于"因"类需求的现实,恰恰是市场"欲望质量"不高的体现。稍加观察就会发现,今时今日,许多企业的营销行为都像水上浮萍一般,随波逐流,缺乏系统、扎实的底层研究支撑。基于这一认知,在接触客户时,凡接到"果"类需求,我们都要先将其向"因"类需求转化。概括来说,无论客户需求为何,开展有针对性的用户洞察,总是我们基于SDi方法论服务客户的"起手式"。

推而广之,这种先问"因",后求"果"的思维方式,不应该局限于营销服务市场,因为转换到公司里,老板就成了执行人员的"客户";而企业管理者,自己就是自己的"客户"。无论"客户"是谁,具体需求为何,如果大家都能先通过扎实的洞察研究抓住问题本质的话,相信这样的工作成效一定会更高,久而久之,我们的职业前景也必将变得更加乐观。

4. 导出客户心中的光亮

"面对不同案子，会否担心自己江郎才尽？"作为营销人，当被问到上述问题时，不知道大家会如何回答呢？对此，广告人佐藤可士和的说法令我印象深刻——"这类担心其实是多余的，因为答案并不在我脑子里，而是一直在客户心中。"

基于SDi方法论，该观点所说的其实就是"价值发现"，营销人的重要职责，就是要协助客户发掘出他们自己具备，却并未意识到的闪光点，帮助他们看清品牌核心价值，然后以最贴切的方式将其表达出来。如何更好地做到这一点？我可以分享给大家一个经验，要尽可能地让客户参与工作。

举例来说，在最近几年的业务合作中，我更多地采用了"共创"模式。与传统的"甲方乙方"模式不同，由于"共创"能让品牌方将自己"代入"，在洞察过程中坦诚地直面用户，亲身经历"品牌核心价值"的发现过程，因此往往能获得更优的工作成果；另外，有了深度参与，品牌方对工作成果的理解度也将大增，这就为后期执行不走样打下了良好的基础。

除了上边四点心得，最后，请允许我再强调一下在现实中"自我探索"的重要性。正如本书前文谈及的，营销中并没有"标准范式"，每个实践者都应该努力发掘最适合自己的，能让自己的个性与潜能得以充分施展的工作范式，认真思考如何"将自己作为方法"。

有时想来，营销的世界，也恰似武侠小说中的江湖：江湖里有流派，有技法，有追求，有感悟；而每个身处营销江湖的人，又何尝不是在以自己的生命体悟，追寻着意义，摸索着方法，在用自己对人、对世界的精微洞察，参与撰写着有灵且美的品牌故事呢？你的故事会是什么？

参考文献 References

[1] 大卫·奥格威. 奥格威谈广告[M]. 曾晶, 译. 北京: 机械工业出版社, 2013.

[2] 大卫·奥格威. 一个广告人的自白[M]. 林桦, 译. 北京: 中信出版社, 2015.

[3] 威廉·科恩. 跟德鲁克学营销[M]. 蒋宗强, 译. 北京: 中信出版社, 2013.

[4] 罗伯特·西奥迪尼. 影响力[M]. 闾佳, 译. 杭州: 浙江人民出版社, 2015.

[5] 丹尼尔·卡尼曼. 思考,快与慢[M]. 胡晓姣, 李爱民, 何梦莹, 译. 北京: 中信出版社, 2012.

[6] 马尔科姆·格拉德威尔. 引爆点[M]. 钱清, 覃爱冬, 译. 北京: 中信出版社, 2020.

[7] 拜伦·夏普. 非传统营销[M]. 麦青, 译. 北京: 中信出版社, 2016.

[8] 道格拉斯·霍尔特, 道格拉斯·卡梅隆. 文化战略: 以创新的意识形态构建独特的文化品牌[M]. 汪凯, 译. 北京: 商务印书馆, 2013.

[9] 斯科特·麦克凯恩. 商业秀: 体验经济时代企业经营的感情原则[M]. 王楠紫, 徐化, 译. 北京: 中信出版社, 2003.

[10] 克里斯托弗·沃格勒. 作家之旅: 源自神话的写作要义[M]. 王翀, 译. 北京: 电子工业出版社, 2011.

[11] 徐皓峰. 刀与星辰: 徐皓峰影评集[M]. 北京: 世界图书出版公司, 2012.

[12] 佐藤可士和. 佐藤可士和的超整理术[M]. 常纯敏, 译. 南京: 江苏凤凰美术出版社, 2017.

[13] 南怀瑾. 易经杂说[M]. 上海: 复旦大学出版社, 2018.

[14] 彼得·蒂尔，布莱克·马斯特斯. 从0到1：开启商业与未来的秘密[M]. 高玉芳，译. 北京：中信出版社，2015.

[15] 玛格丽特·马克，卡罗尔·皮尔森. 如何让品牌直击人心：品牌的12个心理原型[M]. 侯奕茜，译. 北京：中信出版社，2020.

[16] 霍华德·舒尔茨，多莉·琼斯·扬. 将心注入[M]. 文敏，译. 北京：中信出版社，2011.

[17] 霍华德·舒尔茨，乔安·戈登. 一路向前[M]. 张万伟，译. 北京：中信出版社，2015.

[18] 克莱顿·克里斯坦森，迈克尔·雷纳. 创新者的解答[M]. 李瑜偲，林伟，郑欢，译. 北京：中信出版社，2013.

[19] 菲尔·杜森伯里. 洞见远胜创意：世界最富创意的广告公司BBDO[M]. 宋洁，译. 上海：上海远东出版社，2014.

关于 SDi 方法论

　　SDi方法论（又名"宇见营销方法论"），是一套从"用户价值"角度看待营销，主张"用洞察驱动营销创新"的商业方法论。该方法论于2015年正式提出后，通过多年反复实践，历经数次重要迭代，今天有幸借本书，再次对其最新迭代进行了系统性的呈现。未来，笔者还将立足实践，对该方法论进行持续升级，并适时与大家分享最新成果。希望与我们合作的朋友，可关注微信公众号"宇见"并留言，若需要索取SDi方法论简介，可向公众号"宇见"发送"方法论介绍"。同时，欢迎大家在微信公众号、小红书、知乎、豆瓣、今日头条等平台，持续关注"宇见"的最新动态。

宇　见

> SDi 方法论
> 水平测试

想检验自己对 SDi 方法论的掌握情况吗？欢迎向公众号"宇见"发送关键词"测试"，获取"SDi方法论水平测试"，检验对本书的阅读与学习成效。

未经许可，不得以任何方式复制或抄袭本书之部分或全部内容。
版权所有，侵权必究。

图书在版编目（CIP）数据

洞察力 2.0：驱动营销新增长 / 宇见著 . —北京：电子工业出版社，2023.5

ISBN 978-7-121-45392-2

Ⅰ．①洞⋯　Ⅱ．①宇⋯　Ⅲ．①营销管理　Ⅳ．① F713.55

中国国家版本馆 CIP 数据核字（2023）第 061535 号

责任编辑：黄　菲　　文字编辑：刘　甜　　特约编辑：刘广钦
印　　刷：三河市华成印务有限公司
装　　订：三河市华成印务有限公司
出版发行：电子工业出版社
　　　　　北京市海淀区万寿路 173 信箱　邮编：100036
开　　本：720×1000　1/16　印张：21　字数：332 千字
版　　次：2023 年 5 月第 1 版
印　　次：2023 年 5 月第 1 次印刷
定　　价：88.00 元

凡所购买电子工业出版社图书有缺损问题，请向购买书店调换。若书店售缺，请与本社发行部联系，联系及邮购电话：(010) 88254888，88258888。
质量投诉请发邮件至 zlts@phei.com.cn，盗版侵权举报请发邮件至 dbqq@phei.com.cn。
本书咨询联系方式：1024004410（QQ）。